浙江省自然科学基金一般项目"新发展理念下技术经济范式转换的激励机制、实现路径与区域策略研究（LY19G030009）"研究成果

2011港口协同创新中心资助项目

光伏多晶硅原料

国际价格形成机制研究

余 杨◎著

THE INTERNATIONAL PRICING
MECHANISM FOR SOLAR PHOTOVOLTAIC
SILICON FEEDSTOCK

ZHEJIANG UNIVERSITY PRESS
浙江大学出版社

图书在版编目（CIP）数据

光伏多晶硅原料国际价格形成机制研究／余杨著
. —杭州：浙江大学出版社，2020.8
ISBN 978-7-308-20426-2

Ⅰ.①光… Ⅱ.①余… Ⅲ.①多晶—硅太阳能电池—
国际贸易—商品价格—研究 Ⅳ.①F752.657.3

中国版本图书馆 CIP 数据核字(2020)第 140637 号

光伏多晶硅原料国际价格形成机制研究

余　杨　著

责任编辑	吴伟伟
文字编辑	陈逸行
文字校对	严　莹
封面设计	雷建军
出版发行	浙江大学出版社
	（杭州市天目山路 148 号　邮政编码 310007）
	（网址:http://www.zjupress.com）
排　　版	杭州中大图文设计有限公司
印　　刷	广东虎彩云印刷有限公司绍兴分公司
开　　本	710mm×1000mm　1/16
印　　张	14.5
字　　数	280 千
版 印 次	2020 年 8 月第 1 版　2020 年 8 月第 1 次印刷
书　　号	ISBN 978-7-308-20426-2
定　　价	68.00 元

序

在工业化进程中,传统化石能源的消耗及其产生的环境污染也伴随着人类文明的发展。如何才能有效缓解这两个棘手的问题,业已成为各界人士努力的方向。自 1972 年《斯德哥尔摩宣言》,尤其是 1987 年联合国报告《我们共同的未来》发布之后,可持续发展的理念趋同及行动共识,极大地推动了能源体系的大变革以及各国各方的共同参与。1997 年,可持续发展的国际行动计划通过联合国气候变化框架公约缔约方会议以《京都议定书》的签署为肇始,首次达成了发达国家遵守减排目标的法律约束。2015 年,《巴黎协定》作为第二份具备法律约束力的气候协议将所有缔约方都纳入命运共同体,至今已有 187 个国家和地区签署并完成批准程序。相应地,全球能源体系转型由学界认知转向政产学研合力推进。作为第一大能源消费国,中国电气化水平在"十五"至"十三五"时期的 20 年间由 35% 增长到 80%,发电耗煤量在 2013 年基本达到峰值,2035 年还将实现化石能源的全面控制与达峰。经济合作与发展组织(OECD)引领可再生能源发展和能源消费,可再生能源年增长率近 20 年达到 3%,是非再生能源的 7 倍;其发电占比已与煤电相同,高达 25.8%。清洁、低碳、可再生能源开发利用已成为人类社会不可逆转的发展趋势。

可再生能源开发利用是摆脱对不可持续资源的直接依赖,是以技术革新实现安全可靠、可支付、可持续的能源利用。太阳能利用就是最直接、最有效的替代路径之一。目前,地球表面的太阳能辐射是全球能源需求的 1 万倍。近 10 年,全球光伏技术投资已超过 1.3 万亿美元,至少是化石能源的 3 倍。近 50 年,国际半导体产业协会(SEMI)已发布 974 项标准,光伏专项领域就高达 90 项,持续推动更高效、更低成本创新技术应用。IEA(2020)最新预测还显示,2023—2025 年可再生能源各类技术,尤其是高成本光伏技术将普遍实现平价上网。无论是在技术层面还是经济层面,可再生能源技术进步替代能源依赖都是可期和可行的。

正如人类社会发展理念的缓慢转变,可再生能源发展也并非一蹴而就。

能源技术效率的提升存在不确定性,晶硅、薄膜和光电等各太阳能技术路线分支均出现过实验室电池最优效率近 10 年无法突破的情况。能源技术的经济性同样是不确定的,化石能源的市场价格剧烈波动甚至出现负价格,显著影响相对成本的竞争性预期,可再生能源供能的波动性与能源系统稳定性的兼容困难显著削弱了经济性预期,新能源产业链的国别分工与定价权竞争也显著加剧了价格偏离趋势的预期。因此,更全面和系统地探讨可再生能源发展问题是必要的,深刻理解能源技术范式、效率特性、价格机制等科学问题并做出合理判断将有助于更高效地实现能源替代和可持续发展。

余杨博士是我任职于宁波大学特聘教授时学术合作的年轻教师之一。余博士治学严谨、为人谦逊且学术履历出色。该著作以全球可再生能源技术产业化为背景,立足主流光伏技术发展及产业贸易国别竞争格局,针对核心产业链的市场供需严重失衡与价格波动重大偏离问题,探讨可再生能源技术特性及其国际市场价格形成机制,对厘清新兴能源独特的定价体系与价格规律、推动可再生能源产业长效发展和各国共同进步具有非常重要的理论与现实意义。著作对光伏产业技术特性的经济学内涵和关键原材料生产的特征性事实进行系统、全面梳理,揭示了新兴可再生能源产业具有典型的技术密集型、地区市场主导型和全产业链高互动型的发展方式,价格体系呈现公开私下两级价格、非完备合同价格和战略博弈价格的定价形式,以及价格波动呈现高敏感性、非对称性、强关联性的传导方式。著作还以技术后发国中国的光伏技术追赶与贸易关联为突破口,解释关键原材料的市场冲击复杂性及其价格波动效应,揭示定价竞争策略优化和分工地位提升的根源与效率。这些研究有利于丰富可再生能源经济学的研究内容和政策应用,能够为学者提供后续研究的新视角和新观点。

古人云:"其作始也简,其将毕也必巨。"在此希冀余博士在今后的学术道路上继续精进,攻坚克难,做出更好更多的学术精品! 以是为序!

李传忠

瑞典乌普萨拉大学经济学教授

瑞典皇家科学院生态经济研究中心高级研究员

2020 年 8 月 3 日

前　言

　　本书涉及能源经济学新兴领域可再生能源经济学价格理论的重大课题。为便于了解学科新发展以及本书的研究主旨,以下针对可再生能源价格形成机制问题进行简要论述。

　　可再生能源是未来能源的主力,经历上百年的技术积累和创新突破,已逐步形成具备清晰的技术边界的基础学科和工程技术体系,但仍处于前沿技术研发和技术产业化的高速成长阶段,无论是价格体系还是价格政策,并不成熟,也不完善。相比化石能源,可再生能源类型更丰富,包括传统水能和新兴太阳能、风能、海洋能、生物质能以及二次能源或转化能源形式,相应的学科体系更多元化,覆盖热学、流体力学、材料学、光学、微电子学、动力机械学、能源工程学等多类学科,相关的技术突破也更复杂,包括高纯度、高精度、高值度的能源技术开发以及规模化、体系化、可支付化的能源技术利用。新能源技术产业化过程中,不仅面临变革性技术与破坏性创新的不确定性,还面临新技术市场接受的不确定性,缺乏强劲有效的内生发展动力。以降低成本、普及应用为导向的市场扶持政策,尤其是价格政策,能有力地撬动新能源技术发展,加速产业体系、国际分工体系和国际市场体系建设,但政策利益追逐下的产业扩张,往往缺乏对技术性、市场性、宏观性等各类因素干扰的充分考虑,缺乏对定价机制、价格传导机制及其市场冲击效应的深刻理解,往往存在市场供需极端失衡和价格剧烈波动的普遍现象。

　　可再生能源价格形成机制蕴含行业特有的技术要求,也反映产业链特定的纵横向关联。不同于矿产资源,可再生能源具备资源非稀缺性和环境非负性,即技术体系并不依赖开采和清洁利用水平,定价体系不直接体现资源成本和环境成本。但可再生能源通常是分散、非完全或非直接可获得的,且具有显著的间歇性,即行业壁垒主要体现为自然能源转化为可利用能源的技术能力和成本水平,价格机制集中体现在最能反映能源转换效率的产业链节点及其市场结构上。上游产业链涉及能源收集、转化或制备,为中、下游的加工、装配、运维提供基础原料和设备,其技术标准更高、规模要求更大、资产专用性更强,相应的市场集中度更高、战略定价可能性更大、价格刚性更强。忽视可再生能源技术特性、供需特征和产业链竞争关联,难以有效解释市场交易的(合同、现货)制度性安排及其定价机制差异、市场势力的形成及其定价议价控制力、产业链上下游一体化战略选择及其价格传导方式转变等价格领域的核心问题。

可再生能源价格形成机制不可避免涉及国别市场竞争与价格影响力问题。正如罗伯特·海夫纳三世(2013)在《能源大转型》中提出的:"哪个国家致力于加速向气体能源时代转换,致力于能源领域的创造性破坏,哪个国家将会成为21世纪的赢家。"欧美国家及日本是可再生能源技术领先国、市场应用发起国,不仅占据国际分工主导地位,也是市场供需冲击的主要来源,而且拥有市场竞争定价权,形成国别市场间价格传导主要途径。中国是新兴可再生能源后发国,以国际国内市场规模化应用为契机,以中下游加工制造为突破口,以技术本土化和规模经济为竞争优势,有效实现全球生产网络体系嵌入,快速确立新兴能源品国际贸易大国地位。但中国仍然缺失国际定价权,深受产业链两端挤压,突出体现为新能源产品价格对国际市场冲击反应更敏感、波动更剧烈。涵盖中国样本研究可再生能源价格形成机制不仅有助于揭示国别/地区定价权的来源与表现,更为全球市场竞争关联和价格传导机制提供研究新视角和新内容。

本书选取光伏产业多晶硅原料环节开展深入研究,不仅在于太阳能光伏产业代表新能源主导领域,其价格形成机制可以体现产业发展趋势与能源体系转型影响,还在于光伏产业链尤其是原料环节集中呈现出新能源技术与经济特性,对其价格形成机制研究可以更好地理解价格运行规律。由此,本书将围绕定价制度安排与选择、价格均衡与波动、价格影响力与市场传导等价格领域的核心问题,研究光伏多晶硅原料国际价格形成机制,解释光伏原料与传统能源产品定价方式趋近与偏离并存、全球大厂商定价策略趋同与背离并存,以及不同市场(合同、现货)交易和不同地区(国别、国际)市场中价格大幅度偏离与收敛并存等显著现象。在本书的基础上,后续研究还将立足新能源技术体系、产业体系、市场体系等视角开展价格问题的系统研究,为丰富和开拓可再生能源经济学价格理论做出微薄的贡献。

内容摘要

21世纪初以来太阳能进入全球规模化市场应用阶段,以应对传统电力能源价格攀升、全球温室效应加剧和新能源利用进程缓慢的严峻挑战,对全球能源结构、环境规制国际共识、可再生能源利用和国别能源贸易格局等产生重大影响。光伏多晶硅原料作为太阳能光电技术的重要基材,市场供需变动剧烈,国际国别价格大起大落,不仅冲击了原有光伏大国的国际贸易关系,也为中国光伏企业转变国际竞争地位带来了契机。因此,深入研究光伏多晶硅原料国际价格形成机制,全面探讨价格确立、波动和传导的方式和效应,对完善光伏原料价格理论,促进中国光伏多晶硅产业可持续性发展、发挥战略性新兴产业的先导效应都具有重要的理论和现实意义。

在国内外对光伏多晶硅原料价格的研究多以统计性分析为主、缺乏理论和实证研究的背景下,本书深入探讨光伏多晶硅原料国际价格形成机制,应用交易成本理论、厂商理论、博弈理论和空间市场理论,建立定价决策、价格冲击、价格传导的数理模型,并利用统计分析、结构冲击、一价检验等多种实证研究方法,系统研究光伏多晶硅原料国际价格的确立、波动和传导效应。以全球光伏多晶硅原料市场发展现状为基础,梳理分析长期合同与现货市场的价格形成机制类型、价格波动特征和主要供需影响因素。整理分析光伏多晶硅原料的合同安排形式,深入研究国际价格形成机理以及市场结构、供需冲击和国别市场关联对价格形成机制的影响。利用 SVAR 模型,识别并检验光伏多晶硅原料国际市场结构性供需冲击的价格响应,并利用国别市场价格传导模型,实证检验光伏多晶硅原料国别贸易的市场关系以及对价格传导的作用。从而,完善以价格确立、价格波动和价格传导为主要研究内容的光伏多晶硅原料国际价格形成机制。

本书主要得到了以下结论:(1)光伏多晶硅原料由于生产技术、市场结构和交易方式的特点,形成合同市场谈判价格形成机制和现货市场价格形成机制。国际价格形成机制的基础模型分析得出三类交易主体合同和定价选择:

贸易商最优选择市场价格长期合同形式,电池制造商 OEM 贸易不受合同价格形式影响,以及生产商依据外部市场条件确定合同及定价形式,其均衡价格受寡头垄断厂商战略行为决策的影响。市场供需冲击下,光伏多晶硅原料国际合同和现货市场价格波动显著不同,国别市场现货价格调整将比合同价格更为有效。(2)光伏多晶硅原料国际价格冲击效应体现在特定市场条件下结构性供需冲击引起的价格波动效应。在实证研究中,以 2004—2009 年这一阶段为重点,利用 SVAR 模型,识别引起光伏多晶硅原料国别供给差异和生产成本变化的供给因素,引起能源补充需求变化、总需求变化以及直接需求变化的需求因素,验证这些因素对光伏多晶硅原料国际价格波动的不同冲击效应,可以有效地解释这一时期多晶硅原料国际合同和现货价格的差异化波动特征。(3)光伏多晶硅原料国别市场作用体现在空间分割市场的价格传导效应。利用中国进口市场的贸易地位和数据样本,验证美国市场无论在多晶硅原料合同或是现货贸易中都起着重要的价格引领作用,德国市场和韩国市场仅在合同或现货市场上处于价格主导地位。即使国别市场间贸易量较大,光伏多晶硅原料合同价格波动的国际传导也并不有效。光伏多晶硅原料国别现货市场内或市场间的因果关联远强于现货与合同市场之间,美国是唯一在合同与现货市场间存在显著因果关系的国别市场。

在前人研究的基础上,本书主要在以下三个方面做出一定的创新:(1)基于交易成本、厂商博弈和国际贸易等理论,构建光伏多晶硅原料国际价格形成机制的分析框架,拓展原有的生产成本构成、市场竞争结构、国别贸易关系相互孤立的光伏多晶硅原料价格形成的研究框架,也对该领域理论研究做重要探索。(2)以光伏多晶硅原料生产商实际生产状况的调研分析为依据,以典型企业的交易合同文本为基础,深入研究光伏多晶硅原料国际价格形成机制的理论基础,使理论探讨更具有现实性和有效性。(3)收集整理大量微观主体、国别市场和产业发展的公开性及非公开性数据与资料,深入分析光伏多晶硅原料国际价格波动特征、供需冲击因素和国别市场关系,实证研究价格冲击和传导效应,是光伏多晶硅原料价格波动研究的首次实证检验。

目　　录

图 目 录

表 目 录

第一章 导 论

第一节 问题的提出

21 世纪以来,伴随着石化能源价格的高涨、环境保护国际共识的推进以及各国市场应用政策扶持力度的大幅度提升,作为新兴能源之一的太阳能光伏产业逐步进入全球规模化生产和应用阶段,成为各国战略性新兴产业之一。光伏发电的主要原料——高纯多晶硅原料(以下简称光伏多晶硅原料),由于在技术性能上与半导体产业多晶硅原料相近,因此是战略性新兴产业发展中重要的先导性基础材料,其相关环节也是光伏产业链上技术壁垒最高的环节,是企业确保成本竞争优势的关键所在。无论是 2008 年全球金融危机之前光伏市场井喷式发展阶段,还是危机之后市场需求相对疲软阶段,多晶硅原料市场的发展始终是全球光伏产业最受关注的领域。

多晶硅原料作为一种半导体材料,是光伏技术中效率最高、产业化技术最成熟的基础材料,相应的光电转换技术也是目前成本/效能优势最显著、市场应用最广的技术分类。2000 年前,全球光伏产业对多晶硅原料的需求还较为有限,原料的生产技术和市场供给由欧、美、日传统七大电子级多晶硅厂商垄断。随着全球光伏应用急速增长,其对多晶硅原料的需求规模由利基市场(niche market)向规模市场转变,不仅带来产能、产量、价格和市场结构的巨大变化,也逐步改变着传统优势市场在原料供给中的竞争关系。2000—2008 年,光伏多晶硅原料市场需求量增长了 10 倍,生产供给由利用电子级多晶硅闲置产能转变到专门生产光伏多晶硅原料的产能扩张,全球需求供给比最高达到140%(2007 年),需求产能比由 60% 逐步接近 100% 警戒水平再回落到 64%。这一阶段,国际市场现货均价最高达到 475 美元/千克,是合同均价的 4.7 倍,是 2000 年价格的 32 倍。同时,中国和韩国多晶硅生产企业逐步掌握生产技术,开始冲击原有多晶硅生产厂商寡头垄断的市场竞争结构。2008年下半年之后,尽管全球光伏多晶硅原料需求依然保持增长态势,但在国别市场政策、金融危机和传统能源市场等剧烈的负面冲击下,供需平衡发生逆转,市场竞争和价格波动更为剧烈。这一阶段,国际市场现货与合同价格陡然下降,重新回归2000年水平,并逐步呈现反向价差趋势。同时,中国和韩国厂商产能逆势超大规模扩张,优势企业成功晋升为全球第一梯队厂商。

国别市场在光伏多晶硅原料生产与消费中的巨大差异以及中国在光伏制造产业链环节中的独特优势,使中国成为多晶硅原料贸易中最重要的国别市场。欧、美、日市场是光伏应用和生产的主要国别/地区,但国内/地区内市场在多晶硅原料的生产供给与消费需求上存在明显差异。中国晶硅电池生产能力迅猛提升,但国内多晶硅原料供给却远滞后于生产需要,进口依存度高。由此,中国不仅成为全球市场多晶硅原料最主要的贸易中间国,也是研究多晶硅原料国际价格波动和传导的重要国别市场。中国光伏产业的迅猛发展还对德、美、日制造商的市场地位造成了严重的威胁,引发2011年以来欧美对华晶硅光伏产品的"双反"调查与认定。作为反击措施,中国企业向中国商务部提出对从美、欧、韩进口多晶硅的"双反"申诉,商务部多次核实并裁定美、韩企业存在倾销行为。晶硅光伏产业的"双反"贸易摩擦再次体现了研究光伏多晶硅原料国际价格波动与跨地区市场间价格传导规律的重要性,而对中国市场的研究更是探索光伏多晶硅国际价格形成机制的重要途径。

综上所述,进入21世纪以来全球光伏多晶硅市场经历了高速增长和剧烈波动的发展阶段,那么其国际价格体系是如何形成的,价格是如何得以确定的,国别市场互相关联是否具有差异,有哪些因素显著引起了国际和国别市场的价格波动,影响效果是否会随着时间的持续发生变化,对这些问题的学术探讨和研究不仅有助于揭示并理解光伏多晶硅原料国际市场价格形成的规律,更有助于预测作为主要新兴能源之一的光伏能源整体价格的变化趋势。

目前,国内外文献对于光伏多晶硅原料国际价格形成机制的研究成果较少,尚未能形成系统的研究分析框架。传统化石能源产品价格形成机制的探讨也不完全适用于光伏多晶硅原料。光伏多晶硅原料生产存在显著的技术壁垒,但不受地缘政治性影响;产能存在显著的短期扩张约束,但长期供给并无稀缺性限制;市场需求具有显著的政策支持性导向,还未形成强劲的内生性增长;市场供给具有全球生产网络体系支持,并不限于单一地区或国别内双方交易。这些特点的存在使得光伏多晶硅原料市场供求具有特殊性,其价格形成机制也有别于传统能源产品。

　　光伏多晶硅原料贸易的合同安排方式是能源和电子信息领域常见的"照付不议"长期合同与现货合同并存的合同形式。这种合同形式在电煤和天然气等传统化石能源领域应用相对广泛,主要以交易成本理论、风险分担理论和博弈理论为理论基础进行研究。针对光伏多晶硅原料合同形式的相关研究并不充分,仍然缺乏合同形式的特点与变化、合同形式与供需特性的相互关系的系统分析。光伏多晶硅原料合同安排形式对应着特定的定价方式,尽管行业和企业报告对定价和价格调整问题进行过相关报道,但多以价格波动的趋势预测为主要议题,缺乏价格形成机制的理论研究,无法有效解释市场对供需结构冲击的不同价格反应,也与事后实际价格波动偏差较大。光伏多晶硅原料跨国、跨区域贸易程度高,国际价格形成还依赖国别市场的关联程度和价格传导效率。尽管空间市场价格传导的一般性研究成果相对丰富,但同样缺少对光伏多晶硅原料国别市场贸易关系和价格传导规律的研究。

　　本书以全球光伏多晶硅原料市场的规模化发展为研究背景,以生产技术特性和市场供需特征为基础,通过对光伏多晶硅原料定价机理、价格波动特征和供需影响因素等内容的系统研究,探究光伏多晶硅原料国际价格形成、波动和传导的机理,揭示光伏多晶硅原料国际价格形成机制。这些研究将有助于建立光伏多晶硅原料价格体系的分析框架,将对能源领域价格理论和实证研究做出很好的补充和完善,具有重要的理论意义。这些研究也将为中国光伏多晶硅原料产业的长期发展提供理论和实证的支持,为提升中国光伏产业的国际竞争力提供发展政策和建议,为中国光伏企业更好地参与国际竞争提供决策支持和事实依据,具有重要的现实意义。

第二节　核心概念界定

一、光伏多晶硅原料

　　依据国际能源署光伏电力系统项目(IEA PVPS Program,2010)给出的定义,光伏多晶硅原料(PV silicon feedstock)指用于太阳能光伏发电的晶硅类原材料,是二氧化硅去氧提纯后的产品,其性质属于工业原材料。但其由于在光学、热学和力学方面的特殊性质,成为将太阳光能转变为电能的基础性材料,由此与传统电源类资源、能源商品的价格体系密切相关。

二、光伏多晶硅原料国际价格形成机制

新古典学派、交易成本理论和不对称信息经济学市场理论对价格机制(price mechanism)的研究从市场机制、体制结构、信息传递出发探讨价格对供需变化的作用方式,也用于分析价格对资源配置、收入分配的作用,它是价格形成和运行的规律,包括了价格的形成和调节机制(Coase,1937;万解秋,李慧中,1989;Stiglitz,2002;Shaw,2008)。商品的价格形成机制(price mechanism)是价格形成和确立的机制,是商品在不同交易条件和目标约束下的定价机制(pricing mechanism)的总称。价格形成机制是贸易形式、市场构成和价格形成方式的相互关系,受到贸易结构、市场结构等因素的影响(IGU,2009)。商品国际价格形成机制指商品的国际市场价格形成的机制,受国别市场价格形成机制的影响(IGU,2009)。

本书主要研究光伏多晶硅原料国际价格的形成机制,包括合同市场和现货市场的价格功能,合同市场和现货市场相互联系、相互作用的价格形成原理,供需因素对国际合约和现货价格波动的影响效应,以及国别市场在国际合同价格和现货价格形成中的作用及其相互关系。光伏多晶硅原料在产品属性、生产工艺、国别地区供需差异等方面的特征性事实,意味着其国际价格形成机制区别于一般工业品,也区别于传统能源商品。尽管不少学者对以远期合同市场和短期现货市场为基础进行交易的商品的价格形成机制进行了深入的研究,但很少针对光伏多晶硅原料市场进行研究。已有文献更多地针对光伏多晶硅原料价格波动的趋势进行价格分析与预测,而不是从价格形成机制的视角进行定价和价格波动的研究。因此,本书的研究将突破已有的光伏多晶硅原料价格研究内容,完善光伏多晶硅原料价格理论。

三、光伏多晶硅原料"照付不议"合同

合同形式是合同内容的载体,企业对合同形式的选择不仅体现买卖双方对价格、付款、交货等交易形式的选择,还体现对履约保障、风险分担和利益分配等契约关系的综合考虑。光伏多晶硅原料贸易中,典型的合同形式包括"照付不议"(take-or-pay)长期合同和现货短期合同。依据 Joskow(1987)、Arnulf(2006)、黄振中和张晓粉(2011)等学者的研究,"照付不议"合同形式指买卖双方所签订的长期合约要求双方按合同协定的价格和最低数量要求进行不间断

供给和购买,买方付款具有无条件和不可撤销性,即使不购买协议货物也必须支付协议预付款,预付款支付时间远早于实际交货时间,额度较高,不能退还。"照付不议"条款的作用机制研究有两大分支,或将其作为风险分担机制(Hubbard & Weiner,1986,1991;Polkinghorne,2013),或将其作为履约机制(Masten,1984,1996;Chaton et al.,2005)研究由价格等因素造成的利益风险的分担或履约保障作用。由此,"照付不议"条款对价格形成与波动也同样起关键作用。

随着产业发展阶段和市场发展条件的变化,"照付不议"条款的数量和预付款额度会相应发生变化,这不仅在能源、发电领域中出现过,在光伏多晶硅原料合同安排方式中也是如此。2000年之前,光伏多晶硅原料以电子级多晶硅二级料现货贸易为主,以"照付不议"长期合同为基础的交易方式并不多(IEA PVPS Program,2003)。2000年后,光伏产业对多晶硅原料需求急剧上升,供给紧缺逐步显现,促使国际大厂商开始专业生产太阳能光伏发电用的太阳能级多晶硅原料,并与下游厂商或订立长期合同或直接在现货市场上供货,从而形成光伏行业多晶硅原料长期"照付不议"与现货合同并存的合同形式。2009年之后,市场供需关系逐步发生逆转,多晶硅原料的现货定价方式被更多的新签长期合同所接受,现货合同与长期合同的关系也更为密切。文献中对定价的灵活性(价格调整机制)与合同的完全性("照付不议"合同中专有资产投资的合同锁定)的研究也发现,价格调整与"照付不议"条款呈替代关系(Crocker & Masten,1991;Hubbard & Weiner,1991)。因此,探讨合同形式以及相应的合同结构变化是研究光伏多晶硅原料国际价格形成机制最重要的依据和基础。

第三节　总体思路与研究方法

一、总体思路

由于光伏多晶硅原料专业化生产和全球贸易兴起时间较晚、全球市场供给集中度和私下交易比重较高、行业数据公开程度较低,国内外文献对其国际价格形成机制的研究以定性和统计分析为主,关注价格波动和趋势预测,缺乏对国际市场价格形成和国别市场价格传导的理论和实证研究,无法有效解释价格波动的原因、揭示价格波动的趋势。本书在翔实分析光伏多晶硅原料技术特性、全球发展背景和现状的基础上,深入探讨其国际价格形成机制类型、价格波动特征及主要供需影响因素。建立光伏多晶硅原料国际价格形成机制的基本理论模型,分析市场主体基于利润最大化目标的合同安排形式、价格均衡和履约保障,分析第一梯队生产商战略行为、市场供需冲击和国别市场互动对国际价格形成机制的影响。利用结构向量自回归模型,对光伏多晶硅原料国际价格冲击效应进行实证研究,检验合同和现货市场供需冲击的价格波动特征。利用空间市场价格传导与均衡模型,对光伏多晶硅原料国别市场价格传导效应进行实证研究,检验国别市场关系及其对国际合同和现货价格波动的作用。本书依循以下研究思路和主要内容展开。

(一)详细分析全球光伏多晶硅原料市场发展背景、价格形成机制类型以及供需影响因素

探讨 21 世纪光伏多晶硅原料市场得到飞速发展的全球背景,揭示其成为多晶硅行业独立的组成部分所具备的产品技术特性、宏观发展环境和行业发展要求。整理分析光伏多晶硅原料国际价格形成机制的类型,合同和现货贸易并存的价格体系以及相应的价格波动特征,厘清影响光伏多晶硅原料国际价格波动的主要供需因素。

(二)整理分析光伏多晶硅原料的合同安排形式,深入研究国际价格形成机制以及市场结构、供需冲击和国别市场关联对价格形成机制的影响

以国际市场交易的实际合同文本为依据,研究光伏多晶硅原料价格形成机制的理论基础。重点讨论四个问题:一是建立光伏多晶硅原料供需双方利润函数,分析成本构成形式与特点,在利润最大化目标下如何选择最优合同安排方式,实现价格均衡和履约保障;二是分析光伏多晶硅原料第一梯队生产商如何利用寡头垄断的市场势力,采取阶段性差异化战略行为,影响定价决策;三是分析市场供需冲击如何影响国际合同和现货市场的价格波动;四是分析市场供需冲击下,国别市场如何互动影响合同和现货市场的价格传导。

(三)识别光伏多晶硅原料国际市场的结构性供需冲击,利用结构向量自回归模型实证研究国际价格冲击效应

基于光伏多晶硅国际价格的波动特征和结构性供需冲击的阶段性识别,建立结构向量自回归模型,以 2007—2009 年国际市场月度数据样本为

基础,验证市场结构性供需冲击因素对光伏多晶硅原料国际价格的影响效应,解释国际合同价格与现货价格的波动关系。重点实证讨论以下三个问题:一是2004—2009年有哪些结构性冲击因素显著影响着光伏多晶硅原料国际价格的波动;二是如何量化并检验这些冲击的影响程度和重要程度;三是这些冲击如何动态影响着光伏多晶硅原料国际价格波动。

(四)基于中国在光伏多晶硅原料贸易中的重要地位,分析进口国别市场的数据特征,利用空间市场价格传导模型实证国别市场关联和价格传导效应

基于光伏多晶硅原料生产与贸易的国别市场特点,利用中国进口市场的特殊地位,建立价格波动的国际传导模型,以2007—2009年国别市场月度数据样本实证检验光伏多晶硅原料价格波动的国际传导效应。重点实证讨论以下三个问题:一是中国光伏多晶硅原料主要供给市场德国、美国、日本和韩国同时也是全球多晶硅原料主要生产国,其市场地位和市场关联是否有所差异;二是这些国别市场是如何通过中国市场实现光伏多晶硅原料水平市场的价格传导和市场均衡;三是不同的交易方式下,光伏多晶硅原料价格波动的国际传导效应有何差异。

二、研究方法

本书将综合可再生能源经济学、国际贸易学、契约理论、博弈理论等多领域的相关理论,运用规范与实证研究、定性与定量研究、统计和计量分析等研究方法,深入研究光伏多晶硅原料国际价格形成机制。

梳理分析光伏多晶硅原料市场全球发展背景、国际价格波动特征以及市场供需影响因素等方面,主要应用比较研究的方法,综合经济学、国际贸易学和可再生能源经济学等交叉领域的相关理论,探索研究光伏多晶硅原料国际市场价格形成机制的学科基础和现实要求。理论分析光伏多晶硅原料国际价格形成机制方面,主要应用交易成本理论、博弈理论、厂商理论、空间市场理论等相关基础理论,构建定价决策模型,分析合同形式、战略行为、供需冲击和市场互动的影响效应。实证研究光伏多晶硅原料国际价格冲击效应问题时,主要应用价格冲击理论和时间序列计量方法,构建结构性向量自回归实证模型,验证结构性供需冲击对光伏多晶硅原料国际价格的冲击效应。实证研究光伏多晶硅原料国别市场价格传导效应问题时,主要应用水平市场价格传导理论

和时间序列计量方法,构建价格波动国际传导的协整以及误差修正等实证模型,验证光伏多晶硅原料主要国别市场的关联作用以及价格波动国际传导的机制。

第四节　研究框架与研究内容

一、研究框架

本书由导论和三个部分内容构成。本章为导论,其他三个部分为研究依据与基础事实、理论研究与建模论证、实证研究与主要结论。光伏多晶硅原料国际价格形成机制的理论和现实问题将贯穿三个部分,围绕定价、价格波动和价格传导机制,细化文献研究进展、理论分析与创新、实证检验与解释。具体研究框架如表1.1所示。

表 1.1　总体研究框架

章	研究内容
第一章	导　论
第一部分:研究依据与基础事实	
第二章	文献研究
第三章	全球光伏多晶硅原料市场的发展现状
第二部分:理论研究与建模论证	
第四章	光伏多晶硅原料国际价格形成机制与供需影响因素
第五章	光伏多晶硅原料国际价格形成机制的理论分析
第三部分:实证研究与主要结论	
第六章	光伏多晶硅原料国际市场价格冲击效应实证研究
第七章	光伏多晶硅原料国别市场价格传导效应实证研究
第八章	研究结论

二、研究内容

本书共分为八章,除第一章导论外,其余七章的主要内容安排如下。

第二章,文献研究。首先,基于供需视角,梳理光伏多晶硅原料特性和规模的研究进展,归纳多晶硅原料的稀缺性、需求弹性、供给约束、资产专用性和市场不完全性的理论基础,整理光伏多晶硅原料发展规模与市场预测的研究方法和成果。其次,梳理光伏多晶硅原料合同安排方式的理论研究,归纳整理长期合同和现货合同的形式,重点分析和整理"照付不议"合同形式的理论基础,包括交易成本理论、风险分担理论和博弈理论。再次,梳理光伏多晶硅原料交易方式和定价理论的文献研究,分析和整理合同和现货市场的交易形式、市场结构和定价方式的研究成果。最后,梳理光伏多晶硅原料国别市场价格传导的理论基础,分析和整理空间市场理论及其在光伏多晶硅原料价格波动国际传导中的应用。

第三章,全球光伏多晶硅原料市场的发展现状。本章基于光伏多晶硅原料的产品技术特性、宏观发展环境和行业发展要求,探讨21世纪以来全球光伏多晶硅原料市场飞速发展的原因和现状。在产品技术特性方面,依据光伏发电技术原理,归类分析光电材料的技术性能和原料分类,探讨高纯多晶硅成为光伏产业主要原料的物理技术特性、制备工艺和生产成本特点。在宏观发展环境方面,依据太阳能光伏产业兴起的动因、环境规制国际共识的推进和光伏产业国别发展战略的调整,深入分析光伏多晶硅原料市场在21世纪后迅速发展的全球背景。从行业发展的现实基础看,依据光伏多晶硅原料的生产与消费供需变化特征,深入分析国际、国别市场的阶段性发展特点,明确全球光伏多晶硅原料市场形成和发展的行业现实要求。

第四章,光伏多晶硅原料国际价格形成机制与供需影响因素。本章以光伏多晶硅原料国际价格形成机制的类型和发展变化为基础,探讨多晶硅原料国际市场合同和现货价格波动特征,厘清影响光伏多晶硅原料国际价格波动的主要供需因素。整理研究光伏多晶硅原料合同市场谈判型价格形成机制和现货市场市场价格形成机制的特征和阶段性变化,比较分析国际国别市场合同与现货价格的波动性、关联性和周期性,深入探讨市场供需变化的六类影响因素(日太阳辐射量、真实经济活动、光伏市场政策、传统电力能源价格、欧元/美元汇率以及光伏多晶硅生产产能)对原料国际价格波动的影响作用。

第五章,光伏多晶硅原料国际价格形成机制的理论分析。通过收集整理国际交易中典型的合同文本,深入分析光伏多晶硅原料长短期合同安排形式以及交易成本与合同形式的相互关系,建立三类交易主体利润最大化函数,求解最优合同安排形式和定价方式,探讨"照付不议"预付款机制的作用和最优设定,实现价格均衡并提高履约效率。充分考虑全球光伏多晶硅原料生产商寡头垄断市场结构,建立古诺和斯塔克尔伯格产量博弈,揭示第一梯队生产商战略行为对定价决策的影响。充分考虑总需求、能源价格和国别光伏政策变化对光伏多晶硅原料市场的影响,研究这些因素造成的国际市场价格冲击效应。充分考虑国别市场的作用,研究供需冲击下的国别市场价格传导效应。

第六章,光伏多晶硅原料国际市场价格冲击效应实证研究。本章利用2007—2009年国际市场月度价格数据,建立结构向量自回归模型,量化并检验市场供需因素对光伏多晶硅原料国际价格的冲击影响,解释国际合同价格与现货价格的波动关系。首先,识别2004—2009年光伏多晶硅原料国际市场的需求性和供给性结构因素,具体包括确定引起国别供给差异的欧元/美元实际汇率因素、引起生产成本变化和替代/补充能源需求变化的相关电力能源价格因素、造成总需求变化的真实经济活动因素和引起光伏市场直接需求变化的政策因素。特别针对光伏市场特定需求冲击,细分为非预见性需求冲击和防御性需求冲击。其次,依据结构向量自回归模型,实证检验结构性市场供需冲击对光伏多晶硅原料国际价格的冲击效应。最后,以国别政策事件和中国进口市场数据进一步验证两类特定需求性冲击对光伏多晶硅原料国际价格冲击的差异化作用。

第七章,光伏多晶硅原料国别市场价格传导效应实证研究。本章利用中国光伏多晶硅原料进口国别市场数据样本,分析光伏多晶硅原料国别市场关联、价格波动的国际传导和均衡以及合同安排方式对国别价格传递的影响。鉴于光伏多晶硅原料国别价格数据获取的难度,建立以中国进口市场国别贸易方式分类的价格数据为基础研究光伏多晶硅原料价格波动国际传导效应的实证分析结构,并利用协整检验、一价定理检验、误差修正模型验证光伏多晶硅原料国别市场关系和价格传导效应。

第八章,研究结论。本章对本书主要结论作了简单回顾,提出研究光伏多晶硅原料国际价格形成机制的重要启示,并对未来的研究进行展望。

第五节　研究创新点

本书的创新之处归纳总结如下。

(一)研究框架拓展与创新

本书基于交易成本、厂商博弈和国际贸易等理论,构建了光伏多晶硅原料国际价格形成机制的分析框架,拓展了原有的生产成本构成、市场竞争结构、国别贸易关系相互孤立的光伏多晶硅原料价格形成的研究框架,也对该领域的理论研究做了重要探索。本书以全球光伏多晶硅原料市场迅速发展为研究背景,全面探讨价格波动的决定因素,深入分析光伏多晶硅原料国际价格形成的机制,系统研究市场结构、供需冲击和国别市场互动对多晶硅原料国际价格形成机制的作用,拓宽了现有对价格波动的研究内容,实现了研究范围的突破。

(二)结合文献研究与实践研究的理论分析创新

本书以光伏多晶硅原料生产商实际生产状况的调研分析为依据,以典型企业的交易合同文本为基础,深入研究光伏多晶硅原料国际价格形成机制的理论基础,使理论探讨更具有现实性和有效性。基于生产壁垒与成本构成、合同安排与交易成本的相互作用,建立光伏多晶硅原料国际市场三类交易主体利润最大化模型,深入研究最优合同安排和定价选择。基于生产技术、产能产量优势与市场势力的相互关联,建立第一梯队生产商产量博弈模型,深入研究企业战略行为对价格均衡的影响。对光伏多晶硅原料国际价格形成机制的探讨,有效地反映了企业定价行为和市场价格形成过程,为光伏企业参与市场竞争提供理论依据和支持。

(三)基于大量数据资料积累的实证研究创新

本书收集整理了大量微观主体、国别市场和产业发展的公开性、非公开性数据与资料,深入分析光伏多晶硅原料国际价格波动特征、供需冲击因素和国别市场关系,实证研究价格冲击和传导效应,是光伏多晶硅原料价格波动研究的首次实证检验。识别2004—2009年光伏多晶硅原料供需结构性冲击,重点分析特定需求冲击的价格影响,实证检验国际价格冲击效应。尝试以中国光伏多晶硅原料进口贸易方式分类价格数据,克服国别数据缺失问题,实证检验美、德、日、韩等光伏大国市场关系及价格传导效应,并验证韩国市场崛起及其市场地位对多晶硅原料国际价格形成的作用。上述实证方面的研究将为相关领域的后续研究提供较好的经验证据。

第二章　文献研究

作为战略性新兴产业之一的太阳能光伏产业是中国产业转型升级的重要动力源泉,多晶硅行业作为光伏发电的重要原料更是国民经济发展的先导行业。近年来,随着全球光伏产业的急速发展与回落,世界多晶硅原料市场价格也随之出现剧烈的增长与波动,导致包括中国在内的全球多个国家的多晶硅产业呈现阶段性发展失衡状况。为此,不仅有全球知名的研究机构如美国国家可再生能源实验室、欧洲光伏产业协会,还有国际知名的咨询公司如 Solar Buzz、Photon、PVinsights 以国际大会、专题研讨、行业咨询等多种形式研究光伏多晶硅产业发展动向、市场前景以及技术动态。同时,国内光伏企业经历了大起大落的发展过程,对多晶硅原料供给管理以及产业发展布局的需要非常迫切。由此,国内学者也开始关注光伏多晶硅产业的发展问题。尽管是国内外学术界对企业最关心的问题,也是产业发展布局的基础,光伏多晶硅原料国际价格形成机制的学术研究却远远滞后于现实的需要。不仅因为价格形成机制中的定价问题是企业的商业机密,更因为光伏多晶硅产业发展较晚,统计方法和数据样本非常有限,文献研究基本以统计分析为主,不够深入系统。因此,鉴于理论和实证研究需要,本章对光伏多晶硅原料国际价格形成机制,包括定价机制、波动规律和传导机制等相关的理论基础和实证研究方法进行系统的梳理。

文献研究分为五个部分:第一部分梳理原料特性与规模的研究进展,整理分析光伏多晶硅原料特性的经济学基础、发展规模与市场预期。第二部分梳理合同安排方式的理论基础,整理归纳光伏多晶硅原料国际合同和现货贸易的合同安排方式以及合同安排选择的理论基础。第三部分梳理交易方式与定价研究,整理归纳光伏多晶硅原料合同市场和现货市场的交易方式、定价形式和具体方法。第四部分围绕国别/地区市场对光伏多晶硅原料价格形成的作用,梳理空间市场整合理论应用于多晶硅原料国别市场价格传导的研究成果。第五部分总结已有文献成果的不足,提出后续研究的改进方向。

第一节　多晶硅原料供需特性与发展规模研究

多晶硅原料是一种半导体材料,在微电子技术和光电技术中应用广泛,是人工智能、自动控制、信息处理、光电转换等半导体器件的基础材料,被称为"微电子大厦的基石"。按照材料技术要求,多晶硅原料细分为电子级多晶硅和太阳能级多晶硅。电子级多晶硅主要用于半导体产业,太阳能级多晶硅专门用于光伏产业。多晶硅原料供需特性的经济学基础决定着国际市场价格形成的机制,全球市场的发展规模和不确定性影响着国际市场价格波动的趋势。以下梳理多晶硅原料供需特性和发展规模的文献研究成果。

一、多晶硅原料供需特性的经济学内涵

目前,对光伏多晶硅原料价格机制的分析框架并不成熟,对原料供需特性的经济学基础的文献梳理将是探讨其国际价格形成机制的关键。以下依据多晶硅原料供需特点,从稀缺性、需求弹性、供给约束、资产专用性和不完全市场五个方面,整理分析多晶硅原料供需特性的经济学内涵。

(一)稀缺性与霍特林定律

文献研究表明多晶硅原料并非矿产资源类初级产品。陈学森、李玉萍、袁桐(2008)对半导体材料的研究中将多晶硅原料归属为硅材料产业链中一个极为重要的中间产品,是后续半导体产品的关键基础材料。《中国可再生能源产业发展报告 2010》(王仲颖等,2011)、《中国可再生能源产业发展报告 2011》(王仲颖等,2012)和《中国半导体行业分析报告》(中国半导体产业协会,2008)对多晶硅原料工艺流程的讨论明确显示,其初级投入品为石英砂,经过冶炼、提纯制备成高纯多晶硅原料,用于后续光伏和电子类产品制造。高纯多晶硅工艺流程如图 2.1 所示。

霍特林定律(Hotelling,1931)指矿产资源报酬率应与社会贴现率相同,被应用于不可再生矿产资源的定价研究。其他学者从科技进步(Dasgupta & Heal,1979)、矿产异质性(Sweeney,1993)、不确定风险(Cairns & Quyen,1998)等方面拓展了"霍特林定律"在矿产资源长期定价中的应用。多晶硅原料的初级投入品石英砂(也称二氧化硅或硅石)是全球第八大矿产资源,矿产中硅元素是

地球第二大元素，其储备十分丰富，相对需求是无法穷尽的。尽管硅矿产仍是有限资源，其定价一定程度上受霍特林定律影响，但影响程度非常有限（王仲颖，2010）。从而，以稀缺性为基础的霍特林定律对多晶硅原料价格研究的借鉴作用非常有限。

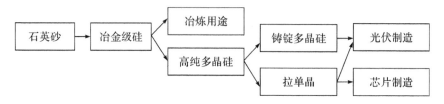

图 2.1　高纯多晶硅工艺流程

资料来源：《中国可再生能源产业发展报告 2010》（王仲颖等，2011；王仲颖，2011）、《中国可再生能源产业发展报告 2011》（王仲颖等，2012）、《中国半导体行业分析报告》（中国半导体产业协会，2008）。

（二）需求弹性与需求影响

需求弹性由马歇尔（1920）提出，用于反映价格变化引致的需求变化程度。需求的弹性受替代品、支出占比、必要性、耐用程度等方面的影响，高需求弹性商品对价格变化的需求反应更为敏感（Frank，2007；Gillespie，2007；Parkin et al.，2002）。在半导体和光伏行业，多晶硅原料在价格/性能方面优胜于其他半导体材料，材料的被替代性较低（代淑芬，2008；马春，2006）。但在电力能源领域，能源产品众多，光伏能源无论在应用技术还是成本方面都还处于劣势（IEA PVPS Program，2011）。从而，光伏多晶硅原料需求弹性相对电子多晶硅原料要高得多，需求曲线也更为平坦。

文献对光伏多晶硅原料需求影响因素的研究集中于直接需求和交叉需求两方面。直接需求包括总需求和光伏能源需求，交叉需求指电力能源的补充/替代需求，研究中多以定性分析为主。在总需求文献中，美国国家能源实验室光伏发展报告（Bartlett et al.，2009）最具代表性，评估了 2008 年金融危机对太阳能市场的影响，指出金融危机和全球经济衰退导致财富和收入下降，降低消费者对环境友好型电力的支付意愿以及对多晶硅原料的消费需求。金融危机也造成融资困难，大大降低多晶硅项目的融资便利性，降低生产或扩产意愿。在光伏能源需求方面，主要是光伏技术研发政策、投资政策、示范项目政策和大规模光伏电力并网应用的电价政策所引致的对多晶硅原料的需求变化

(Furkan,2011;Dusonchet & Telaretti,2010a,2010b)。在相关能源影响方面,Luque 和 Hegedus(2011)、Campillo 和 Foster(2008)等分析了石油危机所造成的国家能源安全推动全球太阳能光伏电力的发展及对多晶硅原料的需求。

这些需求因素影响着光伏多晶硅原料的需求弹性,也影响着需求变化对价格的作用,对分析 21 世纪以来多晶硅原料前所未有的激烈价格波动至关重要。然而,文献对光伏多晶硅原料需求影响并不深入,也缺乏实证研究,本书将尝试弥补这一空白。

(三)产能约束与供给影响

通过文献对多晶硅原料供给的研究可知,供给曲线特征主要依赖于产能变化。多晶硅项目从产能建设到全面运行需要较长的建设期和试运行期,产能扩张到实现达产具有较强的时滞性。从而,当多晶硅原料供给接近产能上限时,短期供给曲线弹性减弱,加剧价格上涨。

Sun 和 Wind Energy(2005)报道了国际厂商多晶硅原料产能扩张需要 18 个月。行业报告显示全球多晶硅大厂商产能扩张计划与产能建成时间间隔基本在两年以上(Flynn & Bradford,2006)。各厂商年度报告中宣布的扩产计划与产能建成的时间也相隔两年左右(Wacker,2011;LDK,2010)。企业报告(LDK,2010)和行业新闻报道(Osborne,2010)还显示多晶硅项目建成后需进行数月试运行,可能由于成本未能达到预期目标而调整产能达产的时间。在全球供给变化的文献研究中,也可见产能约束带来的供给影响。如 Sarti 和 Einhaus(2002)基于多晶硅产能与晶硅片厚度比测算了多晶硅供应与市场需求的关系,指出 2004 年后光伏多晶硅原料供应将进入紧缺阶段。蒋荣华等(2004,2007)、蒋荣华和肖顺珍(2010)多次核算全球半导体产业和太阳能光伏产业的多晶硅产能与产量,比较产量供给与市场需求的差距,预估 2004—2008 年多晶硅原料供给紧缺以及 2009 年之后多晶硅原料产能释放、供需不平衡逆转的市场状态。

一方面,尽管众多文献强调产能约束的时间特性,但缺乏产能约束的经济学机理分析,无法区分供给限制与防御性储备的市场冲击,相应的价格影响分析仍是零散、不连续的。另一方面,政府或机构对全球多晶硅原料产能与供给的统计并不完善,公开程度较低,对电子级和太阳能级多晶硅产能的区分是模糊的,对产能规模和实际产能估计是混乱的。由此,无法有效比较各年各阶段全球多晶硅原料产能产量的变化,无法有效说明光伏多晶硅原料供给限制的情况以及对价格的影响。本书将对全球多晶硅原料产能与供给影响进行理论研究和数据整理分析。

(四)专用性资产投资与履约效率

专用性资产最早由克莱因等(Klein et al.,1978)提出,并在威廉姆森(Williamson,1985)交易成本的研究中进行系统的分类,构成交易成本理论的核心基础。威廉姆森(Williamson,2002)将资产专用性分为五大类:场地专用性、实物资产专用性、人力资产专用性、特定用途资产专用性和品牌资产专用性。事前专用性资产投资在不完全合约情况下引致投资依赖度低的一方"敲竹杠"行为,增加投资依赖度高的一方事后履约成本。

针对多晶硅原料专用性资产投资的文献研究较少,主要体现在生产设备的产能管理和生产工艺的讨论中。在生产管理方面,Taylor 和 Plambeck(2003),Angelus 和 Porteus(2002)以及 Angelus 等(1997)对高新技术产业产能水平的研究显示半导体行业资产专用性源于高新技术创新速度快,产品生命周期较短,产能投资不足。在生产工艺方面,IEA PVPS Program(2005)指出多晶硅原料新制备方法正处于研发或试运行中,如日本 Tokuyama(德山化工)公司的气液沉积法、挪威 REC(可再生能源)公司的甲硅烷—流态化床法、日本 Kawasaki(川崎制铁)公司的冶金法和挪威 Elkem Solar 公司的改良冶金法等,尝试替代高成本的改良西门子制备法。而每一类制备工艺都对应着特定的反应炉,由企业自行开发或合作开发(Sun & Wind Energy,2006)。

文献对多晶硅原料专用性资产投资的研究不足,这也造成对多晶硅价格波动的探讨较多,而对价格形成机制的关注度不高。本书将基于交易成本理论,详细分析专用性资产投资在多晶硅原料国际价格形成机制中的作用。

(五)不完全市场与市场势力

当市场机制无法合理配置资源的时候,就会出现市场失灵或不完全市场。市场的不完全性有四种原因:不完全竞争、不完全信息、外部性和公共产品(Wilson,2008;Laffont,2008;Stiglitz,1989)。基于企业的产能产量统计分析,文献研究普遍认为多晶硅原料市场呈现显著的垄断市场结构,并对寡头垄断企业市场地位及其市场势力来源的研究较为丰富,但分析方法以定性和统计分析为主。

国内外文献以多晶硅生产技术和产能规模来判断垄断企业的市场地位。2008 年前,普遍将全球七大电子级多晶硅生产商归类为光伏市场多晶硅原料的主要供应商（Woditsch & Koch，2002；蒋荣华，肖顺珍，2002；蒋荣华等，2007）。随着亚洲，尤其是中国和韩国光伏多晶硅原料厂商的规模扩张，普遍以产能和技术双标准来判断厂商的垄断地位（王仲颖等，2011，2012）。

引起市场垄断的主要原因有技术进步、规模经济、资源控制和无替代品等（Nicholson & Snyder，2007；Ayers & Collinge，2003）。多晶硅厂商的市场势力主要来源于技术优势和规模经济。技术优势表现在低成本高性能生产多晶硅原料的能力，传统电子级多晶硅原料生产商仍然控制半导体产业的硅材料供给无疑显示了他们在生产工艺上的技术优势（Koncept Analytics，2007；蒋潇等，2012）。规模经济表现为多晶硅生产商规模扩张带来生产成本的显著下降，并在计量和统计分析中都得到了验证（蒋潇等，2012；Kammen & Nemet，2005）。

尽管文献对多晶硅原料市场结构的研究较为丰富，有助于了解垄断企业的定价行为。但文献对垄断企业战略行为的研究显然不足，无法解释多晶硅原料生产商竞争格局的变化。

二、多晶硅原料的发展规模和市场预期

随着全球太阳能应用市场的飞速发展，光伏多晶硅原料生产进入规模化发展阶段。准确估计光伏市场的发展，能更有效地促进多晶硅原料市场的供需平衡。由此，全球知名机构和学者高度关注光伏应用市场的发展，应用年均估算、情景假设等多种方法对市场进行了预估，并作为预测价格波动趋势的重要基础。

(一)21世纪初发展规模

Maurits 较早提出光伏产业对多晶硅原料的需求将补充甚至超过半导体行业的需求下滑，成为多晶硅产业的重要组成部分。Maurits(1998)在第八届晶硅太阳能电池材料和制备大会报告中，以年均15%的增速对光伏多晶硅原料需求进行预估，预期2002年电子级多晶硅废料将无法满足光伏产业的需求。Maurits(2003)在第十三届晶硅太阳能电池材料和制备大会报告中，再次以年均15%的增速保守预估了光伏多晶硅原料的需求变化趋势，提出2004年全球多晶硅产能将无法满足市场整体需求。Woditsch 和 Koch(2002)对1992—2004年全球多晶硅原料供给和需求进行了估计对比，预测2004年产能将无法满足市场的需求，但保留对2005—2010年光伏多晶硅原料年均15%的

中等增长水平的估计。Prometheus Institute(2006)对 2005—2010 年光伏多晶硅原料设定了 10%、30% 和 50% 三个情景的预估。Sage(2006)更为乐观，设定 32%、42% 和 46% 三个情景的光伏多晶硅原料年需求增速。这些机构和学者对半导体行业多晶硅需求的估计基本都在 10% 以下水平。

光伏多晶硅原料的实际需求规模，远超过机构和学者的保守预估。依据 Sun 和 Wind Energy(2005)的统计，1999 年电子级多晶硅废料就已无法满足光伏产业需求。IEA PVPS Program(2009)给出的 OECD 国家光伏市场 2001—2008 年累积安装年增速为 45%，年安装增速超过 50%，相对应的多晶硅需求量年增速接近 50%。相反，半导体多晶硅原料的实际需求与预估接近，依据中国硅业分会(谢晨，2011)的估计，增长平缓，保持年个位数的低增长率。

(二)金融危机之后的发展规模

IEA PVPS Program(2008)明确表示金融危机将影响光伏产业的投资环境，但市场需求依然坚挺。美国 NREL 报告(Bartlett et al.，2009)评估了金融危机对光伏产业的影响，并依据组件生产需求预期下调了多晶硅原料的需求增速，设定 2008—2012 年年增速为 33%。在 Photon 主办的第七届太阳能级多晶硅大会中，各机构企业代表在 2009 年对光伏多晶硅市场发展有很大分歧，Photon 咨询和 Dow Corning 公司代表坚持需求相对供给会有更好的增长，而其他代表或认为供需相当或认为供给出现过剩，如 Winegarner 悲观预估 2012 年光伏多晶硅需求只有 10 万吨，而供给为 24 万~25 万吨。在第八届至第十届太阳能级多晶硅大会(Photon，2010，2011，2012)中，所有参会代表倾向需求相对疲软，如 Photon 咨询 Meyers 预估 2012 年全球光伏终端市场安装量为 26~28 GW，远低于 2008 年时的预估 50 GW。

依据中国硅业分会的统计数据，2012 年全球光伏终端市场安装量超过 30 GW。IEA PVPS Program(2013)核算 2012 年全球光伏终端市场安装量为 28.4 GW。由此，2012 年全球光伏多晶硅原料需求略好于行业内预估，但远低于 5 年前的乐观估计。

(三)对发展规模的预估

在第十届太阳能级多晶硅大会(2012)上，IHS iSuppi 咨询的维希特(Wicht)预估全球光伏终端市场安装量将停滞在 27.6 GW，Photon 咨询的莫耶斯(Meyers)预估年增长在 20%~25%，Wicht 和 GTAT 公司的凯克(Keck)均预期下一个周期高峰将在 2016—2018 年。欧洲光伏工业协会(EPIA，

2012)发布的《2016 年全球光伏市场展望》中以一般情景和政策驱动情景预估了 2012—2016 年市场发展,报告表明中国和美国将成为增速最快的市场。一般情景下,2012 年全球安装量明显下降,2015 年之后才会超过 2011 年水平。在政策驱动情景下,2012—2013 年全球安装量增速较慢,2014 年之后增速明显提高,5 年年均增速约 15％。

　　通过各文献对全球光伏市场的预测可知,各机构对市场发展依然保持乐观。但产业发展存在较多的不确定因素,如国别政策、发展环境、市场条件等,各机构对未来市场发展速度的预期仍有较大差异。全球光伏市场的不确定性必然加剧上游多晶硅产业环节的供需和价格波动,但文献中对市场不确定性造成的国际多晶硅价格波动的探讨是非常不充分的。

第二节　多晶硅原料合同安排方式与理论基础

　　随着全球太阳能能源应用市场的发展,光伏产业对多晶硅原料的需求日益增强,形成以长期合同与现货合同为基础的贸易形式。文献对光伏多晶硅原料合同安排方式的讨论散见于行业和企业报告中,普遍缺乏合同形式的作用和影响的探讨。然而,长期合同与现货合同共存形式的合同理论在文献研究中是较为丰富的。

一、合同安排方式

　　光伏多晶硅原料合同形式的讨论最早见于 Photon 主办的第一届太阳能级多晶硅大会,几乎所有企业都以现货合同形式进行光伏多晶硅原料贸易。2005 年,在第二届大会上,全球第一大多晶硅生产商 Hemlock 的市场总监霍曼(Homan)提出太阳能产业必须签订长期合同,推进大规模产能扩张。之后,全球多晶硅大厂商基本都以长期合同形式进行产能预售和贸易。由于光伏多晶硅原料以私下贸易为主,信息公开程度低,文献研究主要集中在长期合同形式和现货合同形式的变化。

(一)长期合同

　　基于第一届太阳能级多晶硅大会信息,2004 年瓦克(Wacker)公司与客户签订了全球光伏多晶硅原料第一笔长期合同,期限为至少 5 年。第二届大会,

Homan 提出长期合同形式应具备固定价格和预付金制度安排。PV Magazine（2013）报道的西班牙光伏巨头伊索菲通（Isofoton）与 Hemlockr 多晶硅原料贸易纠纷中显示"照付不议"长期合同开始于 2005 年。CLSA 行业报告（Yont，2009）显示，2008 年第四季度之前几乎所有的光伏多晶硅原料长期合同均为"照付不议"长期合同。Gunther 多晶硅报告（Edgar，2011）显示，2011 年起新签长期合同中已经取消了"照付不议"条款。

"照付不议"合同形式在 20 世纪 70 年代石油公司能源贸易中首先应用（黄振中，张晓粉，2011），在天然气、煤炭、能源设备和半导体领域的应用较为广泛。"照付不议"合同最常见于天然气开采商与管道公司的长期合同买卖中，不管天然气管道公司最终是否进行天然气购买都必须要支付可交付天然气的一部分费用（Li & Kouvelis，1999；Medina，1991）。Joskow（1985，1987）对早期电煤合同的研究发现大部分电煤合同包含"照付不议"条款，规定交货数量上下限和履约要求。石油焦炭、铝企业燃烧设施、废物垃圾燃烧设施的供应中，也发现"照付不议"类似条款（Brook，1992；Goldbery & Erickson，1987）。在半导体领域中，无晶圆半导体协会调研（Brown & Lee，1997）发现 30% 晶硅原料（多晶硅和硅片）产能是基于"照付不议"的合同安排形式。

"照付不议"合同研究中，文献重点讨论合同形式的理论基础、定价方式和合同期限的履约影响。研究成果主要关注天然气贸易领域，多晶硅原料的合同研究涉及较少。

（二）现货合同

由于现货贸易市场定价、即期交货和付款的交易特征，现货合同条款明确、责任清晰、标准性强（Seifert et al.，2004）。文献研究中对光伏多晶硅原料现货贸易的探讨基本关注交易方式而非具体的合同条款安排。

在第一届太阳能级多晶硅大会中，Wacker 公司项目主任海塞（Hesse）指出（2004 年 4 月）尽管现货市场价格高昂，但几乎所有客户依然选择现货市场贸易。中国有色金属工业协会硅业分会（以下简称中国硅业分会）年度报告（谢晨，2010，2011）显示，光伏企业在全球光伏多晶硅原料紧缺时期依赖现货贸易进行供货补充，在原料充裕时期，加强现货贸易但并不基于现货合同。LDK 企业报告（2010）中提到光伏多晶硅原料现货合同的交货期限通常为 1 个月，付款方式为现金交易。Loo（2011）指出 2011 年地区性现货贸易明显减少，买家防御性储备非常有限，现货贸易合同形式正转向按照现货价格进行交易的期限合同。

在全球光伏多晶硅原料贸易中,长期合同和现货合同的安排形式依据市场条件发生了几次阶段性的重大变化。但文献对光伏多晶硅原料合同形式的变化并没有进行详细的梳理和分析,无法有效揭示合同安排方式转变的原因和作用。深入探讨合同安排方式的理论基础是研究光伏多晶硅原料国际价格形成机制的重要基础和关键依据。

二、合同安排的理论基础

光伏多晶硅原料长期合同和现货合同形式并存的现象主要基于市场风险与不确定性所引致的交易成本、市场主体的风险规避以及市场主体的战略性行为。从而,交易成本理论、风险分担理论、博弈理论可以被借鉴用于支持光伏多晶硅原料"照付不议"长期合同与现货合同并存的合同安排方式。

(一)交易成本理论

在科斯(Coase,1937)交易成本理论的基础上,阿尔钦和德姆塞兹(Alchian & Demsetz,1972)、克莱因等(Klein et al.,1978)以及威廉姆森(Williamson,1985)从不同角度分析完善了交易成本理论,尤其是威廉姆森对交易成本的分类以及交易成本理论基础上完善的契约理论分析框架。威廉姆森(Williamson,2002)提出交易成本包括搜索成本、议价成本、订约成本、监督成本和执行成本。由于人的有限理性、机会主义倾向和交易涉及的资产专用性问题,基于市场交易维持契约关系的交易成本较高,无法维护长期合同关系(长期不完全契约),无法保障专用性资产的稳定收益率。由此,根据交易频率、资产专用性和不确定性三个维度可以来设定契约的类型,尽可能降低交易成本。"照付不议"合同形式正是基于交易成本理论被广泛地用于光伏多晶硅原料的长期合同安排。

Glachant 和 Hallack(2009)以及 Chaton 等(2004)提出"照付不议"长期合同中相对固定的价格条款和不可撤销的最低购买数量条款能确保交易频率高、资产专用性强、不确定性大的能源、半导体行业(高纯多晶硅及加工品)中贸易合同的自我履约要求。Maurits(2003)指出光伏应用市场的急速发展引致多晶硅原料供需失衡,极大地增强了多晶硅贸易的不确定性和现货贸易形式的交易成本。多晶硅原料的生产设备和人力资本的专用性较强,对长期稳定合理的投资回报率要求较高,需要建立具有保障机制的长期合同形式。

(二)风险分担理论

威廉姆森交易成本理论(Williamson,2002)中提出交易成本与不确定性相关。交易的不确定性包括预料到的偶然事件的不确定性、无法预料事件的不确定性和交易前一方拥有另一方缺少的信息的不确定性。Hubbard 和Weiner(1986)将交易的不确定性和风险分担理论用于分析"照付不议"合同,认为"照付不议"条款的主要作用即为风险分担。Chaton 等(2004)、Victor(2006)进一步确认了"照付不议"合同中,上游供应商和下游买方在价格风险和数量风险上的责任承担。通常上游供应商在生产成本、运行成本上信息更为充分,应更多承担由下游价格变动带来的价格风险。下游买方对终端需求的信息更为充分,也能更好地拓展终端需求量,应更多承担由此带来的数量(需求)风险。"照付不议"合同中的非价格条款(预付金)和价格条款能有效地界定上下游的风险分担。

Brown 和 Lee(1997)研究半导体行业(高纯多晶硅及其加工品)"照付不议"合同中的库存问题,提出库存优化的重要性及"照付不议"条款下的预付款降低库存风险的解决方案。Tsay(1999)讨论了高新技术行业中"照付不议"条款下最低(take)最高(pay)交易数量设定对规避价格波动风险的重要性。Jin 等(2001)研究了高科技(包括如多晶硅生产和加工)企业如何将违约造成的生产能力空闲等以惩罚性成本形式纳入"照付不议"合同预付款中,以降低可能的价格波动风险。光伏多晶硅原料市场也显示在正向价格冲击下,"照付不议"条款一定程度上保障买卖双方共同承担风险,降低交易的不确定性。但在负向价格冲击下,"照付不议"的预付金安排制度和现货交易的市场竞争价格使得买方并不可能或不愿意与卖方共同承担风险,造成 2009 年以来光伏多晶硅原料市场多起"照付不议"合同纠纷(PV Tech,2010)。

(三)博弈理论

博弈理论被应用于"照付不议"合同的履约保障、"照付不议"长期合同与现货短期合同的替代关系、长短期合同与市场结构相互关系等方面的研究。在博弈理论研究合同的"自我履约性"方面,威廉姆森(Williamson,1983,1985,1996)的"挟持条款"(hostages clauses)博弈模型显示合同的自我履约性还表现在一方的收益依赖于另一方在下一阶段的行为。"照付不议"合同中专用性资产的回收时间依赖于买方在下一阶段的履约行为,而"照付不议"条款下预付金的设置体现买卖双方均构成履约"挟持"。

在长期合同的履约保障研究中,Glachant 和 Hallack(2009)讨论了"照付不议"合同安排中交货(take)或预付金(pay)制度使得买卖双方短期利益得以协调,有助于长期利益的维护。在长短期合同的互替关系研究中,Neuhoff 和 Hirschhausen(2005)利用两阶段寡头产量模型得出:当"照付不议"长期合同的需求价格弹性明显高于短期合同时,生产商更倾向于长期合同。在长短期合同与市场结构的研究中,Polo 和 Scarpa(2006)讨论了垄断企业利用"照付不议"长期合同安排方式细分市场和客户群体的战略行为。目前,文献缺乏利用博弈理论深入分析光伏多晶硅原料合同安排方式的研究。

第三节　多晶硅原料交易方式与定价研究

光伏多晶硅原料合同安排方式的演变伴随着市场交易和定价形式的逐步完善,那么,在不同(期限和现货)合同安排方式下,光伏多晶硅原料的合同市场与现货市场交易方式具备哪些特征,又是否以及为何对应着特定的定价方式?以下将以光伏多晶硅原料国际市场交易方式为基础,梳理多晶硅原料合同和现货定价的相关研究。

一、长期合同贸易与定价研究

Loo(2011)指出光伏多晶硅原料长期合同的贸易主体包括生产商和贸易商,交易形式以私下交易为主,信息公开性低。光伏行业国际知名的咨询公司 Photon International 在对其数据来源的说明中指出,价格数据收集主要来自欧洲、北美和亚洲大厂商非公开市场交易和私下交易,PVinsights 在其数据来源中同样强调了非公开市场私下交易的重要性。中国硅材料信息研究中心在《中国多晶硅市场月度监测报告》(2012)以及多家生产商年度报告(MEMC,2011;GCL,2011)中提到长期合同交易或大单交易均以企业间私下交易为主。

光伏多晶硅原料长期合同定价方式在企业和行业报告中提及较多的包括固定定价、协商定价和调整定价(Wacker,2011;Yonts,2009)。定价影响因素与交易的实际执行情况密切相关。Klein 等(1978)认为"照付不议"合同定价受到合同签订后投机行为的影响。Glachant 和 Hallack(2009)认为"照付不议"合同定价受合约价与现货价价差偏离程度的非线性影响。Maurits(2003)指出全球光伏多晶硅原料市场呈现寡头垄断结构,定价影响因素包括投资、运行、违约导致的库存成本、生产能力闲置的成本、投资回报率设定、议价能力等。Gerbert 和 Rubel(2009)指出 2008 年之后,全球光伏多晶硅原料市场的寡头垄断势力受到极大的竞争性威胁,新签约的"照付不议"合同中不仅增加了与现货价格挂钩的重新议价条款,还大大降低了"照付不议"中预付金的要求。PV Tech(2010)连续报道了 2009 年以来全球多晶硅大厂商 REC、MEMC、LDK 等与其买家之间长期合同的价格重议或纠纷明显增多,合同价格受市场环境变化影响较大。可见,光伏多晶硅原料长期合同中对重新议价条件、交易价格的可变动性、预付金比例的规定在不同市场条件下有很大差别。

文献研究还对"照付不议"合同中的定价方法有较多探讨。Thompson(1995)将 Hull 和 White(1993)格子估值模型(lattice model)应用于长期合约中"照付不议"的特殊情况,研究"照付不议"的价格数量结构。Pilipovic 和 Wengler(1998)应用简单规划编程讨论了"照付不议"的合约定价。Kaiser 和 Tumma(2004)对价格和厂商信息不确定情况下的"照付不议"合同进行了最优估价(定价),应用双格子(binomial lattice)模型,将现货交易成本、个体化成本(库存、运行成本等)、状态变量纳入蒙地卡罗定价模拟体系,以此决定在给定交易数量下的价格或给定价格下的交易数量。Chiang 等(2006)将市场价格假设为几何布朗运动模型,将市场价格标准方差、惩罚性支付、最小起订量、折扣等变量纳入双格子模型,以证明在此基础上确定的"照付不议"合同定价不仅能使买卖双方避免风险,而且决策灵活性更强,收益性更高。

二、现货贸易与定价研究

光伏多晶硅原料现货市场交易形式与其他大宗货物有所不同。大宗货物,如未加工农产品、工业原料等,其现货交易主要形式为买卖双方在现货交易市场自由报价,公开集中竞价,按价格优先时间优先,电脑交易系统自动撮合成交;成交前,客户可以随时撤销指令(宋玉华,诸葛栋,2008)。Loo(2011)指出多晶硅原料现货贸易包括付现提货(cash-and-carry)基础上的私下交易,也包括公开集中的现货交易市场。中国硅材料信息研究中心在《中国多晶硅市场月度监测报告》(2012)中讨论的国内主要现货市场在区位上集中于四川、河南、宁夏、江苏和内蒙古,国内中小企业主要依赖现货市场进行交易。可再生能源国际专业咨询机构如集邦咨询旗下的集邦新能源网(Energy Trend)对数据来源的说明中指出价格信息主要通过重要生产商的电话、问卷和网站访问形式获取,即非通过公开交易市场获得。

现货市场的价格尽管不一定是完全竞争价格,但却可能是在竞争的条件下被决定下来的。现货价格不仅受到边际成本的影响,还受到需求、产能、库存等多方面因素影响。咨询报告、行业报告等(如 Solarbe,2011)认为 2011 年现货价格受库存和需求疲软的影响不断下跌,已逼近成本价。这意味着现货市场价格的形成机制正向完全竞争市场靠拢。现货贸易定价方式因晶硅原料等级有所差别。如电子级多晶硅废料的价格并不是按照边际成本的原则定价(Maurits,2003)。现货贸易的支付方式具有阶段性差异,影响价格形成方式。Loo(2011)认为多晶硅原料现货贸易通常是付现提货,但 2011 年以来买方付款既可选择付现提货,也可选择分阶段付款,从而影响现货交易数量和价格水平。

三、战略行为与定价决策研究

博弈理论被应用于光伏多晶硅原料生产商争夺市场份额、提高利润的产量博弈行为研究。多晶硅原料在生产上显示出显著的规模经济效应,产量的扩张不仅会增强生产商生产成本效应,还可能提高生产商之间通过产量博弈夺取市场份额的可能性。Maurits(2003)以及 Gerbert 和 Rubel(2009)的研究均认为光伏多晶硅原料市场为寡头垄断的市场结构。Bartlett 等(2009)指出,尽管全球金融危机对光伏多晶硅原料市场价格产生了重要的负面影响,全球生产能力和产出量受影响程度却并不大,但新加入的厂商无论是产出量还是交易价格受影响程度均较大。Solarbe(2011)显示,在市场需求萎靡的情况下,无论是中国还是其他国家的大型生产商并没有停止产能的扩张。即使是在 2011 年中小生产商面临停产的情况下,第一、二梯队的晶硅生产商也没有停下产能扩张的脚步。可见,光伏多晶硅厂商定价决策与其自身的垄断地位和战略行为并非完全无关。但文献中将博弈理论应用于光伏多晶硅原料定价的研究非常有限。

第四节 多晶硅原料空间市场关联 与价格传导研究

2000 年之后,光伏多晶硅原料合同与现货市场,在不同国别市场均表现出价格持续走高又陡然下降的趋势,那么空间分割的市场是如何被联系在一起,价格信号又是如何被传递的呢? 随着时间的推移,多晶硅原料市场价格传导的方式是否会发生改变,传递性是否完全,市场关系是否会变化? 这些问题既涉及跨区域价格关系,又涉及跨时间价格联系,是光伏多晶硅原料国际市场价格形成的关键问题。截至目前,还未有光伏多晶硅原料国别市场价格传导的实证性文献研究,但空间市场价格关系的理论和实证研究基础是相当丰富的。

一、空间市场理论与价格传导

Enke(1951)和 Samuelson(1952)早在 1951 年和 1952 年就试图解释分散性地区市场如何实现均衡,或空间市场如何通过价格信号传递而联系在一起,成为互相影响互相制约的统一均衡市场。Takayama 和 Judge(1964)将跨时、跨空间、多商品的价格均衡问题模型化,并推出了实现竞争性市场价格均衡的条件。从而,空间市场整合(spatial market integration)与价格传导(price transmission)的理论基本形成,并被广泛地应用于农业、能源产品市场及金融市场的空间市场整合与价格传导的分析。

萨缪尔森(Samuelson)空间市场理论与 Takayama-Judge 模型解释了在竞争市场中,在无信息传递障碍、无产品差异、无需求偏好差异,也无贸易障碍和运输成本的假设前提下,市场间通过国际贸易的形式实现跨区域价格均衡,无价格差异,或遵循单一价格法则(law of one price,LOP)。当市场间存在价格差异时,市场间套利行为会迅速平抑价格差距,从而返回到空间商品市场的长期绝对均衡。但现实情况往往不能满足 Takayama-Judge 模型的某一或多个假设前提,因此文献研究基本集中于不同假设条件下价格传导机制的有效性和市场均衡状况的检验。研究成果依据模型假设条件的满足程度分为六大类,即在运输/交易成本、市场势力、规模经济、产品异质性/同质性、汇率和国际贸易或国内政策不满足假设时,检验市场均衡或效率以及价格传导的有效性等问题。

(一)运输/交易成本与空间市场价格传导

运输成本是引起空间市场间价格差异及市场分割的最基本因素,但其表现形式可以各异,并对市场间价格传导产生不同影响。Barrett 和 Li(2002)、Brooks 和 Melyukhina(2003)研究发现若运输/交易成本是固定的,或以某一附加值的形式存在,那么价格传导机制的有效性和市场均衡性可以以线性计量模型进行估计。但若不是,则必须以非线性模型或线性模型中加入门限约束进行估计。

(二)市场势力与空间市场价格传导

市场势力指企业控制市场价格的能力。当市场存在少数企业(垄断或寡断)控制市场价格时,跨区域市场价格传导可能会受到改变。文献基本支持(McCorriston et al.,2001;Acharya,2000)当厂商能够利用市场势力提高其边际收益时,市场价格上升的传递速度快于价格下降的速度,从而跨地域市场价格传导会呈现非对称性或价格偏离。但 Witzke(2011)、Koontz 和 Garcia(1997)、Koontz 等(1993)则认为当具有市场势力的厂商同时在多个市场中提供商品,所有市场的垄断商遭遇相同的市场冲击,或同时存在竞争和非完全竞争性市场并相互关联时,以上市场势力对跨地域价格传导效应不成立。市场势力的存在还可能使得交易时间变长(如长于一个月),这样当月的市场价格变化不能在交易价格中得到体现,从而延缓了市场价格的调整,市场价格出现偏离(Minot,2006)。

(三)规模报酬递增与空间市场价格传导

规模报酬递增指随着生产要素同比例增长时,产出增长的比例更高。规模报酬递增与专业化分工利益、生产要素的不可分割性等有关,但不一定是技术进步导致的生产效率提高(宋承先,许强,2004)。规模报酬影响不同市场类型的定价方式,对产品的横向和纵向市场价格传导有不同的影响。Korosi 等(2006)实证了垄断定价中规模报酬的作用,指出垄断定价的边际成本加成部分与规模报酬递增直接相关。McCorriston 等(2001)认为规模报酬递增对空间市场价格的影响源于市场势力的存在,而对纵向市场价格传导的影响却可能不同于市场势力,即若存在规模报酬递增的情况,那么纵向价格传导的程度可能比规模报酬不变时更大。

(四)产品异质性/同质性和空间市场价格传导

产品异质性/同质性指不同国家所生产的相似商品在消费中的替代性。产品消费的替代程度影响到空间市场整合与价格传导。Armington(1969)假设就是认为同一国家生产的产品之间是完全替代的,而在不同国家生产的产品是不完全替代的。因此,在空间市场价格传导过程中,产品异质性可能引起价格传导的非对称性。

(五)汇率波动与空间市场价格传导

对汇率波动与价格传导关系的研究主要是分析汇率变化能在多大程度上传递给产出品价格。当市场间无销售限制、无运输成本、无产品差异且市场完全竞争时,汇率波动将有效、完全地传递给商品价格,不同市场商品价格保持不变。但实际上,由于企业对地域分割市场的价格控制力、市场的不完全竞争性、产品非完全同质性、贸易成本、供给需求弹性差异等,汇率波动往往使得不同市场商品价格比发生变动(Tantisantiwong,2011;Dornbush,1997;Knetter,1993;Froot & Klempeter,1989)。

(六)跨境/国内政策和空间市场价格传导

无论是跨境或国内政策都有可能影响跨地域市场价格关系。跨境或国内政策的影响,尤其是跨境贸易政策,是文献中讨论最广泛、最全面的(Montalbano,2011;Sharma,2003;Baffes & Gardner,2003;Thompson et al.,2002)。但跨境或国内政策由于政策差异性大,对跨地域市场价格的影响方式和影响程度各异,必须视政策类型具体分析。

二、多晶硅原料国别市场价格传导研究

在光伏多晶硅原料国别市场与价格关联的文献研究中,探讨较多的是市场势力、规模报酬、产品异质性/同质性以及汇率波动对国际价格的影响。研究方法主要以定性分析和统计性分析为主,实证研究和计量分析较少,无法有效检验光伏多晶硅原料国别市场价格传导的方式和效应。

(一)市场势力与国别市场价格传导

光伏多晶硅原料市场具有明显的寡头垄断性质,少数几个制造商控制全球70%～90%的份额(IEA,2010)。但 Green Rhino Energy(2011)和 Lorenz(2011)也提出由于全球多晶硅生产能力的极度扩张,尤其是在中国和韩国,多晶硅原料市场的寡头垄断性质正受到严峻的挑战。Yonts(2009)等指出多晶硅原料的市场势力来源于合同安排,合同或现货市场在地区性市场交易中并非起到完全相同的作用,欧洲市场长期合同贸易对价格的影响强于亚洲市场,而现货贸易弱于亚洲市场。Yu 等(2012)对中国多晶硅原料进口数据的统计性分析显示,主要国别市场在对中国的出口贸易中具有相近的价格波动趋势。

(二)规模报酬递增与国别市场价格传导

在多晶硅原料生产的规模报酬效应文献研究中,Krauter(2012)利用能量核算方法明确了多晶硅生产规模与能耗成本的关系。Hearps(2011)、Zwaan和Rabl(2004)认为光伏的历史数据显示成本下降在很大程度上来源于生产规模(晶硅/硅片、组件)的增长,而不仅仅是技术效率的提高。Nemet(2006)利用成本核算的方法验证了光伏生产商可以追逐由生产要素的不可分割性所带来的规模报酬递增的收益。在规模报酬效应与多晶硅原料国别市场价格传导的研究中,多晶硅行业报告(Yonts,2009)证实具有规模效应的生产商在价格下降时依然有较大的利润空间,相反,不具有规模经济效应的生产商在价格下降时处于弱势,从而可能造成多晶硅原料国别市场价格传导的非对称性。在实证文献中,规模报酬效应对多晶硅原料价格传导的实证研究主要集中于纵向产业链而非空间市场间的价格传导分析(Nemet,2006;Zwaan & Rabl,2004)。

(三)产品异质性/同质性与国别市场价格传导

多晶硅原料产品差异性在于产品纯度。尽管光伏产品所用多晶硅纯度并不需要达到半导体级多晶硅的纯度,但纯度越高,光电转化率越好,自然成本也越高(Sarti,2002)。半导体级和太阳能级多晶硅都可以被用作光伏原材料,次级料在经融炉后纯度达到要求或前两者正规料混用也可以成为光伏多晶硅原料。基于不同纯度的多晶硅原料在价格冲击时若能按相同的比例变化,那么价格行为的研究仍然可以与一个单一商品一样(复合商品定理①,composite commodity theorem)(Wood,1979)。目前文献对不同时期光伏多晶硅原料的差异性有较详细的描述,但较少探讨多晶硅原料的异质性对国别市场价格传导的影响。2002 年前,光伏实际所用多晶硅原料普遍为半导体级晶硅头尾料,成本低廉(Knapp,2000;Sarti,2002;Campillo,2008)。2002 年后,出现专门生产光伏产品所需的多晶硅生产线(IEA,2002)。2004 年后,半导体级和太阳能级多晶硅生产线均接近满负荷,全球主要厂商纷纷公布大规模扩张太阳能级多晶硅原料的生产线项目。IEA PVPS Program(2002—2009)、Myers 和Yuan(2007)等多次提到 2003 年后半导体产业的废料晶硅、锅底料(次级晶硅料)依然占据相当比例的供给来源。对不同纯度晶硅产品的价格相关性研究

---

① 复合商品定理说明,若 $m(m<n)$ 种商品组成的商品组的价格,在 n 维商品空间里总是按相同比例变化,那么 m 种商品的总需求行为就会像他们是一个单一商品时那样。

中,Yonts(2009)和安迅思(ICIS)的众多报告中显示,依据统计数据,次料价格与正品价格呈近似比例关系。

(四)汇率波动与国别市场价格传导

IEA PVPS Program(2009)认为国际市场光伏多晶硅原料交易主要是以美元和欧元计价。Solarbuzz的光伏产品价格同时有欧元和美元计价单位,反映除汇率变动外光伏产品的价格波动情况。各大证券公司、咨询公司及生产商的光伏产业报告(Rao,2011;Hearps,2011;Wacker Group,2011)都将汇率变动列入影响光伏产品及原料价格的重要因素。同时,全球主要多晶硅生产商报告(Wacker Group,2011;REC,2011;MEMC,2011)清楚表明美元(对欧元)汇率走软导致其美国市场相对欧洲市场价格疲软,并影响到美元兑换欧元后的销售收入。

三、空间市场价格传导的实证研究方法

空间市场价格传导的实证研究方法包括简单回归和相关关系模型、动态回归模型和理性预期模型,以下对这些方法进行简述。

空间市场价格传导的简单回归模型和相关关系分析建立在空间市场套利强条件基础上,加入运输成本和汇率等影响变量。尽管这类模型可以初步了解两市场的价格关系,但仅仅检验一价法则的强条件,并未能考虑价格调整的时滞性和套利弱条件的存在。

1980年后,一些学者提出价格调整需要成本,由此空间市场价格传导可能存在时滞。VAR模型框架被用于分析市场价格传导的动态时间序列特征。因果关系模型、Ravallion市场整合标准、脉冲反应模型和协整模型,均建立在市场价格的VAR模型的分析框架上。因果关系模型通常应用Granger(1969)因果关系模型进行市场价格关系分析,检验某市场价格冲击对另一(其他)市场的当期及滞后期价格的影响,若影响显著,表明存在因果关系。但因果分析的计量方法并不适于不平稳数据的分析,因此协整等计量方法被引入模型分析体系。Ravallion(1986)建立了中心市场与卫星市场的结构性价格关系模型,Timmer在此基础上进行了模型变型。但Fackler等(2002)认为只有在运输成本假定为白噪声过程的基础上,Timmer模型IMC指数才有效。脉冲反应函数代表外生冲击对变量的影响,可以用来研究价格对冲击的响应调整路径。脉冲反应函数主要验证当一市场受外生性冲击时,该市场与其他市

场的价格趋同性(Goodwin & Piggot,2001)。若市场是整合的,外生冲击下,市场价格偏离会导致其他市场价格做出反应。脉冲反应函数将价格调整的动态路径显示出来,充分反映空间市场价格互动的关系。脉冲反应函数的不足之处是冲击必须是序列不相关的,否则经济解释性不强。

理性预期的假设是跨地域市场价格关联不是当期的,因此卖方必须预期交货时的价格水平。Goodwin 等(1990)构建了一价法则的理性预期模型,计量估计过程与简单回归模型基本一致。

第五节 小 结

综上所述,已有文献对光伏多晶硅原料特性、规模、合同形式、定价方式和国别市场价格传导等诸多问题进行了广泛的研究,但已有的文献研究较为分散,缺少对光伏多晶硅原料国际市场价格形成机制的全面、系统的分析。

文献研究仍然存在以下四个主要问题:(1)在多晶硅原料供需特性文献梳理中,经济学内涵的研究探讨不够充分,未能揭示原料供需特性在合同安排和价格形成中的重要作用。对光伏多晶硅原料发展规模的探讨也过于表面,还未能确切解释国际市场供需变化的关键因素。(2)对光伏多晶硅原料长期合同中"照付不议"条款的研究较多依据相关能源领域的研究成果,未能深入探讨该条款与多晶硅原料市场特征和企业竞争结构的关系,因而无法明确"照付不议"条款在多晶硅原料合同定价中的作用,无法辨识"照付不议"条款是否确实作为价格机制而存在。(3)光伏多晶硅原料交易形式和定价方式的文献研究相对较多,但对交易形式与市场供需相互作用、定价方式与合同安排相互关联的探讨明显不足,无法有效解释光伏多晶硅原料国际合同和现货价格对市场冲击的不同反应,也无法解释长期合同安排形式下不同定价方式的选择。(4)关于空间市场整合与价格传导的理论与实证文献非常充分,并有助于分析光伏多晶硅原料空间市场均衡和价格传导机制,但系统性、实证性分析非常不足,无法说明多晶硅原料空间市场价格传导的方式,也无法解释不同市场条件下交易方式差异导致的空间市场价格传导的差异。

本书后续章节将在前人研究的基础上,以全球光伏多晶硅原料市场发展现状为研究背景,探讨国际价格形成机制和供需影响因素对价格波动的决定作用,深入探讨光伏多晶硅原料国际价格形成机理和价格均衡,并以实证研究方法检验国际市场合同价格与现货价格的冲击效应以及国别市场的价格传导效应。

第三章　全球光伏多晶硅原料
市场的发展现状

1973年,美国启动第一个政府资助的"太阳能光伏利用项目",标志着太阳能光伏应用市场正式启动、光伏产业开始兴起,也意味着光伏多晶硅原料成为多晶硅行业独立的组成部分,成为光伏产业最主要的上游原料环节。但直到2002年,全球还未有一家企业专业生产光伏产业用的太阳能级多晶硅,市场份额也无法与半导体产业用的电子级多晶硅市场相比拟(IEA PVPS Program,2003)。然而,2004年之后,全球光伏产业对多晶硅原料的年度需求量却开始超过半导体产业,成为多晶硅行业第一大组成部分,至2011年其市场份额已达到86%,且占比呈上升趋势,相对规模优势不断强化。21世纪以来,全球光伏多晶硅原料市场得以如此迅速地发展与其技术特性、宏观发展环境和行业发展要求密切相关。

第一节　光伏多晶硅原料的技术特性

多晶硅原料在光电技术中具备高效、稳定的物理特性,在制造环节中具备与传统半导体材料相近的生产技术和成本优势,使其成为目前光伏技术应用中最主要的基础原料。光伏多晶硅原料具有多样的生产制备方法,形成不同技术参数特征的原料分类,用于后续不同光电转化效率要求的光伏产品制造。目前,化学提纯法是光伏多晶硅原料最主要的制备方法,相关的技术工艺、能耗平衡和规模经济是影响企业生产成本的三大技术壁垒。

一、太阳能光电材料及其技术性能

太阳能主要发电技术包括光伏和聚光技术。光伏发电技术是利用太阳能光电材料将太阳光能转变为电能,而聚光技术则将太阳热能转变为电能。由于地理条件、资金成本、基础设施等要求,目前太阳能发电技术中应用最广泛的是光伏发电技术。

太阳能光电技术的基本材料是半导体材料。早在1876年,英国科学家亚当斯在研究硒半导体材料时,发现太阳光照射此材料时能够产生电流,但光电效应很弱。20世纪中叶,多位诺贝尔物理学奖得主的研究成果促成了以半导体材料为基础的光伏电池的发明。该领域的创始人德国物理学家普朗克对热物体(太阳)发光本质的解释、爱因斯坦对光子能量的解释以及英国物理学家威尔逊对半导体导电特性的研究,证实了较小的能量(如太阳光中的红色光子)可以使半导体中被原子核束缚的电子得以释放,形成电流(Krauter,2012)。由此,制造成本低、光电转换效率高的半导体材料并加工成光伏电池,成为太阳能光电技术材料研发的最主要方向。

(一)晶硅技术与材料技术性能

晶硅技术作为第一代太阳能光电技术,其电池材料为高纯多晶硅,具备将入射光子能量直接形成电压的光伏效应,以及光吸收率高、性能稳定等物理特性,最早被开发并应用于发电市场。1954年,美国贝尔实验室的恰宾等利用晶硅材料研制了第一个高效率的光伏晶硅电池,光电转化率达到6%以上。1958年,美国发射的卫星开始使用光伏晶硅电池,光电转化效率达到9%(Luque & Hegedus,2003)。20世纪70年代,光伏电池开始商业化生产并应用于民用发电项目(IEA PVPS Program,1996)。2012年,商用化的晶硅电池转换效率在16%～20%,2015年上升至16%～21%,2020年将上升至19%～21%(IEA,2010),普遍高于第二代太阳能光电技术——薄膜电池——的光电转换效率(见图3.1)。

高纯多晶硅的光伏效应和模块化加工制备特点使得相应的发电系统适应于各类安装环境和安装要求,是目前太阳能领域应用最广的光伏技术之一。高纯多晶硅的半导体属性和光伏效应使得发电系统的主要部件为基材单一的单体电池片,并可实现生产流程标准化和细分化。所制备的单体电池片体积适宜、规格标准(125mm×125mm或者156mm×156mm),可再组装成高度模块化的发电系统,促成生产规模化与应用灵活性的有效结合,适宜于通信、家用、信号传递等任何应用条件、不同功率要求的安装环境,不受地理环境的影响。

光伏产业所需的高纯多晶硅原料在产品属性和生产流程上与半导体产业

非常相近,这使得晶硅光伏的技术性能/成本优势明显,市场接受程度最高。半导体产业所需的高纯多晶硅原料在生产流程上更为复杂,但商业化技术应用较为成熟,大大降低了光伏多晶硅原料规模化生产的前期研发投入,并使其在技术改进和提升方面更有优势。由此,在太阳能发电技术的应用成本(平准化电力成本[①])普遍高于传统电力能源的情况下,多晶硅原料的技术性能与成本优势使之成为目前光伏技术应用最主要的基础原料。

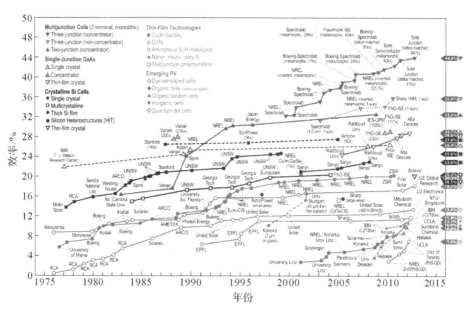

图 3.1　国际实验室太阳能光伏电池最优效率

数据来源:美国国家光伏中心。

注:图中"Multijunction Cells"和"Single-Junction GaAs"为多节和单节电池(包括光电和非光电技术)转换效率,"Crystalline Si Cells"为晶硅技术(包括硅基)电池转换效率,"Thin-Film Technologies"为薄膜技术电池转换效率,"Emerging PV"为新型技术光伏电池转换效率。

(二)薄膜技术与材料技术性能

第二代太阳能光伏技术为薄膜技术。IEA PVPS Program(2003)对薄膜技术的定义是指将光伏半导体材料作为基底薄层,覆盖玻璃、不锈钢或塑料所

---

① 平准化电力成本用于衡量可再生能源的发电成本,由 Short 等(1995)提出。

制成的电池技术,薄膜厚度介于单原子到几毫米间。依据薄膜材料,薄膜电池又可细分为硅基薄膜[①](a-Si/uc-Si)、碲化镉薄膜(CdTe)、砷化镓(GaAs)系薄膜、铜铟硒(CIS)系薄膜电池。

薄膜技术在1954年被开发,由韦克尔发现砷化镓具备光伏效应,制成第一块薄膜电池(DOE,2002)。薄膜技术由于有原材料使用量少、工艺集中、柔性强等优点,可以克服晶硅技术成本高、体积大、块状设计的缺点,但薄膜半导体材料普遍存在化学毒性、光电转换效率低、数量稀缺等缺点(Goetzberger et al.,2003)。如:硅基薄膜材料具备较高光吸收系数、无毒无污染、加工工艺成熟等优点,但非晶体的结构性能缺陷使得其光电转换效率和性能最差;碲化镉材料的光吸收效率较高,以其作为基材的电池具备性能稳定和制造较简单的技术优点,但镉为重金属,有剧毒,镉化合物一样有毒;砷化镓材料的能隙与太阳光谱匹配度高,相应电池光电转换效率理论值超过硅电池,且耐高温和辐射,是空间光伏电池的良好材料,但镓稀缺、砷有毒;铜铟硒材料的能隙与太阳光谱一般匹配,且铟、硒均为稀有元素(耿新华,张建军,2007;唐伟忠,2003)。

薄膜技术的应用份额远不如晶硅技术,除了材料自身存在结构性能缺陷外,还在于材料的加工制造面临生产集中度高、标准化程度低、绿色制造难度高等困难。如图3.1和表3.1所示,实验室和商业化生产中的薄膜电池光电转换效率与晶硅电池逐步靠近,但其市场份额远不如晶硅电池。目前,薄膜光伏企业规模化生产程度还无法与晶硅光伏企业比拟,可能的技术进步与市场接受程度还不明确。

表3.1　晶硅与薄膜技术性能及市场占有率比较

技术	光电转换效率/%			市场占有率/%
	2010—2015 年	2015—2020 年	2020—2030 年	2011 年
a-Si/uc-Si 薄膜	10	12	15	5.3
CIS、CIGS 薄膜	14	15	18	2.5
CdTe 薄膜	12	14	15	4.9
晶硅	16~20	17~21	19~23	86.6

数据来源:拓璞产业研究所(2011)、IEA(2010),为当时的预测数据。

---

① 所有以硅为主要基材的薄膜电池,包括非晶硅(a-Si)、微晶硅(uc-Si)等(程石等,2012)。

（三）其他技术与材料技术性能

第三代太阳能发电技术是聚光光伏技术,目前主要应用于大规模太阳能发电场。第四代为新兴技术和新颖光伏技术。新兴技术包括先进薄膜技术、有机电池等,目前已有小市场应用。新颖光伏技术包括其他先进材料、新兴转换概念和过程的超高性能电池,目前处于基础研究阶段。

第一、第二代太阳能发电技术关注将光能直接转化为电能,借助具备光电转换效应的材料,光电转换效率受限,技术性能提高空间有限。第三、第四代技术追求尽可能高的太阳能光电转换效率,颠覆了第一、第二代光能转换过程和电池结构,或将光能有效地转换为热能再转换为电能,或开发最能匹配光谱或改变光照光谱以吸收光能的材料,由此突破原有技术条件下光电转换效率提高受限的情况。但高效能技术的产业化成本也相当高,目前市场应用非常有限。

综上可见,在材料技术性能和生产成本双重因素的制约下,太阳能晶硅电池一直是市场应用的主导方向,在之后的 10～20 年内,也依然占据市场的主要份额。因此,研究多晶硅原料价格形成机制意义重大。

二、光伏多晶硅原料构成与生产工艺特征

IEA PVPS Program 报告(2010a)对光伏多晶硅原料的定义是指用于太阳能光伏发电的晶硅类原材料,其性质属于工业原材料。依据生产流程,光伏产业专用的太阳能级多晶硅原料与半导体产业专用的电子级多晶硅原料在生产工艺上相似,减少了其中的几个步骤。依据多晶硅的纯度,太阳能级多晶硅原料提纯要求低于电子级多晶硅,电子级多晶硅原料及其次料(次料需与正料混用)都可以作为光伏电池的多晶硅原料。但高纯多晶硅原料的生产技术壁垒和进入壁垒较高,将大部分国家和企业排除在产业之外。因此,此部分重点分析光伏多晶硅原料的构成和生产技术工艺特征。

（一）光伏多晶硅原料的构成

光伏多晶硅原料是高纯多晶硅。多晶硅的基础原料是硅,是地球表面第二丰富的元素,但自然状态的硅元素(以二氧化硅为主)纯度不高,无法达到太阳能光电转换的基本要求,需要进行硅原料提纯。如 Maurits(1998)、Sarti 和 Einhaus(2002)研究中所指出的太阳能发电所需的多晶硅原料纯度要求达到

99.9999％,或者统称6N以上,而用于半导体产业的电子级多晶硅原料纯度需达到99.9999999％或9N以上。电子级多晶硅原料完全适用于光伏发电,并通常用于航空太阳能高效电池中。在高纯多晶硅提纯流程中会产生头尾料、锅底料或其他纯度不高的次料(Maurits,2003;IEA PVPS Program,2009),尽管纯度不高,但与高纯多晶硅料混合再提纯,纯度可达到光伏电池要求。次料的技术性能相对较低,但成本也较低,被大量用于生产光电转换效率要求不高的光伏电池。

因此,太阳能多晶硅原料包括电子级多晶硅,太阳能级多晶硅,以及其他次料或二级料。PVinsight对光伏多晶硅原料统计分为两类:(1)太阳能级以上多晶硅料,能直接用于光伏硅锭/晶砖生产的多晶硅料;(2)二级料,与高纯多晶硅料混合才可生产加工太阳能光伏硅锭/晶砖的多晶硅料。由于本书主要研究占市场比重最大的太阳能级多晶硅原料,所以在没有特殊说明下光伏多晶硅原料指太阳能级多晶硅。

(二)光伏多晶硅原料的制备工艺

光伏产业的初级原料为二氧化硅,经过冶金级硅和高纯多晶硅料两个提纯过程。冶金级硅生产中,二氧化硅去氧,硅纯度达到99.5％,生产工艺技术要求不高,成本较低,基本无技术性壁垒。从冶金级硅到高纯多晶硅原料的生产,技术要求高,成本控制难,纯度水平直接关系后续电池转换效率,因此需要分类说明高纯多晶硅制备工艺的特征以及生产工艺的国别差异。

1. 高纯多晶硅制备工艺的特征

中国可再生能源产业发展报告中,王仲颖等(2011)指出高纯多晶硅制备工艺可以分为化学提纯法和物理提纯法,其中化学法主要是改良西门子法(硅烷热分解法)和流化床法等,而物理法主要是冶金级硅精炼提纯法(见图3.2)。

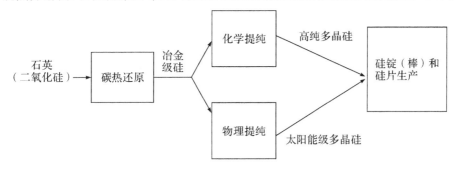

图 3.2　高纯多晶硅制备工艺

化学法中,改良西门子法是技术最成熟、应用最广泛的方法,最早由西门子公司采用。物理法最早由德国 Wacker 公司在 1975 年研发成功,由于研制的多晶硅无法达到电子级纯度要求而被放弃,但该方法在市场多晶硅紧缺时又被 Wacker 公司等应用生产光伏产业所需晶硅原料(Xakalashe & Tangstad,2011)。

由表 3.2 可见,化学法制备工艺(尤其是改良西门子法)所生产的多晶硅原料具备纯度高、成本低的特点,但也具有高耗能、高排放的"两高"特征,尤其是废弃物剧毒、环境污染大。因此,化学法制备过程必须考虑生产中产品间能量和材料的关联,否则无法做到最优成本控制。能量关联主要指生产各环节之间热量的循环利用,材料关联主要指废弃物的循环利用,同时做到多晶硅化学法制备中的技术和能量最优控制非常困难(Krauter,2012)。IEA PVPS Program(2005,2009)在 2004 年以后的报告版本中均提到了化学法制备多晶硅成本较高,不少企业试图用其他方法,如冶金级硅精炼提纯法,来改进或替代化学法,但从实际市场供给来看,依然以化学法为主。

表 3.2　高纯多晶硅制备工艺技术参数比较

技术参数	改良西门子法	物理冶金法	硅烷法
纯度/N	9～12	5～6	12
能耗/(kWh·kg^{-1})	80～200	30～50	75～120
成本/(美元·千克$^{-1}$)	18～45	10～20	25～35
存在问题	能耗高、废弃物回收难	能耗低、光电转化效率衰减	易爆炸

数据来源:李俊峰,常瑜(2012)。

2.高纯多晶硅原料生产工艺国别差异

太阳能级多晶硅与半导体级多晶硅制备工艺流程基本相同,只是其中一些步骤被简化了,由此高纯多晶硅原料的供给长期被半导体级硅生产大厂商垄断,主要的制备工艺也由这些大厂商开发研制并投入商业化应用(IEA PVPS Program,2005)。目前,具有代表性的高纯多晶硅制备公司及其制备工艺包括:德国 Wacker 公司的流化床法、日本 Tokuyama 公司的气液沉积法、挪威 REC 公司的甲硅烷—流态化床法、日本 Kawasaki 公司的冶金法等(IEA PVPS Program,2005,2009)。高纯多晶硅实际制备中,这些企业的生产工艺还是以改良西门子法为主,中国地区光伏多晶硅制造厂商也主要应用改良西门子法。

如表3.3和表3.4所示,中国地区化学法制备多晶硅的产能和产量较之物理法的比重要明显高于其他国家。目前,中国协鑫(GCL)已经成为中国第一、全球领先的太阳能级多晶硅生产企业,主要采用的也是改良西门子法,但在处理剧毒废弃物时,主要是四氯化硅($SiHCl_4$)和三氯化硅($SiHCl_3$),要做到百分之百全闭路循环生产依然有一定的困难,同样在成本控制上也就具有劣势(李俊峰,常瑜,2012)。由此可见,中国光伏企业在制备光伏多晶硅原料技术上是落后于德、日、美等发达国家的。

表3.3　国外化学法和物理法制备多晶硅的产能和产量　　　　单位:吨

制备工艺	2009年产能	2009年产量	2010年产能	2010年产量	2011年产能	2011年产量
化学法	115975	69720	185775	105830	217275	153080
物理法	35210	10380	36710	19000	36710	27500
合计	151185	80100	222485	124830	253985	180580

数据来源:蒋荣华,肖顺珍(2010)。

表3.4　中国化学法和物理法制备多晶硅的产能和产量　　　　单位:吨

制备工艺	2009年产能	2009年产量	2010年产能	2010年产量	2011年产能	2011年产量
大陆化学法	51850	19000	115250	45390	137000	82540
大陆物理法	10250	7010	16500	11250	22200	14580
陆港台化学法	57350	19310	130250	47640	168500	90240
陆港台物理法	10250	7010	17500	11450	30200	15880

数据来源:蒋荣华等(2010)。

注:依据制备工艺分类的中国多晶硅产能产量统计数据为估计数据,与实际数据是有差异的,但便于粗略了解中国多晶硅制备的工艺技术情况。

三、光伏多晶硅原料生产技术壁垒与成本构成

目前,光伏多晶硅原料制备的主流工艺为改良西门子法,以下基于企业调

研数据整理,探讨该工艺的生产技术壁垒,分析多晶硅生产商的成本构成特点。光伏多晶硅原料生产成本主要涉及三氯氢硅化合物、电蒸汽消耗(主要是电耗)和生产设施的折旧成本。由于技术能力差异,前两大成本因素在光伏多晶硅第一梯队生产商(万吨级以上产能)与其他生产商之间有显著区别。由于产能规模差别,折旧成本在生产商之间也有明显差异。其他制备成本还包括其他材料、人力投入、维护维修等因素,但生产商之间差异较小,技术壁垒不高。

多晶硅原料生产技术能力差异主要指依据制造企业是否能做到封闭式循环生产并有效应用节能降耗技术,生产成本呈现显著差别。生产企业购入基本原料工业硅粉(纯度为99%的冶金硅)制备高纯多晶硅时,若能有效循环利用生产中的副产物四氯化硅时,则无须外购三氯化硅,就可满足大规模生产的原料要求。否则,还需外购三氯化硅,不仅外购材料成本高、波动大,而且用于后续环保(废弃物四氯化硅)的成本也居高不下。目前,国外第一梯队电子级和太阳能级多晶硅生产商和国内部分主流企业(如 GCL)都已做到99%以上的封闭循环,即外购的原材料仅为工业硅粉以及少量气体,之后利用氢化技术可得到三氯氢硅,并利用还原和分离技术,实现低成本、高质量的光伏多晶硅原料生产。外购的工业硅粉和少量气体成本低廉、价格波动不大,在万吨级以上规模企业生产中占比稳定,约为25%。但若外购三氯化硅,则材料成本将增加30%以上,且外购材料成本波动性较大。另一方面,节能减排技术存在显著差异。电蒸汽消耗中,生产经验不足、规模不大、非封闭式循环生产的生产商很难做到生产过程中的热平衡,享受蒸汽热量循环利用带来的成本降低。第二、三梯队生产商每千克多晶硅原料制备的耗电量可能会比第一梯队生产商高60～100度电,即电蒸汽消耗成本上升30%以上。即使是第一梯队生产商,电蒸汽成本占总成本比重依然很大,约为30%,并依据电力价格波动有较大的变化。

多晶硅原料制备的设施投资成本是光伏产业链各环节中最高的,其投资成本不仅依赖于设备的本土化技术能力,还依赖于生产的规模化程度。目前,第一梯队生产商整体生产规模3万吨以上,比小规模企业(千吨级)单位产量设备成本低40%以上,在总成本占比中有所差异,在20%～30%区间范围。

基于以上分析可知,光伏多晶硅原料技术工艺、能耗平衡和规模经济是影响企业生产成本的三大技术壁垒。全球传统电子级多晶硅原料生产商无疑在生产制备上占据先发的技术优势,也引领了全球光伏多晶硅原料市场的发展。但是,21世纪以来,光伏市场的加速发展最主要地依赖于全球发展环境。

第二节 光伏多晶硅原料市场迅速
发展的全球背景

正如 Campillo 和 Foster(2008)指出,"(光伏产业)发展的主要驱动力,与几乎所有新兴产业一样,源于经济的敏感性",石油危机迫使各国政府加强能源安全,开展太阳能的开发和利用。美国的第一个联邦项目、德国的屋顶计划都是紧随石油价格高涨而开展的,太阳能的开发利用也集中在德日美技术先进的国家,全球发展速度有限。1997 年,由欧盟委员会发布的可再生能源白皮书以及欧盟为主要力量推进的环境规制国际化,有效地促进了全球各国对太阳能开发利用的重视和示范应用。2000 年,德国首先制定并实施了太阳能市场应用最有利的政策——固定上网电价法(feed-in tariff),引致光伏技术大国发展战略的重大改变,促使全球太阳能市场应用发展速度急剧加快,真正启动对光伏多晶硅原料的大规模需求。因此,本部分从国家能源安全、全球环境规制的推进以及各国光伏发展战略调整三个方面,讨论 21 世纪以来光伏多晶硅原料市场迅速发展的全球宏观背景。

一、国家能源安全与太阳能开发利用

传统能源供给的地缘政治特征以及价格攀升威胁,使得全球石油危机中主要发达国家将调整能源结构以确保能源安全作为国家能源战略的主要议题。欧盟委员会发布可再生能源(RES)白皮书和绿皮书(Commission of the European Communities,1997,2000,2006)、美国发布 1981 年《太阳能和能源安全法》和 2007 年《能源独立与安全法》、日本发布 2008 年《国家新能源战略》以及其他国家能源安全与新能源发展相关法案都提到国家能源安全与发展太阳能能源的相互关系。能源安全主要包括能源供给自主性、能源价格稳定性及能源发展可持续性等内容,而太阳能作为清洁、可再生能源可以有效解决传统能源供给不足、价格波动较大、地缘政治依赖性较强等安全性问题。因此,当石油危机或石油处于高价位区间时,也恰是各国积极推进太阳能市场应用高峰时期。

(一)世界石油高价推进电源结构的变化

石油是工业、消费领域最主要的电力能源和燃料能源。作为电力能源,可

以由其他传统能源和新能源所替代,但作为燃料能源,仅部分可以由天然气所替代。石油价格的高涨将直接导致工业、消费领域的能源成本上升。由此,对能源安全的战略考量,迫使能源技术领先而能源进口依存度高的发达国家考虑调整石化能源发电比重,加快新能源,如太阳能的应用,以改善电源结构。由图 3.3 和图 3.4 可见,国际石油价格在 1973 年之前处于相对平稳的水平,但 1973—1974 年、1979—1980 年、1989—1990 年出现了三次大幅度的上涨波

图 3.3　国际石油价格周期变化

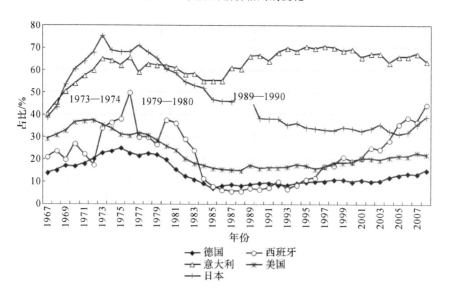

图 3.4　光伏大国石油发电占比变化

动,以及 1999—2008 年呈现长时间的上涨趋势,形成三次历史性的全球石油危机和 21 世纪初持续的石油高价期。三次石油危机中,光伏应用领先国家的石化电源占比有明显的下降趋势。1999 年之后,虽然部分国家石化电源占比呈上升趋势,但主要源于天然气电源占比提高而非石油。由图 3.5 和图 3.6

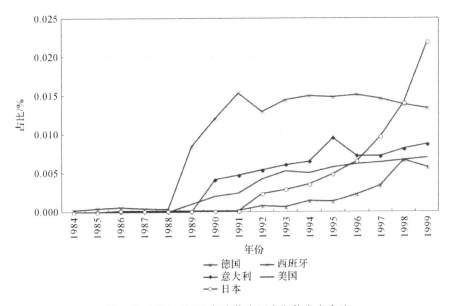

图 3.5　1984—1999 年光伏大国太阳能发电占比

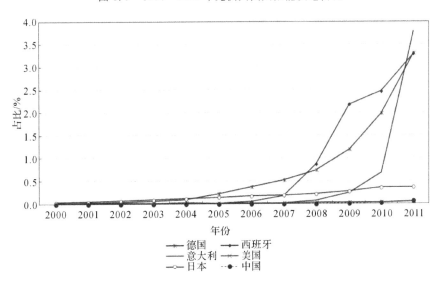

图 3.6　2000—2011 年光伏大国太阳能发电占比

数据来源:国际货币基金组织(IMF)、美国能源信息管理局(EIA)等。

可见,1988—1999 年,主要光伏大国的太阳能发电占比明显提高,而 2000 年以后,尤其是 2004 年以来,增速提升更为显著,开始成为电力能源的重要组成部分。

(二)能源安全促进太阳能市场应用政策[①]的陆续出台

世界石油历史高价所引发的能源安全问题,推动欧、美、日等发达国家和地区陆续出台推动太阳能市场应用的支持政策与措施。无论是国家还是地区层面,最新最有利的太阳能市场政策都与世界石油价格波动周期有关。由此,可以依据全球石油价格波动周期来研究太阳能市场应用政策的三个阶段性变化。

第一阶段:第一次(1973 年)和第二次(1979 年)石油危机后,光伏技术领先国家开始推出鼓励政策,光伏市场应用进入示范阶段。1973 年,美国首先启动联邦政府资助的"太阳能光伏应用项目",旨在测试光伏发电技术的应用可行性,开发新兴能源,减少对石油能源的依赖;1980 年和 1981 年,美国相应颁布了《能源安全法》和《太阳能和能源安全法》等法案,通过立法形式奠定了光伏能源发展的法律地位。1982 年,马萨诸塞州推出了净电表计量的光伏项目,是第一个致力于市场示范的光伏政策措施,亦旨在推动光伏电力市场应用。

第二阶段:第三次(1990 年)石油危机后,主要发达国家和国际机构加大太阳能市场应用的政策支持力度,国别市场逐步进入光伏能源普及或示范阶段。1990 年,德国推出第一个光伏应用普及项目"1000 屋顶计划",之后调整到支持 2250 个屋顶发电系统(IEA PVPS Program,1995)。1994 年,日本推出了第一个光伏电力住宅普及项目"居民光伏系统监督项目"(Residential PV System Mornitoring Program)(IEA PVPS Program,1997)。1993 年,IEA 发起了第一个国际性太阳能研发合作项目 PVPS,联合 OECD 20 国共同推动太阳能作为全球重要的可再生能源进行推广和普及。

第三阶段:1997 年国际市场石油价格攀升后,各国普遍增强太阳能市场应用的政策支持力度,旨在激发市场需求,推动全球光伏电力市场进入规模化应用阶段。1997 年,日本继续助推各种应用领域的太阳能普及项目,代表性的有"居民光伏系统普及计划"(Residential PV System Dissemination Program),承接之前的住宅项目,被形容为"70000 屋顶计划"(IEA PVPS Program,

---

① IEA PVPS Program(2005,2011)中对太阳能市场的应用推广政策和措施统称光伏部署政策框架(policy framework for PV deployment)或市场支持措施(market support measures)。

1997)。1999 年,德国启动"100000 屋顶计划",并在 2000 年率先提出固定上网电价政策,2004 年进一步提升固定上网电价,引领全球光伏市场发展。其他欧盟国家在 2004 年石油价格增速明显加快后,也陆续采用了固定上网电价政策,承兑由欧盟委员会发布的第一个区域性可再生能源白皮书和太阳能光伏发展规划绿皮书(Commission of the European Communities,1997,2000,2006)中的国别约束性发展目标,该目标旨在解决能源安全等一系列资源环境问题。

(三)世界石油价格波动周期与太阳能能源发展周期基本一致

世界石油价格高涨推动太阳能市场应用政策措施的陆续出台,也使得太阳能市场发展速度呈现与石油价格波动相似的周期性发展趋势。如图 3.7 所示,1975 年全球光伏电池年产量开始超过兆瓦(MW)级,形成小规模的市场增量;1979—1980 年第二次石油危机时,全球光伏电池年产量增速同样出现大幅度上涨波动,之后(1982 年)伴随石油价格波动出现增速下滑趋势;1989—1990 年

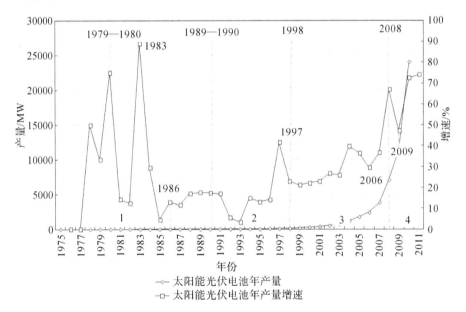

图 3.7　1975—2011 年全球太阳能光伏电池年产量及增速变化

数据来源:IMF、EIA 等。

注:1、2、3 分别代表以第一、二、三次石油危机为界的年份分区,4 代表 2004 年后石化价格持续攀升。

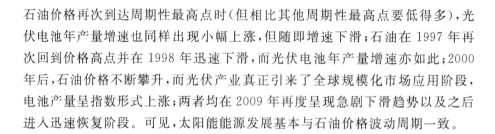

石油价格再次到达周期性最高点时（但相比其他周期性最高点要低得多），光伏电池年产量增速也同样出现小幅上涨，但随即增速下滑；石油在 1997 年再次回到价格高点并在 1998 年迅速下滑，而光伏电池年产量增速亦如此；2000年后，石油价格不断攀升，而光伏产业真正引来了全球规模化市场应用阶段，电池产量呈指数形式上涨；两者均在 2009 年再度呈现急剧下滑趋势以及之后进入迅速恢复阶段。可见，太阳能能源发展基本与石油价格波动周期一致。

二、环境规制国际共识的推进

环境规制的国际共识对推动太阳能在内的可再生能源应用具有重要的作用。传统能源发电过程中产生大量的二氧化碳、硫化物等温室和有毒气体，而太阳能发电过程中不产生任何气体，从而有效地减少了对环境的破坏。欧洲、日本和美国是应对环境保护负最大责任的国家和地区，也是推动全球环境保护的最主要国家，它们在环境保护国际承诺上不同的态度不仅影响了 21 世纪以来包括太阳能在内的可再生能源的利用，也成为它们在光伏产业上取得不同竞争地位的重要原因。

（一）欧洲

环境规制的全球化进程中，欧洲对促进全球太阳能等可再生能源利用发挥了重大的作用。1970—1980 年，美国是推动国际环境保护政策的领导者，但 1980 年后，逐渐被欧共体及之后的欧盟取代。1990 年以后，随着欧洲各国绿党进入议会政府，与社会民主党组成联合政府，从而国家层面的绿色势力在欧盟机构的政治影响逐步显著。影响主要体现在欧洲委员会、欧洲议会通过"深绿"成员国的绿色政策推动其他成员国推进欧洲统一的严格环境政策（Vogel & Kagan，2004；Zito，2000），且通过协议推进环境规制的国际化。

1989—2002 年欧洲作为主要支持者推进多边环境协议和公约共计 9 项，其中与可再生能源直接相关有 3 项：1992 年的《联合国气候变化框架公约》、1997 年的《京都议定书》和 2002 年的《可持续发展问题世界首脑会议执行计划》。1997 年的《京都议定书》具有标志性的意义，是具有法律约束力的定量化减排限排指标。但欧盟通过《京都议定书》前，已发布了第一个可再生能源白皮书，其中明确提出发展光伏等可再生能源作为实现减排目标的重要措施，并设定了具体减排目标的贡献比例。之后，在 2001 年和 2003 年的可再生能源指令、2007 年的《2020 可再生能源路线图》和确保 2020 年可再生能源发展目标的 2009 年指令中,都将实现减排目标作为欧洲发展光伏等可再生能源的最重要目标之一。因此,欧洲推进环境规制全球化过程,尤其是 1997 年后,有效地促进了光伏市场应用发展,并远超其他区域。

(二)日本

日本明确表明其在国际环境事务上的领导者作用始于 1989 年的全球架构师峰会(ArchSummit)(MOFA,1990)。之后,日本在气候变化《诺德韦克宣言》(*Noordwijk Declaration*)中却未充分表现出在国际环境事务中的积极推动作用,与美国保持一致立场,反对制定具体的排放标准。尽管由于国内压力、环境外交等多方面原因,1990—1994 年间日本制定稳定排放《防止全球变暖行动计划》(简称《行动计划》),并积极参与多边环境协议《联合国气候变化框架公约》(简称《公约》),但直至 1995 年提出承办《公约》第三次缔约方大会,并促成了具有法律约束力的《京都议定书》,其才真正显示出作为推动环境规制国际共识的领导者作用(Watanabe,2011)。在"后京都时期",日本依据减排框架,积极发挥了推动全球清洁发展的领导作用和协调作用,尽管在实际行动成效上以及对美国的环境外交上并不那么有效(刘晨阳,2009)。

日本在不断提升国际环境事务中的作用时,也推动了太阳能市场的快速发展,尤其是在 1997 年的《京都议定书》之后。1990 年,日本在《行动计划》中明确提出了 2000 年后积极开发可再生能源的战略。2001 年,日本开展了支持《行动计划》的太阳能开发措施,面向地方政府、社区、环境保护非政府组织等提供光伏项目安装、提高能源效率等方面的资金补助政策。2004 年和 2009 年,日本提出的太阳能发电专项规划中都将减排目标作为发展要旨。2005 年,日本在其出台的《京都议定书目标完成计划》中,以政策扶持方式支持以减排为目标的太阳能示范项目,改善环境质量。然而,日本在推广太阳能市场应用时一直以示范项目为主,而以环境改善为目标推动太阳能能源应用的发展速度并不如欧洲显著。

(三)美国

1990 年以来,美国在国际环境事务中的参与程度和影响力有了明显的改变,不但未在任何环境规制的国际协作和谈判中起积极的领导性作用,也未能对主要的国际环境协议进行签字或批准(Kelemen,2010;张海滨,2008)。在环境规制的国际协议上具有标志性意义的《京都议定书》议定中,美国作为参与国尽管象征性地签了字,但并不签署该条约,之后也未做出过任何有关减排的国际性承诺。尽管 1998 年克林顿政府提交的经济顾问委员会报告、2002 年环保局公布的《气候变化报告》以及之后多项气候评估报告,都在部分地支持《京都议定书》中的环保减排目标,但美国政府始终未在国际环境政策上就减排问题制定具体的量化限制目标。21 世纪以来,美国在国际环境事务上的不积极作为,也影响了其国内太阳能光伏市场的发展速度,使其逐步落后于欧盟和日本。

三、各国太阳能光伏产业发展战略调整

太阳能光伏产业发展战略是各国可再生能源战略中不可或缺的一部分,既是制定太阳能光伏发展规划与法案的基本依据,也是推动光伏市场应用与多晶硅原料需求的直接推动力。21 世纪以来,各国推进光伏产业发展的战略重点各有侧重,并随宏观环境变化呈现阶段性差异。以下以德国、日本和美国为例,分析不同时期太阳能光伏产业发展战略与措施的国别差异,揭示主要光伏大国在产业发展和市场应用中的格局地位。

(一)德国

1985—2012 年,德国颁布的光伏发展相关的政策文件共 35 项,其中 8 项为专项,且 2000 年以后出台的占总量的 69％和专项的 50％。这些政策文件体现了德国太阳能光伏产业发展是以整体能源战略为基础,坚持能源供给安全、经济效率和环境保护协同作用的主导原则。无论是德国最早的可持续性能源框架政策——1985 年的《联邦可再生能源支持》,还是具有里程碑意义的 2000 年《可再生能源法》以及之后 2004 年和 2009 年的修正案,均明确指出太阳能作为新兴能源的发展目标为:保证能源供给的可持续发展,促进气候和环境保护,逐步降低能源供给成本,推动可再生能源发电技术应用(EEG,2000,2004,2009)。德国在 2010 年《国家可再生能源行动计划》中再次明确了光伏产业发展战略重点为产业与市场发展并重,积极促进太阳能成为主要能源之一。可见,德国对太阳能光伏产业战略发展目标是一贯的,尽管不同阶段支持力度有所差异,其战略发展目标即为太阳能发展兼顾能源安全、经济效率和环境保护等多重目标,兼顾光伏产业制造和应用两大环节。

(二)日本

1980—2012 年,日本颁布的促进光伏电力发展相关的政策文件共 27 项,其中 5 项为专项,且 2000 年以后出台的占总量的 56％和专项的 60％。这些政策文件体现出日本的太阳能光伏产业发展战略是逐步变化的,可以在日本 NEDO 机构的建立和发展中得到充分体现。1980 年,日本最早的光伏产业框架政策《替代能源法》的制定和新能源发展机构(NEDO)的建立,旨在引入与发展石油替代能源,包括新能源。1988 年,NEDO 改名为新能源和产业技术发展机构,主要战略目标为推动新能源技术研究与发展。2003 年,NEDO 转变为管理机构,其后发布了光伏产业发展的重要规划:2004 年《2030 年之前太阳能发电规划图》、2006 年《国家新能源战略》和 2009 年《太阳能发电规划图》修正案。2004 年的战略定位为:以加强核心技术研发与提高产业国际竞争力为主,推动能源利用多元化和改善环境质量(NEDO,2004)。2006 年战略定位为"暂时为补充性能源,但长期将作为能源的重要一部分"。2009 年定位调整为:促进发展关键技术(2050 年前减少二氧化碳排放量),提高 2030 年市场应用目标,保持产业国际竞争力。由此可见,日本在 2009 年对太阳能光伏产业战略的重点有了明显的差异,之前更偏重于产业技术与制造,而之后更偏向于产业制造与应用兼顾。

(三)美国

1974—2012 年,美国颁布的促进光伏市场发展相关的政策文件共 59 项,其中 8 项为专项,且 2000 年以后出台的占总量的 66％和专项的 75％。这些政策文件体现出美国对太阳能光伏产业发展的战略重点始终围绕加强能源技术开发、推动具有竞争优势的能源技术商业化应用。如美国 1978 年《太阳能光伏能源研究、开发和示范法案》的主旨为推动光伏技术的商业化可适用性;1978 年、2005 年和 2007 年的《公用事业规制政策法案》通过要求公用事业购入发电成本更为低廉的非公用事业机构的电力推动可再生能源发展;1992 年和 2005 年《美国能源政策法案》均强调了发展成本有效的能源储备和管理项目的整体能源发展目标,促进太阳能在内的可再生能源发展;2004 年,美国发布的《太阳能的未来:通向 2030 年的美国光伏产业路线图》表明,光伏产业长期发展以加快产业生产能力、确保光伏技术先导性和所有权为首要目标,其次是推进低成本、高收益、商业化模式的市场应用;2007 年和 2009 年美国出台的《能源独立与安全法》和《美国清洁能源安全法案》中,再次强调了能源安全的重要性,提升绿色增长在经济发展中的重要地位。可见,美国光伏产业发展战略重点始终是优先考虑产业技术与制造,以此推进有竞争优势的能源技术商业化市场应用。在这样的发展战略引领下,美国是最早启动国内光伏市场应用的国家,却不是市场应用发展速度最快的国家,其在 2008 年之前年装机量还低于日本,至今还远落后于德国。

综上所述,在推动太阳能光伏市场的应用发展中,各国/地区对能源安全、环境保护和产业战略定位的不同考量,使得全球太阳能光伏产业在 21 世纪以来集中表现为光伏市场应用逐步进入规模化发展阶段,各国在光伏制造和应用环节形成差异化竞争地位。由此,全球太阳能多晶硅原料市场在 21 世纪以来得到了飞速的发展,但也呈现出中端生产与终端需求的巨大国别差异。

第三节　全球光伏多晶硅原料市场发展现状

21 世纪以来,随着全球太阳能光伏市场应用规模的不断增大,光伏电池主要原料多晶硅的市场需求也随之进入规模化市场发展阶段。在第八届和第十三届太阳能晶硅电池材料大会上,Maurits(1998,2003)两次讨论了电子级多晶硅闲置产能及次料供给将无法满足全球光伏产业的需求,提出需要推进太阳能级多晶硅原料的专用产能扩张。另一方面,高纯多晶硅在生产环节存在显著的国别技术差别,在光伏产业生产侧和消费侧存在明显的供需差距,这些方面进一步加剧国际市场整体供需失衡和国别市场供需差异,形成国别地区市场间的巨大贸易需求,促成全球光伏多晶硅原料市场的规模化发展。

一、国际市场供需变化

2000 年以来,光伏多晶硅原料国际市场整体供需呈现出截然不同的阶段性特点。以下从总量变化、生产与消费需求差异、生产供给变化三个方面对 2000—2004 年、2005—2008 年和 2009 年至今三个阶段的光伏多晶硅原料国际市场整体供需变化进行总结归纳。

(一)光伏多晶硅原料总需求增长迅猛,成为多晶硅市场最主要组成部分

依据生产所需的多晶硅原料数量,21 世纪以来全球光伏产业多晶硅总需求量增长明显加快,年度增量波动也随之加剧。20 世纪 90 年代,全球光伏多

晶硅原料需求从不足 1000 吨增加到 3600 吨左右,增长平稳,年均增速约为 15%。2000—2004 年,全球需求增速显著加快,2003 年需求量已超过万吨,年均增速超过 32%,增速区间在 20%～44%。2005—2008 年,全球光伏多晶硅原料需求年均增速高达 33%,超过电子级多晶硅成为晶硅原料第一大组成部分。同时,需求波动幅度进一步加大,增速区间在 21%～50%。2009—2011 年,全球光伏多晶硅原料需求总量进一步攀升,年均增速再创高峰,达到 65%,波动也进一步加剧,在 45%～100%。

在不同等级的高纯多晶硅原料中,光伏产业适用的太阳能级多晶硅原料逐步成为独立的,也是最主要的多晶硅市场组成部分。2000 年以来,电子级多晶硅需求增长平稳,波动相对较低,年均增速不到 6%,波动区间在 -20%～20%,全球多晶硅原料市场份额逐步被光伏多晶硅原料所占据。2000 年,用于光伏产业的多晶硅原料市场份额还不足半导体产业的 30%,到 2005 年基本持平,到 2008 年超过后者的 1 倍,到 2011 年占比接近 90%。由此,电子级多晶硅的闲置产能逐步无法满足光伏多晶硅原料的需求,总产量也无法与之相抗衡。

(二)生产与消费需求差异逐年扩大,生产需求波动性显著小于消费需求

随着全球光伏市场进入规模化应用阶段,其年度多晶硅原料的生产需求与消费需求差异不断增大。由图 3.8 至图 3.9 可知,2000 年前光伏多晶硅原料的生产需求与消费需求基本一致,差距不到 100 吨,但 2004 年生产需求已超过消费需求 1000 吨,2011 年已达到 40000 吨。另一方面,考虑到技术进步造成企业在电池制造中所消耗的多晶硅量是有差异的,全球光伏多晶硅原料的生产需求与消费需求实际差异可能更大。据 Solarenergy(2011)提供的数据,2006—2011 年每兆瓦晶硅电池的多晶硅消耗量为 10.4 吨、9.1 吨、7.5 吨、7.3 吨、6.5 吨和 6.1 吨,而中国硅业分会(谢晨,2011)估算的消耗为每兆瓦 11 吨、10.4 吨、9.8 吨、9 吨、8.5 吨和 8 吨。若以中国硅业分会的标准,2011 年全球光伏多晶硅原料的生产与消费需求差异将接近 5 万吨。这种差异可以由发电系统的生产与消费时间差距[①]造成,也可以由市场供需差异造成。

---

①　将多晶硅原料用于晶硅电池生产到完成光伏发电系统制造的时间间隔在 2～3 个月。

　　尽管全球光伏多晶硅原料的生产需求超过消费需求,但波动性却显著小于后者(见图 3.8),且波动差异逐年增大。2000—2004 年,全球光伏多晶硅原料的生产需求增长率在 20%～44%,相应的消费需求增长波动在5%～74%。2005—2008 年,两者分别为 21%～50%和－3%～96%,而 2009—2011 年分别达到 45%～100%和 7%～116%[①]。生产需求与消费需求的波动性差异进一步说明光伏多晶硅原料消费市场需求变化较大,引致生产需求增量较大,用于防御未预见的需求变化(增速加快或放缓),从而使得生产性需求变化相对平稳。

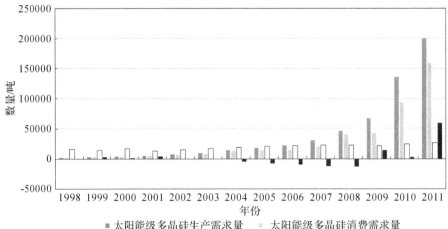

图 3.8　1998—2011 年全球多晶硅原料供需波动

数据来源:EPIA(2011)。

　　注:太阳能级多晶硅生产需求量依据兆瓦电池平均所需的用料进行核算。全球晶硅电池总量依据 EPIA(2011)提供的电池生产总量以及 Photon(2012)所提供的晶硅电池占比进行核算。2001—2011 年每兆瓦多晶硅消耗量依据 Solarenergy(2011)所提供的数据 16.0 吨、15.2 吨、14.5 吨、13.1 吨、11.2 吨、10.4 吨、9.1 吨、7.5 吨、7.3 吨、6.5 吨和 6.1 吨进行核算。这与中国硅业分会对多晶硅消耗量的估算是有差异的(见表 3.5)。

---

　　①　按照 Solarenergy 提供的兆瓦晶硅电池的多晶硅消耗量计算所得。若按照中国硅业分会标准,2005—2008 年和 2009—2011 年全球太阳能多晶硅原料消费需求的增长率分别在 0%～100%和 4%～128%。

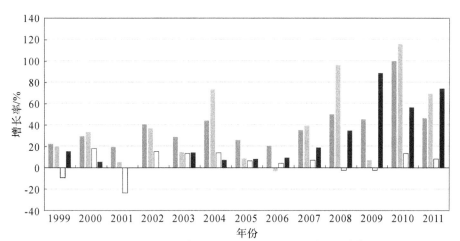

图 3.9　1999—2011 年全球多晶硅原料供需增长率变化

数据来源：EPIA(2011)。

表 3.5　2005—2011 年全球多晶硅原料供需变化　　　　单位：万吨

年份	多晶硅		电子级多晶硅			太阳能级多晶硅		
	产能	产量	产量	需求量	供需差额	产量	需求量	供需差额
2005	3.45	3.20	1.80	1.95	−0.15	1.40	1.90	−0.50
2006	3.80	3.54	1.90	2.10	−0.20	1.64	2.48	−0.84
2007	4.95	4.40	2.00	2.30	−0.30	2.40	3.52	−1.12
2008	9.78	6.24	2.00	2.25	−0.08	4.25	7.35	−3.10
2009	14.50	10.50	2.20	2.20	0.00	8.30	9.50	−1.30
2010	25.00	16.80	2.50	2.50	0.00	14.30	12.50	1.80
2011	29.90	20.10	2.80	2.70	0.10	17.30	16.30	1.00

数据来源：中国硅业分会。

(三)生产供给波动性加剧，产量变化滞后于需求变化

光伏多晶硅原料的生产供给呈现逐年上升的趋势，但波动性低于需求变化。2000—2004 年，年均增长为 1000 吨，增速平稳。2005—2008 年，年增速在 8%～35%。2009—2011 年，年增速在 57%～88%。2003 年，光伏多晶硅

原料市场供不应求,但供给缺口不足 1000 吨,2008 年供给缺口达到最高点,超过万吨,但之后供需逆转,呈现供过于求的现象。

光伏多晶硅原料需求量的巨大变化引致了供给量剧烈波动。2000—2008年,光伏市场多晶硅原料需求量增长了 10 倍,相应的全球需求供给比在 2007年达到最高值 140%,而需求产能比由 60% 逐步提升到 2004 年接近 100%的警戒水平,再回复到 2008 年的 64%。可见,这一时期产量供给无法满足需求增量,产能扩张与产量扩张不同步。2009—2011 年,光伏多晶硅原料需求量增加了 2.2 倍,产量增长了 4.1 倍,产能扩张了 3.7 倍。可见,这一时期需求增速放缓,而潜在产能释放,导致市场供给比逆转。由此,光伏多晶硅原料需求量的巨大变化是供给量剧烈波动的重要原因。

二、国别市场供需变化

2000 年以来,光伏多晶硅原料国际市场的供需特征在国别/地区市场表现得更为突出,欧洲、美国、日本和中国等国别/地区市场普遍呈现出生产供给与生产需求、生产需求与消费需求的巨大差异,形成区域市场间巨大的进出口贸易。以下分别对这些市场进行分析。

(一)欧洲市场

欧洲市场在光伏多晶硅原料的生产供给与消费需求上呈现双高,但生产需求量显著不足。欧洲是全球太阳能安装量最大的地区,在 2000—2011 年间增长了 414 倍,市场份额占到 70% 以上,相应地,已安装的太阳能发电系统中所需的多晶硅产量也占到一致的比重。但欧洲光伏电池年产量相对安装量比重却逐年下降,由 2000 年的 94% 下降到 2011 年的 15%。相应地,其多晶硅原料生产性需求也低于系统安装中的消费量。欧洲光伏多晶硅原料生产供给主要来源于德国,德国的生产供给占全球的 20%～30%,是第二大生产国,也是欧洲最主要的出口市场(见图 3.9 至图 3.11)。

(二)美日市场

美国市场对光伏多晶硅原料的生产供给量远超过消费需求量,更超过生产性需求。日本市场与美国相反,在光伏多晶硅原料生产供给和消费需求中基本一致,但远低于生产性需求。2000—2011 年,美国市场的光伏多晶硅原料生产供给量占比从 13% 增长到 23%,消费需求量保持在 8% 左右,而生产需求对生产供给的比重从超过 80% 下降到 14% 左右,从而成为多晶硅原料最大的出口市场。日本市场对光伏多晶硅原料的生产供给和消费需求量基本相近,但生产需求量基本保持在生产供给量的两倍以上,是光伏多晶硅原料的重要进口市场(见图 3.10 至图 3.12)。

(三)中国市场

中国市场在光伏多晶硅原料供需上呈现倒 U 形,或呈现生产供给和消费

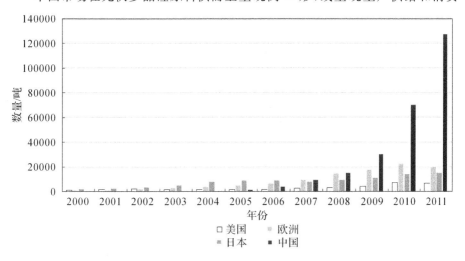

图 3.10 国别/地区市场光伏多晶硅原料生产需求

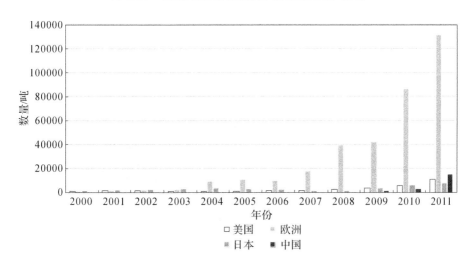

图 3.11 国别/地区市场光伏多晶硅原料消费需求

需求不足但生产需求旺盛的峰型特征,是最大的原料贸易国别市场。2000—2011年,中国市场对光伏多晶硅原料生产需求增长了3008倍,全球占比73%,从2007年起成为全球最大的生产需求国。尽管中国在光伏多晶硅原料的生产供给上增长很快,但依然无法满足生产需求,供需差额不断扩大,至

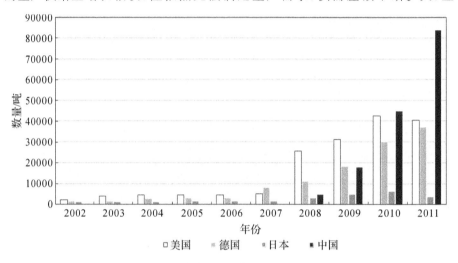

图3.12　国别市场光伏多晶硅原料产量

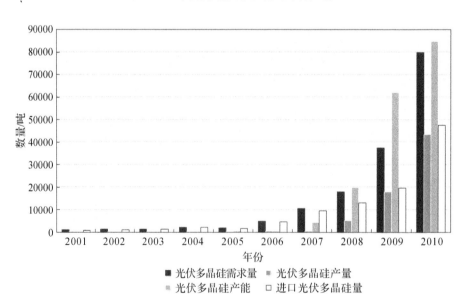

图3.13　中国光伏多晶硅原料供需变化

数据来源:EPIA、Photon(2011)、Prometheus Institute(2006)等。

2010 年中国市场需求量超过 8 万吨,其中 40％以上依存进口。同时,中国对光伏多晶硅原料的消费需求由不足 1 吨增长到 15000 吨,但全球占比还不足 7.4％,无法与其生产能力相匹配(见图 3.10 至图 3.13)。由此,中国成为光伏多晶硅原料中间贸易的最大市场。

综上所述,随着光伏应用市场的规模化发展,全球光伏多晶硅原料市场由利基市场迅速成长为规模市场,呈现整体供需不平衡、生产与消费领域供需差异大的特征。多晶硅原料的国别市场生产技术差异进一步加剧国别/地区市场的供需差异,产生区域市场在生产和消费领域的巨大进出口贸易量。由此可见,太阳能光伏产业的发展需求促成了光伏多晶硅原料市场的形成和发展,促成了国别市场间复杂的贸易关系。

第四节　小　结

光伏多晶硅原料市场在 21 世纪后得到飞速的发展,成为多晶硅行业最重要的组成部分,具有其特殊的产品技术特性、宏观环境要求和行业发展需要。

在光伏多晶硅原料的产品特征方面,首先比较探讨四代太阳能光电技术的材料和相关技术特性,明确多晶硅原料成为光伏发电最主要基料的技术优势。其次,依据多晶硅纯度的技术参数,厘清高纯多晶硅的两大分类:太阳能级与电子级多晶硅原料,明晰两类原料的技术关联性以及晶硅电池对多晶硅原料的技术要求,从而明确光伏多晶硅原料的产品构成和本书所研究的光伏多晶硅原料的产品范围。再次,探讨光伏多晶硅原料的制备工艺,明晰化学提纯法和物理提纯法两大制备工艺分类及技术特点,比较探讨主要制备方法的技术参数及其国别差异,从而为后续光伏多晶硅原料的成本构成做好研究的铺垫。

在光伏多晶硅原料市场的全球发展背景方面,以国家能源安全、环境规制国际共识的推进以及各国太阳能光伏产业发展战略调整三个方面,讨论 2000 年后光伏多晶硅原料市场迅速发展的宏观环境。国家能源安全考虑上,传统能源供给的地缘政治特征及价格攀升威胁,导致石油危机后大部分发达国家将确保能源安全和调整能源结构作为国家能源战略的主要议题。国家能源安全的战略考虑不仅促成太阳能市场应用政策的陆续出台,也使得世界石油价格波动周期与太阳能能源发展周期基本吻合。2000 年之后石油价格的不断攀升加快推动太阳能的开发利用。在环境保护的国际共识上,欧洲通过环境规制全球化极大地促进了全球太阳能的开发利用,尤其是以欧盟为主推动的《京都议定书》以及之后可再生能源指令对二氧化碳减排目标的明确设立,使其成为2000年之后开发利用太阳能的主导力量。各国太阳能光伏发展战略与措施是制定太阳能光伏发展规划与法案的基本依据,也是推动光伏市场应用的最直接动因。欧盟市场不仅在战略目标上大力支持可再生能源发展,还通过专项规划、相关法案、专项技术研发极大地推动了光伏技术的规模化应用。美国和日本在发展战略上对光伏产业制造的重视,使得其产业发展水平强于市场应用,尽管其市场政策支持力度不断加强,但市场应用总量仍远落后于欧盟。由此可见,2000年后太阳能发展的宏观环境变化不仅开启全球太阳能的规模化利用,也形成目前光伏发展的国别格局,更促成主要原料多晶硅市场的发展以及各国市场的竞争关系。

光伏多晶硅原料国际和国别市场供需变化充分反映行业发展特点。2000年后,全球光伏应用市场的加速发展促成光伏多晶硅原料市场的规模化发展,并逐步超过半导体产业,成为多晶硅行业最主要的组成部分。光伏多晶硅原料需求的剧烈波动也引致生产供给滞后于需求变化,实际产量供给滞后于产能扩张,市场供需失衡明显。国别市场在光伏制造与应用环节的多晶硅原料供需差异以及生产技术差别,促成区域市场间巨大的贸易流量,也形成了市场间复杂的贸易关系。中国光伏多晶硅原料市场表现最为明显:原料对外依存度高、生产供需全球占比高、生产需求相对应用消费比例高,是最大的光伏多晶硅原料进口国和加工产品出口国。由此,进一步研究光伏多晶硅国际市场的价格波动特征以及供需影响因素对揭示国际和国别市场价格形成至关重要。

第四章 光伏多晶硅原料国际价格形成机制与供需影响因素

21世纪以来,随着全球光伏多晶硅原料市场的迅猛发展,国际市场合同与现货价格均呈现持续增长、陡然下降的波动态势,且现货价格波动更为剧烈,长期偏离合同价格再急速回归合同价格。光伏多晶硅原料国际市场的价格波动特征反映价格形成机制,也体现市场的供需因素影响作用。本章以光伏多晶硅原料国际价格形成机制的探讨为基础,分析价格波动的阶段性特征以及主要供需影响因素。

第一节 光伏多晶硅原料国际价格形成机制

商品的价格形成机制是价格形成和确立的机制,是商品在不同交易条件和目标约束下的定价机制的总称。价格形成机制反映贸易形式、市场构成与价格形成的相互关系,是价格决定的客观依据。商品国际价格形成机制指商品的国际市场价格形成的机制。

光伏多晶硅原料交易包括长期合同与现货市场交易,由于在交易和生产中表现出交易频率高、不确定性大、资产专用性强、规模经济显著等特点,具有寡头垄断的市场结构和定价特点。目前,光伏多晶硅原料的国际贸易中,主要有两种价格形成机制。一种是谈判性的价格形成机制。谈判性的价格形成机制指在合同制定和执行过程中,交易价格和定价方式由买卖双方谈判确定。谈判性的价格形成机制主要体现在光伏多晶硅原料的合同交易上,买卖双方谈判能力受制于市场结构和供求关系变化。另一种是市场关联的价格形成机制。市场关联的价格形成机制是由市场供需关系自发调节形成的,不仅是光伏多晶硅原料现货市场价格决定的基础,而且在合同贸易中发挥着重要价格指示功能。由于产业发展的阶段性差异,光伏多晶硅原料国际价格形成机制上有较大的变化,合同形式和市场结构是影响价格形成机制的主要因素。

一、交易市场类型

依据交货时间期限和频率,光伏多晶硅原料交易市场包括长期合同交易市场和现货交易市场。目前,全球光伏多晶硅原料长期合同市场贸易占比较高,并在贸易主体、交易数量、合同期限方面比现货市场更为复杂。

(一)合同市场

2004—2010 年 IEA PVPS Program 报告(2004,2010a)估算光伏多晶硅原料长期合同交易约占全球交易总量的 70%~80%。2011 年,中国硅业分会行业报告(谢晨,2011)指出光伏多晶硅原料现货交易比重下降,更多采取长期合同现货交易的方式。可见,长期合同市场在光伏多晶硅原料贸易中更为重要。

与其他金属公开期货市场交易方式不同,光伏多晶硅原料长期合同交易为非公开市场的私下协商交易形式。贸易主体主要是(电子级和太阳能级)多晶硅原料生产商、光伏产品制造商以及光伏贸易商三类,也涵盖纵向一体化光伏企业。由于全球光伏多晶硅原料生产集中于少数生产商,他们在长期合同贸易中的定价优势更为显著。国别贸易市场主要分布在光伏多晶硅原料生产商和产品制造商领先地区,即欧盟、美国、日本、韩国和中国。贸易期限在 3 年以上,通常为 7 年左右。贸易数量依据合同事先确定,既可以是月度和年度交货,也可以约定总量交货。长期合同贸易中,光伏多晶硅原料买卖双方还需就付款方式、运输等事项进行谈判,或对交易价格进行调整,其谈判事项和流程比现货市场复杂。

(二)现货市场

Loo(2011)的报告中指出,光伏多晶硅现货交易市场包括公开集中的现货交易市场和付现提货基础上的私下交易市场。公开集中的多晶硅现货市场包括实体交易市场和电子交易市场,透明度大、公开性强。私下交易市场通常为分散的买卖双方交易,但光伏多晶硅原料私下贸易仍具有集中度较高的特点。

目前,国内光伏多晶硅原料现货实体交易市场主要是光伏专业市场,如新余光伏交易市场,是全产业链采购交易平台,也是具备报价、交易、展示、运输等多功能的现货实体市场。现货电子交易市场包括:光伏专业现货市场,如中国光伏交易平台;有色金属类现货交易市场,如上海有色金属现货交易中心、长江有色金属网、金属 e 线、中国铁合金在线等；综合性在线交易市场，如阿里巴巴、中国制造(made-in-China)、万国商业网(busytrade)、全球采购网(globalimporter)等。这些交易市场在多晶硅原料交易中以供应求购信息发布、厂商报价为主要交易形式。其他国家光伏专业现货实体市场通常以光伏产品交易为主，而光伏多晶硅原料现货交易主要通过综合性现货电子交易市场，面向全球客户，如 Tradekey(沙特)、世界电子商务网(Ecplaza,韩国)、21 世纪电子商务网(ec21,韩国)、Tradeboss(美国)、Europe Bloombiz(欧盟)等。

《中国多晶硅市场月度监测报告》(2011,2012,2013)在 2011—2012 年国内主要现货市场多晶硅价格对比中，重点比较了四川、河南、江苏三个地区市场的价格变化，这些地区分别是国内光伏多晶硅原料主要生产商所在省份。同时，报告还显示中国光伏多晶硅原料(包括合同和现货贸易)的进口国别地区数量较多，但前三位国家总占比超过 90%。由此可推断，光伏多晶硅原料现货私下贸易的地区集中度也是相对较高的。

二、国际价格形成机制

商品交易市场中，具有代表性的价格包括报价和成交价，在出入境国别/地区市场时体现为进口价和出口价。光伏多晶硅原料公开市场中的价格信息通常为报价信息，国外咨询机构在光伏行业报告中公布的月度价格一般通过电话、问卷和网站访问形式获取的全球主要厂商交易价格信息，而海关公布的统计价格数据必然为成交价格，即实际交货的完税价格。光伏行业报告中，多晶硅原料无论是报价或成交价通常显示三种价格，最高价、最低价和平均销售价格(average selling price)，对价格变化的分析基本采用平均销售价格。

光伏多晶硅原料国际合同市场以私下交易为主，既可通过谈判机制确定、调整价格，也可通过市场机制确定价格，价格的最终形成体现买卖双方的市场势力和市场交易的供求关系。光伏多晶硅原料国际现货市场包括私下交易和公开市场交易，私下交易也以公开市场主流报价为依据，实际即以市场机制确定交易价格。

(一)谈判机制

光伏多晶硅原料国际合同贸易开始于 2004 年，由多晶硅生产商、贸易商与硅片及电池制造商通过谈判协商方式，签订长期供货协议。其中，多晶硅生产商与硅片及电池制造商是长期合同买卖的主要参与者,且多晶硅生产商具有更大的定价权。

多晶硅生产商的定价权来源于寡头垄断的市场结构,但主要生产商的市场地位在 2004 年以及 2009 年前后发生了较大变化。2004 年之前,七大电子级多晶硅生产商:Wacker(德国)、Hemlock(美国)、Tokuyama(日本)、Mitsubishi(三菱,日本、美国)、Titanium(住友钛,日本)、MEMC(意大利、美国)和 REC(包括 ASIMI 和 SGS,美国),为光伏产业提供了 99% 的多晶硅原料。2004—2008 年,这些企业市场供给占有率下降至 65%,但市场势力并未减弱,仍是全球第一梯队生产商。2009 年之后,GCL(保利协鑫,中国)和 OCI(韩国)、LDK(赛维,中国)、M. Setek(日本)等产能扩张迅猛,成为专门生产光伏多晶硅原料的大厂商。这一时期,行业内依据产能规模和生产技术将 Wacker、Hemlock、GCL 和 OCI 列为第一梯队生产商,将其他厂商列为第二、第三梯队生产商,第一梯队生产商产能占比在 70% 以上,市场集中度依然较高(见表 4.1)。

表 4.1　全球光伏多晶硅原料生产商梯队

第一梯队生产商	第二梯队生产商	第三梯队生产商
Hemlock, Wacker, OCI, GCL	MEMC, REC, Tokuyama, Mitsubishi,Sumitomo	LDK, Renesola, Daqo, Hankook Silicon, Woongjin Polysilicon, Hanwha Chemical

数据来源:Park & Kim(2012)。

光伏多晶硅原料合同市场谈判价格形成机制体现在长期合同是非标准化的,买卖双方需对长期交易的商品质量、价格、交货等诸多条款进行谈判协商。凭借市场垄断地位,大厂商掌握合同定价权,还利用预付金制度进行融资和产能扩张。其中,"照付不议"条款是对买方最具约束力的预付金制度,要求买方以事先协定的价格和数量进行付款提货,或不购买协议货物但也仍需支付协议预付款(Johnston et al. ,2008)。买卖双方对"照付不议"条款的谈判也最为艰巨。尤其在市场供给短缺阶段,几乎所有的合同贸易都包含"照付不议"条款,且"照付不议"对应的预付金比例较高。光伏多晶硅原料谈判价格形成机制还表现在长期合同中价格调整(price adjustments)和再议价(renegotiation)条款的规定。价格调整有多种情况,如成本变化引起的价格调整,现货价格变化引起的合同调价等规定。再议价条款出现在 2008 年之后新签光伏多晶硅原料长期合同中,是应对现货价格变化而进行的定期合同价格协商。

2008 年之后,光伏多晶硅原料国际合同市场买卖双方议价能力逐步发生转变,具体表现在以下几个方面。在长期合同的订立意愿上,光伏制造商主动订购逐步向多晶硅原料厂商主动销售转变。在价格水平上,亚洲市场,尤其是中国市场的议价能力提升,与欧洲市场的价格水平逐步趋近。在价格调整上,长期合同普遍加入了定期再议价条款,或与现货价格变化挂钩的价格调整条款。在预付款制度上,"照付不议"条款逐步取消,预付款额度明显下降。但光伏多晶硅原料厂商的市场势力依然较强,最显著表现在"照付不议"合同引起的纠纷中,往往以卖方赔款而中止合同。以谈判机制达成妥协的可能性很小,还有的通过法律手段解决,如 2013 年 Hemlock 和 Solarworld 的"照付不议"合同纠纷。

(二)市场机制

光伏多晶硅原料国际现货市场是短期交易的买卖市场,国际现货价格即以短期(基本为一次性)贸易合同为基础,并在一个月内进行交货的市场交易价格。相应地,其价格形成以市场为基础,依赖供需关系自发调节。在光伏多晶硅原料合同贸易中,现货市场也发挥着重要的价格指示功能,不仅表现在现货价格更普遍地被用于长期合同的定价方式,也体现在现货价格往往作为长期合同价格调整的重要依据。

国际现货市场中,光伏多晶硅原料交易参与方主要有四类:多晶硅生产商、贸易商、硅片和电池制造商,与合同市场相近,但各方在现货贸易中的参与程度不同阶段差异较大,相应的市场价格形成机制也有所变化。2004 年之前,全球光伏多晶硅原料基本通过现货市场进行交易,传统电子级多晶硅生产商控制全球现货市场,具有寡头垄断的定价特点。2005—2008 年,全球现货贸易规模在 10%～30%(IEA PVPS Program,2003—2009)。其中,第一梯队生产商中只有三家向现货市场定期提供少量多晶硅原料,大量贸易商涌入现货市场成为现货原料的主要供应商,光伏硅片/电池大厂商既有通过现货市场进行备料,也有通过合同市场现货定价进行贸易,中小光伏制造商则完全依赖现货市场进行原料采购。这一时期,全球现货市场的寡头垄断势力并不明显,市场竞争程度主要受限于供给约束。2009 年之后,贸易商大量减少并逐步退出现货市场,光伏制造大厂商通过长期合同或产业链一体化获得原料,中小光伏制造商仍然依赖现货市场。这一时期,光伏多晶硅原料国际现货市场形成主流报价(主要厂商现货报价),但第一梯队生产商参与度仍不高,市场供给显著大于需求,厂商定价权较弱,现货市场趋向完全竞争市场的价格形成机制。

光伏多晶硅原料现货交易也需要对商品质量、价格、交货等诸多条款进行协商。但现货合同定价方式单一(以市场报价为依据),交货形式明确(付现提货),且不含"照付不议"条款,谈判机制并不发挥主要作用。光伏多晶硅原料长期合同中,以市场关联定价为基础的贸易,也依据市场报价进行价格调整,尤其是明确以现货价格进行交易的,其价格形成即以市场机制为基础。

三、国际价格形成机制的阶段性变化

光伏多晶硅原料国际价格形成机制分为三个阶段,2000—2004年以市场机制为主,2004—2008年转向谈判机制与市场机制并存,2009年至今仍以谈判机制与市场机制为主,但以公司内贸易为基础的价格形成机制开始形成(见表4.2)。光伏多晶硅原料国际价格形成机制的重大转变,具体体现在合同形式、定价机理、交易商品、价格公开方式等方面所发生的变化。

光伏多晶硅原料国际贸易中,最大的变化来自长期合同市场的形成。Photon International在对第二届国际光伏多晶硅大会的报道中提到2004年之后Wacker首个与客户签订了长期合同,Hemlock明确表示除非光伏企业签订长期合同否则不会进行产能扩张,而部分光伏制造厂商代表提出异议反对产能扩张之前签订长期合同。但到2005年底,第一梯队多晶硅厂商均以长期合同形式预先销售产能,并对合同价进行报盘。可见,光伏多晶硅原料谈判性价格形成机制的产生在于大厂商交易方式的转变,其寡头垄断的定价机理并未改变,对"照付不议"合同履约的规定也基于寡头垄断的市场势力,事前将投资风险完全转嫁给中下游制造商。

2004年之后,光伏多晶硅原料国际现货市场与合同市场共同存在,形成了鲜明的市场细分。一方面,光伏多晶硅原料国际现货市场由多晶硅原料交易的唯一市场,转向与合同市场共存的市场。另一方面,在公开集中的现货市场中,光伏多晶硅原料供应商始终以自由报价为主,并无集中交易和竞价。这样,在2004—2008年市场供货紧缺的情况下,光伏多晶硅原料国际现货市场价格形成机制推高现货价格与合同价格差异,提升生产商市场地位。在2009年之后市场供给逐步过剩的情况下,光伏多晶硅原料现货市场价格形成机制推动现货价格回归成本定价,挤出中小生产商,巩固大厂商市场地位。从而,与全球主要多晶硅生产商的贸易关系和地域关联对国别市场的价格形成机制具有重要影响。

表 4.2 光伏多晶硅原料国际价格形成机制的阶段性变化

项目	2004 年之前	2004—2008 年	2009 年至今
价格形成机制	市场机制	谈判机制＋市场机制	谈判机制＋市场机制
定价机理与买卖双方	寡头定价离岸价格(free on board, FOB)	国际合同市场为寡头定价 FOB 价,现货市场为市场定价 FOB 价	国际合同市场为寡头定价 FOB 价,现货市场为市场定价 FOB 价,一体化企业内部定价
竞争点	无	现货市场	现货市场
交易(市场)类型	商品实际交易	商品实际交易	商品实际交易
主流合同形式	现货合同	长期合同与现货合同	长期合同与现货合同
商品类型	电子级废料、太阳能级多晶硅	太阳能级多晶硅为主	太阳能级多晶硅为主,细分为三类:6N、7～8N 和 9N 以上
价格公开方式	市场交易价格	私下交易价格＋市场交易价格	私下交易价格＋市场交易价格
价格趋势与水平	上升	急剧上升	急剧下降、低位波动
生产需求趋势	稳定增长	急剧增长	快速增长(库存提高)
消费需求趋势	稳定增长	急剧增长	快速增长
生产成本趋势(动态变化的主要因素)	下降(产能利用提高,库存下降)	暂时增长(新建产能、投资增加、新技术研发投入等)/下降(规模扩张、技术进步和区位变化带来的生产要素价格下降)	下降(规模扩张,技术进步、要素成本下降)或稳定

资料来源:调研数据资料。

由此可见,光伏多晶硅原料国际价格形成机制体现了市场结构和市场供需变化的相互作用,是价格波动的基础。但光伏多晶硅原料国际价格形成机制并不能直接反映供需变化的影响因素,以及对价格造成的冲击效应。对价格波动特征和供需变化的整理分析,可进一步探究光伏多晶硅原料国际价格形成机制的作用。

第二节　光伏多晶硅原料国际价格波动特征

光伏多晶硅原料国际价格波动特征的研究,可以有效地反映不同价格形成机制下价格波动的差异,不同时期价格波动的变化以及市场间价格波动的关联。21世纪初以来,光伏多晶硅原料国际市场合同价格和现货价格均呈现出持续增长之后急速下降的波动态势,且现货价格波动更为剧烈,长期偏离合同价格又快速回归合同价格。光伏多晶硅原料国别市场与国际市场密切关联,表现出相似的波动特征,但波动性和关联性视国别市场地位而有差异。

一、国际市场价格波动特征

由于数据可获性限制,本小节数据样本为2001—2010年光伏多晶硅原料国际合同与现货市场年度价格数据,2007—2010年国际合同与现货市场月度价格数据。数据出处为国际知名咨询公司Photon、Prometheus数据库和中国海关提供的统计数据。

(一)光伏多晶硅原料国际市场合同价格与现货价格的波动性

由图4.1和图4.2可知,2001—2010年度光伏多晶硅原料国际市场的合同与现货价格呈现快速上涨后急剧下跌的波动态势。2001—2003年,由国际市场的合同现货差价以及混合均价的波动趋势可以推测,光伏多晶硅原料价格增长稳定,价格波动并不显著。2004—2008年,由光伏多晶硅原料价格上涨幅度可知,国际合同与现货价格增速均明显提高,现货价格表现更为明显,两者均在2008年达到峰值。2008年下半年起,光伏多晶硅原料国际合同与现货价格陡然下降,回归至2004年水平,波动性显著降低。

2001—2010年,光伏多晶硅原料国际合同价格呈现连续多个年度持续上升,又陡然下降的波动趋势,年度间价格波动性较大。从价格波动幅度看,2008—2009年度,光伏多晶硅原料国际合同价格达到峰值80美元/千克,但随即经历2009—2010年度的最大均价跌幅至25美元/千克。期间,2007年11月和2008年3月为涨幅最大月份,达到20美元/千克,2008年5月为跌幅最大月份,达到18美元/千克。从价格波动率看,2004年和2007年11月涨幅比率分别达到年度和月度最大值,超过50％和25％。2010年和2008年5月跌幅

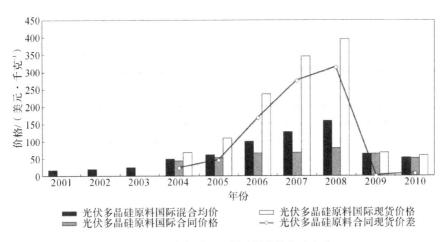

图 4.1　光伏多晶硅原料国际价格年度变化

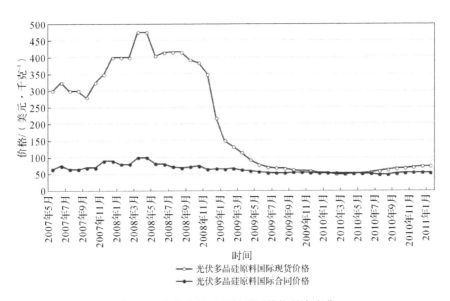

图 4.2　光伏多晶硅原料国际价格月度变化

数据来源：Photon(2010)、Prometheus(2007)、中国海关。

比率分别达到年度和月度最大值,超过 20% 和 18%。可见,2001—2010 年光伏多晶硅原料国际合同价格的波动性较大。

2001—2010 年,光伏多晶硅原料国际市场现货价格波动性更为显著。波动幅度最大的年度为 2008—2009 年,年度均价下降了 300 美元/千克,跌幅超过 80%;波动幅度最大的月度为 2008 年 12 月,价格下降 130 美元/千克,跌幅超过 37%。可见,光伏多晶硅原料国际市场现货价格的波动性比合同价格更为显著。

(二)光伏多晶硅原料国际市场合同价格与现货价格波动的关联性

2001—2010 年,光伏多晶硅原料合同与现货价格波动幅度差异性较大,但波动方向与波动率具有一定的关联性,其显著程度有待计量检验。光伏多晶硅原料国际市场的合同和现货价差呈现倒 V 形,即价差由偏离趋向收敛。

基于年度数据,从价格波动方向来看,光伏多晶硅原料国际市场合同与现货价格波动趋势基本一致(见图 4.3)。其中,2008 年之前均为正向波动,2009年和 2010 年均为负向波动,波幅最大年份均为 2008—2009 年,波动率最大值均出现在 2004 年度(见图 4.3)。基于月度价格数据,光伏多晶硅原料国际市场合同与现货价格波动率的峰值和谷值出现时点吻合度较高,波动率变化幅度在 2009 年之后均变小。但光伏多晶硅原料国际合同与现货价格波动的关联性在不同阶段有所差异,表现在 2007 年下半年到 2008 年上半年价格高峰区间,国际合同价格与现货价格波动率发生逆转,前者一度超过后者,峰值和谷值更为显著(见图 4.4)。可见,光伏多晶硅原料国际合同与现货市场受供需因素影响的价格反应具有关联性,但并非完全相同。

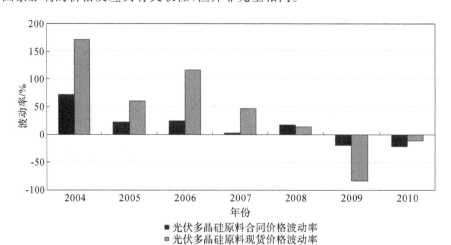

图 4.3 光伏多晶硅原料国际价格年度波动性

以上光伏多晶硅原料国际合同与现货价格波动的关联性特征也体现在两价差的变化趋势上。2004—2008 年,光伏多晶硅原料国际合同与现货价差不断增大,在 2008 年 3 月和 4 月达到最大值 375 美元/千克。2009—2010 年,原料国际

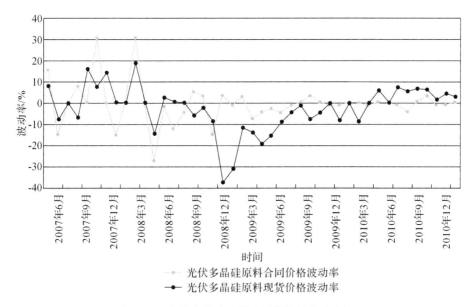

图 4.4 光伏多晶硅原料国际价格月度波动性

数据来源：Photon(2010)、Prometheus(2007)、中国海关。

合同与现货年度均价急速回落到 2004 年水平，年度价差低于 10 美元/千克，月度价差一度接近零，价格偏离度小于 2004 年水平（见图 4.1 和图 4.2）。由此可见，光伏多晶硅原料国际市场价格剧烈波动，但国际合同与现货价格在长期波动趋势上具有收敛性。

(三)光伏多晶硅原料国际市场合同价格与现货价格波动的周期性

价格波动的周期性指波动的频率具有相对稳定的重复性特征。由图 4.1 和图 4.2 可见，无论是月度或年度频率，光伏多晶硅原料国际市场合同价格与现货价格并未显现出明显的周期性特征，即稳定的重复性特征。

二、中国市场价格波动特征

由于数据可获性限制，本节对光伏多晶硅原料国别市场价格波动特征的研究主要以中国市场为例。本书在第七章中将对中国进口市场数据进行细分，进一步探讨光伏多晶硅原料的国别市场关系和价格波动特征。本节数据样本为 2010 年 10 月—2012 年 9 月中国国内和国际现货市场多晶硅原料的周度主流交易价格，以及 2007—2010 年中国进口贸易和国际市场交易的年度均价,数据出处为国际知名咨询公司安泰科、PVinsights 数据库以及中国海关统计数据。

(一)光伏多晶硅原料中国市场与国际市场价格的波动性

由图 4.5 和图 4.6 可知,基于周度和年度数据比较,中国国内光伏多晶硅原料现货市场的主流报价和进口均价普遍高于国际市场,且波动性更为显著。分时段分析,2011 年 8 月之后国内国际光伏多晶硅原料现货价格的波动性均降低。

由 2010 年 10 月—2012 年 9 月的周度数据可知(见图 4.5),2011 年 8 月之前国内光伏多晶硅原料现货价格显著高于国际市场,2011 年 3 月国内国际价差达到最大值 30.5 美元/千克,比值超过 138%。2011 年 8 月之后,国内国际现货市场价格基本趋同。由价格方差进一步分析可知,国内光伏多晶硅原料现货价格波动性显著高于国际市场,2011 年 8 月之前,前者是后者的 3.5 倍,之后下降到 1.2 倍。从 2007—2010 年的年度数据看,中国光伏多晶硅原料进口市场与国际市场均价的方差比为 1.6,但价差偏离趋于下降趋势。可见,国内光伏多晶硅原料市场价格的整体波动性比国际市场明显,但波动性均有下降趋势。

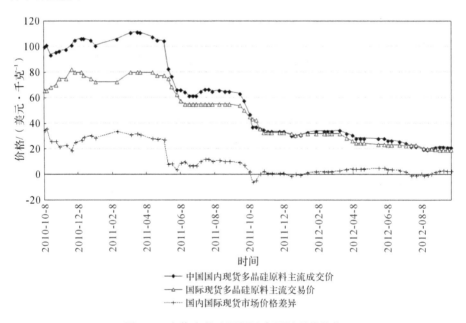

图 4.5　光伏多晶硅原料国内国际现货价格

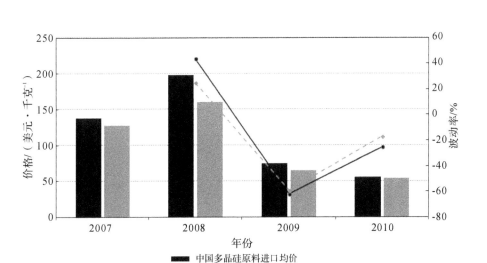

图 4.6 光伏多晶硅原料中国进口与国际市场均价

数据来源：安泰科、PVinsights、中国海关。

(二)光伏多晶硅原料中国市场与国际市场价格波动的关联性

由图 4.5 和图 4.6 可知,基于周度和年度数据分析,中国光伏多晶硅原料市场与国际市场关系紧密,价格波动的关联性不断加强。国内国际市场现货价差明显减小,波动的同步性不断加强,但也随之出现价差逆转趋势。

从周度价格波动趋势分析,中国光伏多晶硅原料现货价格与国际价格关联度达到 0.98,2011 年 8 月之前与之后分别为 0.93 和 0.96,这说明光伏多晶硅原料国内国际现货市场高度相关,关联度不断增强。从年度价格波动趋势来看,中国光伏多晶硅原料进口均价与国际均价波动方向与波动率基本一致,整体市场价格波动的关联性较强(见图 4.6)。

由周度价格数据分析还可知,2011 年 9 月以来国内国际光伏多晶硅原料现货价格差异明显下降,周度价差未超过 10 美元/千克,平均在 2 美元/千克左右,且价格波动率的峰值和谷值出现时点基本吻合(见图 4.5 和图 4.7)。可见,国内国际光伏多晶硅原料现货价格波动的同步性趋势不断增强。但是,国内国际光伏多晶硅原料的价格差异也开始出现由正值向负值逆转的势头。2010 年,国内光伏多晶硅现货主流交易价无一次低于国际市场,2011 年 10 月出现两次、12 月出现一次国内价格低于国际水平,2012 年中 1 月出现一次、

7—8月连续出现四次国内价格低于国际水平。光伏多晶硅原料国内国际价差的变化趋势不仅反映了国内的供需变化,也反映了国别市场地位的转变。由此,进一步探讨光伏多晶硅原料国别市场关系以及市场地位对价格波动的国际传导作用,是有效地揭示光伏多晶硅原料国际价格形成机制的重要内容。

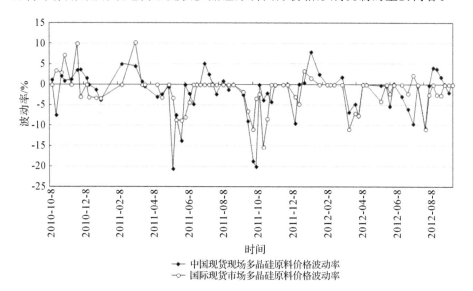

图 4.7　光伏多晶硅原料中国与国际现货市场价格波动性

数据来源:安泰科、PVinsights、中国海关。

第三节　光伏多晶硅原料国际价格波动的供需影响因素

　　基于 2001 年以来光伏多晶硅原料国际价格波动的特点,本节进一步探讨影响光伏多晶硅原料国际价格波动的主要供需因素。主要需求因素包括日太阳辐射量波动、总需求变化和光伏市场政策措施变化,这些因素从太阳能市场应用条件、电力能源消费和光伏市场特定需求因素等方面,来分析主要需求变化在光伏多晶硅原料国际价格形成中的作用。主要供给因素包括传统电力能源价格、欧元/美元汇率和多晶硅原料产能,这些因素从关联电力能源、多晶硅原料供给国别和生产能力等方面,来分析主要供给变化在光伏多晶硅原料国际价格形成中的作用。

一、日太阳辐射量波动

年度内或年度间日太阳辐射量的差异会造成市场对太阳能发电需求的变化。美国国家航空航天局（NASA）提供了全球各地日太阳辐射量的查询系统,图4.8显示了美国加州日太阳辐射量的月平均值呈倒U形,即夏季是日太阳辐射量最大的季节,而其他季节随温度下降辐射量也下降,1月和12月是日平均辐射量最低的月份。这一特征在其他地区普遍也是如此。那么,在市场其他条件不变的情况下,日辐射量的上升会引起实际太阳能发电量上升、发电成本下降,安装太阳能发电系统的需求意愿提高,对太阳能发电系统的多晶硅原料的需求也会上升。

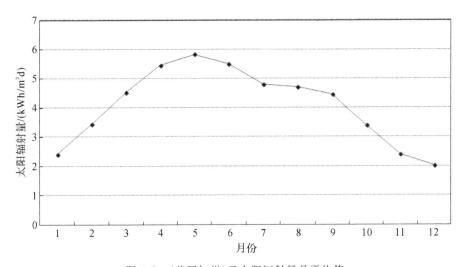

图4.8　（美国加州）日太阳辐射量月平均值

数据来源：NASA。

由图4.9和图4.10可知,由于太阳能安装量逐年上升,美国年度太阳能发电量总量呈上升趋势,但月度平均日太阳辐射量变化造成2009年和2010年某些月份(如1、2、3、6月)低于之前年份的月发电总量。那么,月度日辐射量的变化是否会造成太阳能发电系统需求意愿的显著变化,以及对原料引致需求的调整? IGU(2011)指出即使是相对短期的供给或需求变动也会显著地提高或压低价格,但这依赖于市场的最初状态,一个需求和/或供给高度无弹性的市场会比供需弹性较高的市场在供需变动冲击时有更强的价格反应。太阳能光伏市场显然是一个高需求弹性的市场,因为其发电成本远高于其他电力能源,即使在政府大力补贴的情况下,目前市场占比也很有限。IER Group(2009)的数据显示,太阳能光伏平准化电力成本(2007 年美元价格)是 40 美分/(kW·h),是煤炭的 4.2 倍,是天然气等混合电能的 4.7 倍。因此,若非太阳辐射量的异常变化,其所引起的太阳能市场需求变化是不足以显著提高或降低光伏多晶硅原料价格的。

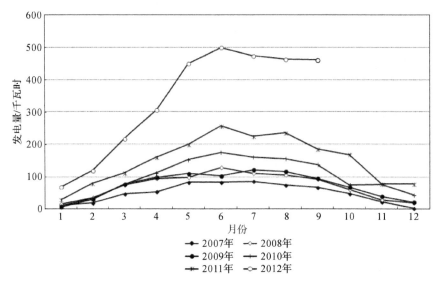

图 4.9　美国太阳能发电量年度变化

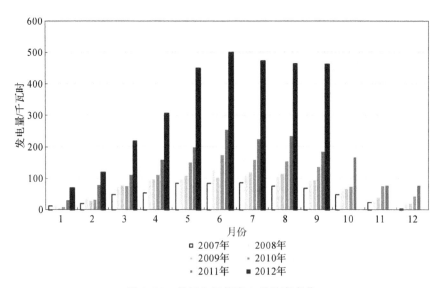

图 4.10　美国太阳能发电量月度变化

数据来源:EIA。

二、总需求变化

总需求变化是电力能源消费的重要因素,所造成的需求冲击通常会是中长期的(Barsky & Kilian,2004)。总需求变化可以用真实经济活动来量化。真实经济活动变化通过影响消费者的财富和收入,从而影响到对电力的整体需求偏好,也包括太阳能能源,从而造成对多晶硅原料的需求变化。美国国家可再生能源实验室报告(Bartlett et al.,2009)指出,2008 年全球次贷危机所引发的总需求冲击不仅影响消费者对光伏电力的支付意愿,而且影响企业的投资意愿和政府对光伏相关市场的财政支持。所以,假设真实经济活动代表的总需求变化会引起光伏市场的需求变化是合理的。

衡量真实经济活动的难度较大,有三个原因:月度数据的获取,国家权重的设定以及技术变化可能引起的电力需求弹性的时序变化(Kilian,2009)。目前,最常用的代理变量为工业生产指数(IPI),真实 GDP 指数和 Kilian 全球干货航运指数。IPI 是工业生产总量的指数,包括采矿和挖掘、制造业以及燃气和水行业(马慧明,2007),反映工业领域的真实经济活动变化。IPI 的缺点是未能充分考虑工业领域之外的行业真实经济活动变化。Kilian 全球干货航运指数(Kilian,2009)是基于运输服务需求对全球经济活动的重要影响(Klovland,2004),根据 Drewry 船运咨询有限公司提供的各类大宗干货单一船运费率而核算的全球真实经济活动指数。Kilian 全球干货航运指数的缺点为只能反映全球真实经济变化,而不能反映地区性真实经济变化。真实 GDP 指数只能反映季度或年度而非月度的真实经济活动变化。太阳能应用市场 95% 的份额集中在欧洲、美国和日本,显然 Kilian 全球干货航运指数和季度真实 GDP 指数是不适合应用于太阳能能源市场的真实经济活动变化的。

以欧元区 16 国(截至 2010 年)和美国为例,以季度同比工业生产指数和 GDP 指数的变化与电力消费变化的曲线可见(见图 4.11 和图 4.12),相比真实 GDP 指数,工业生产指数与电力消费变化的关系更为密切。季度同比变化的计算方式可以回避季节的趋势性因素影响,更好地体现真实经济活动对电力消费的影响。而工业生产指数的变化也有助于解释 2008 年下半年全球光伏多晶硅原料供给还未有显著变化时,价格却突然剧烈下滑的异常现象。

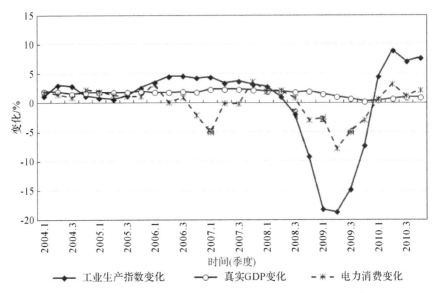

图 4.11　欧元区 16 国真实 GDP 指数变化与电力消费变化

注:此外欧元区 16 国包括比利时(BEL)、西班牙(ESP)、爱尔兰(IRL)、意大利(ITA)、卢森堡(LUX)、荷兰(NLD)、德国(DEU)、芬兰(FIN)、法国(FRA)、奥地利(AUT)、葡萄牙(PRT)、希腊(GRC)、斯洛文尼亚(SVN)、塞浦路斯(CYP)、马耳他(MLT)、斯洛伐克(SVK)。

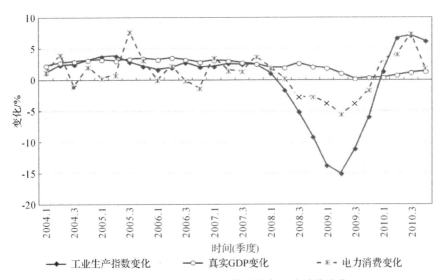

图 4.12　美国真实 GDP 指数变化与电力消费变化

注:图中表示真实经济活动指数,指标为工业生产指数和 GDP 指数的变化,是季度同比变化百分数的曲线,以此与季度同比电力消费变化的曲线相比较。

三、太阳能光伏市场政策措施变化

太阳能光伏市场的政策措施是推动全球太阳能规模化应用最重要的需求因素，也是引致光伏多晶硅原料需求增长的政策因素。政策措施中对应用主体和应用领域的不同规定，尤其是对屋顶项目和家庭应用的大力支持，也更为有效地推动了晶硅技术的市场应用。以下对光伏市场的政策措施进行归纳总结，并对 FIT 制度进行简要说明。

根据 IEA PVPS Program(2010a)分类，光伏电力市场应用的具体措施主要包括上网固定电价(FIT)、直接资金补贴(DCS)、绿色电力计划(GES)、光伏绿色电力计划(PVGES)、可再生能源投资组合标准或配额标准(RPS)、RPS中太阳能光伏计划(PVRPS)、光伏投资基金或金融计划(PV IF/FS)、税收抵免(TC)、净电表计量制(NM/NB)、商业银行活动(CBA)、电力公用事业部门活动(EUA)、可持续建筑要求(SBR)等。其中，FIT、DCS、GES、RPS、TC 和SBR 在光伏电力市场中国别采纳性较高，且以屋顶和家庭应用项目为主要目标市场，有力地推动了晶硅发电技术的市场应用(见表 4.3)。

FIT 制度是光伏电力市场中应用国别最多、支持力度最大的政策，确保了发电实体可将光伏电力出售给电网并获得长期收入，通常与电网所协定的售电费率高于市场电价，以确保电力供给者获得一定的利润回报。这一制度对零售电价高、资金有限的联网光伏用户特别适宜，对屋顶计划和家庭应用项目的支持力度较大。从各国指示性家庭零售电价(IHREP)来看(见表 4.4)，德国、意大利等家庭电价较高，在同等光照条件下，最有可能推动太阳能电力应用。同时，这两个国家最早启动 FIT 制度，且补贴力度大(见表 4.4)，成为全球光伏应用增长速度最快的国家，占 OECD 国家累计安装量 39％和 20％的份额。由此可见，太阳能光伏应用市场国别政策措施实施类别、政策调整强度和调整预期等政策因素必将成为影响光伏多晶硅原料的重要需求因素。

表 4.3　太阳能光伏市场应用主要政策分类

项目	FIT	DCS	GES	RPS	TC	SBR
政策类别	对光伏发电提供明确的货币奖励。通常由电力公司支付，费率（千瓦时）高于用户支付的电力零售价格	直接的财政补贴，旨在解决当前的成本障碍，无论是对特定的设备或总成本	在议价基础上，允许用户从电力公司购买光伏能源的电力供给	强制要求电力公共事业部门（通常是电力零售商）电力供给的一部分必须来自可持续性能源	光伏安装的部分或所有费用从应纳税收入额度中扣除	新造建筑（住宅或商用），或出售资产，要求光伏发电作为减少建筑能耗的一种选择或明确规定必须包括在建筑开发内
目标客户	联网客户，并有业务现金流量要求，如房地产开发商、投资商、商业实体等	资金有限的光伏用户，如家庭用户、小型商业、公共机构等	居民和商业电力用户	相关责任方，尤其是电力零售商	税收责任的实体，如工薪族和企业	新建筑开发（住宅和商业）；也可以是用于出售的资产
执行机构	由电力行业计费实体管理	要求政府管理部门大力支持来处理申请、审批和付款	电力公司商业业务；公共管理部门支持项目评审	通过监管机构的公共管理支持	现有的税务机构进行管理	由当地房屋审批机构管理
经济与政治考量	将能源供给相关的外部性效应内部化	部署光伏发电的主要障碍为前期资本成本，针对离网和并网项目	推动光伏电力销售的商业化、市场化运作	可以认为是电力市场的运行被扭曲，尤其当强制性规定过高时	与直接资金补贴的利益是一致的，还避免了一些负面的影响	取决于资产价格和建筑文化的接受程度

资料来源：IEA PVPS Program(2011)。

表 4.4　各国太阳能光伏市场应用政策分类

国家	FIT[b]	DCS	GES	RPS	TC	SBR	PV IF	NM	CBA	EUA	IHREP[c]
美国	√[d]	√	√	√	√	√	√	√	√	√	11.58
德国	37.82~51.5[e]（2000）	√	√			√	√	√	√	√	31.6

国家	FIT[b]	DCS	GES	RPS	TC	SBR	PV IF	NM	CBA	EUA	IHREP[c]
日本	54.7 (2009)	√	√	√	√				√	√	20.4～ 27.5
西班牙	42.4 (2006)		√			√	√			√	——
意大利	45.5～ 61.9[e] (2005)	√	√					√			22.4
中国	√[f] (2011)						√				
IEA05[a]	7	12	4	5	——	——	——	——			
IEA06	10	11	10	5	8	7	5	9	3	10	
IEA07	12	12	9	5	7	8	4	9	5	8	
IEA08	13	12	10	5	8	9	4	10	6	10	
IEA09	15	11	9	5	7	10	5	9	7	8	
IEA10	15	12	9	5	8	10	5	11	8	9	

数据来源:IEA PVPS Program(2011)。

注:a. IEA05、IEA06、IEA07、IEA08、IEA09 和 IEA10 表示 2005—2010 年 IEA PVPS 项目国家。b. 2010 年度 FIT 政策(中国为 2011 年)以及 FIT 政策启动年份。c. 2010 年度电价数据,单位为美分/瓦。d. 美国 FIT 政策由各州而非联邦政府制定。e. 年度内调整。f. 2011 年,中国 FIT 政策在部分省份开始实施,费率有差异。

四、传统电力能源市场的价格波动

Campillo 和 Foster(2008)指出石油危机推动各国政府鼓励太阳能能源应用以增强国家能源安全,因为"(光伏产业)发展的主要驱动力与几乎所有新兴产业一样,源于经济的敏感性"。但石化能源也是光伏多晶硅原料生产的重要投入品,其价格波动不仅会对原料市场产生需求影响,也会产生供给影响。

在需求影响方面,由第三章第二节中对全球太阳能发展背景的分析可知,石油危机是推动太阳能应用的重要因素。太阳能应用市场的众多创新政策(如净电表制)和项目(如第一个美国联邦项目、德国屋顶计划)都是紧随石油高涨期实施的,大部分欧盟成员国也是在 2004—2008 年石油高涨期才真正将光伏规模化发展提上议案,行动措施迟滞于 2001 年欧盟委员会可再生能源绿皮书中成员国约束性发展目标的承诺。NREL 报告(Bartlett et al.,2009)中也提到,对于一些光伏能源应用领先国家,电力能源结构中太阳能与化石能源已经开始形成替代关系。Green Rhino Energy(2013)还利用 2008 年 1 月到 2009 年 3 月太阳能公司股票收盘价和布伦特(Brent)原油价格的周度数据首次验证了太阳能能源价格显著依赖于石化能源的价格。可见,化石电力能源价格波动引起的发电成本变化会对光伏发电造成成本冲击,并引致对光伏多晶硅原料的需求冲击。

在供给影响方面,由第三章第一节光伏多晶硅原料的技术特性可知,光伏产业链中最耗电的环节即为多晶硅原料生产,综合耗电量[①]在 $100kW \cdot h/kg$ 以上,占生产成本的 30% 左右(OCI,2010;GCL,2010)。那么,电力能源价格波动所引起的电力成本变化就必然会造成光伏多晶硅原料的生产成本变化,并进而减弱光伏能源供给的替代作用。石油和天然气是目前光伏应用主要区域(欧洲、美国、日本等)电力能源价格波动的主要因素,并显现与电力价格短期不稳定但长期均衡的关系(Bencivenga & Sargenti,2009;Munoz & Dickey,2009)。煤炭和核能作为电力能源通常由国内长期合同稳定供给,其发电价格较少地受到整体市场波动的影响(Mjelde & Bessler,2009)。因此,化石能源价格波动是影响光伏多晶硅原料供需变化的主要关联能源因素。

由图 4.13 中 2005—2011 年光伏多晶硅原料、石油和天然气现货价格波动可见,三者价格存在着密切的相关关系,但波动趋势上,光伏多晶硅原料现货价格波动在 2009 年前明显比 WTI 石油和 HH 天然气更为剧烈,尤其在 2006 年 7—10 月、2007 年 8 月—2008 年 5 月以及 2008 年 11 月—2009 年 1 月,而 2009 年 9 月之后光伏多晶硅与 WTI 石油价格波动趋近,且都较平稳。同时,图 4.14 至图 4.19 显示了六个光伏发展领先国家的天然气和石油在电力能源中的比重以及进口能源在整体能源消费中的比重。表 4.5 展示了光伏六国年度太阳能安装量增速。那些在电源结构中更强地依赖于外来化石能源的国家,如西班牙和意大利,在 2007—2009 年化石能源价格剧烈变动时确实表现出对太阳能电力更为强劲的需求变化。但韩国却是例外,尽管其电力能源中

---

① 综合电耗包括氢化、还原和其他电耗。改良西门子法、硅烷法和物理冶金法制备太阳能多晶硅综合能耗有差异,具体见表 3.2。大部分企业太阳能多晶硅的制备技术为改良西门子法和硅烷法,且规模以上企业(年产量 3000 吨以上)电耗低。

对化石能源依赖性较低且较稳定,但在 2009 年依然遭受了显著的需求下降。

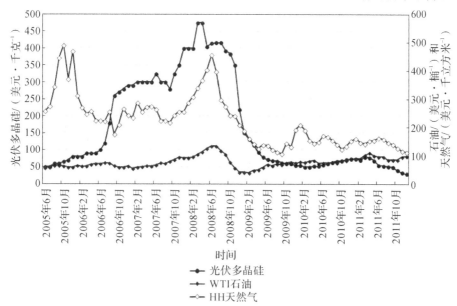

图 4.13　光伏多晶硅、WTI 石油和 HH 天然气现货价格波动

数据出处:IMF、世界银行(World Bank)、Photon、中国硅业分会。

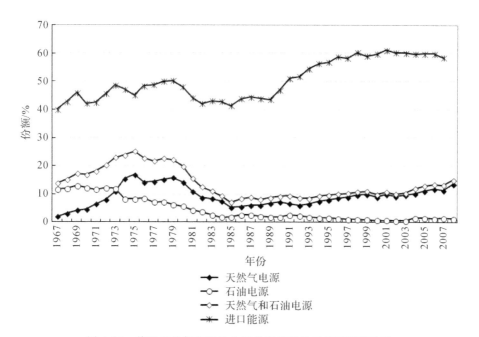

图 4.14　德国天然气和石油电源份额以及进口能源消费比重

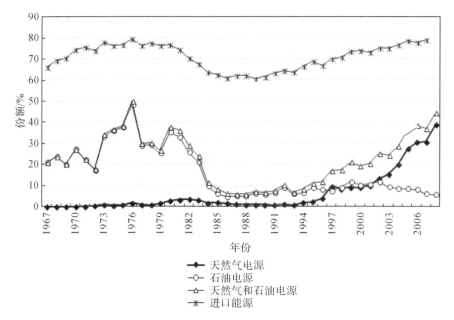

图 4.15 西班牙天然气和石油电源份额以及进口能源消费比重

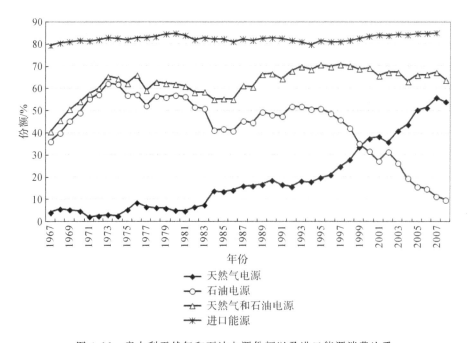

图 4.16 意大利天然气和石油电源份额以及进口能源消费比重

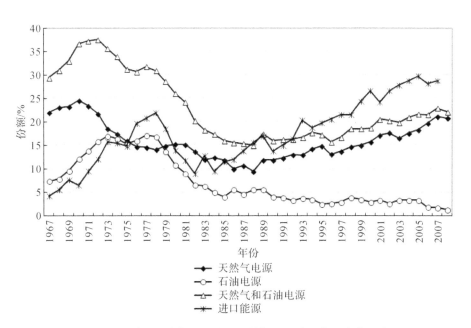

图 4.17　美国天然气和石油电源份额以及进口能源消费比重

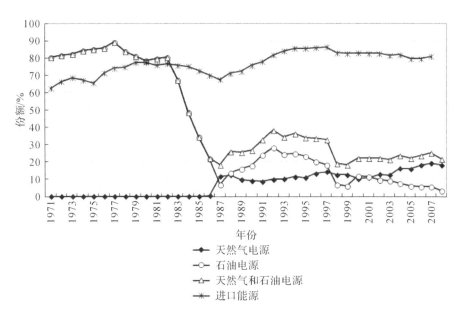

图 4.18　韩国天然气和石油电源份额以及进口能源消费比重

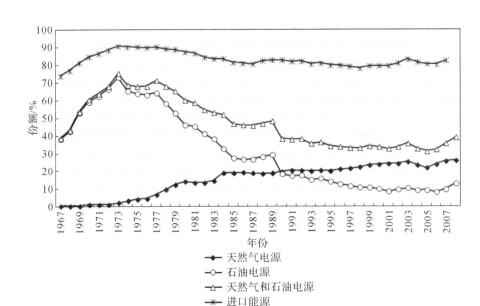

图 4.19　日本天然气和石油电源份额以及进口能源消费比重

数据来源：国际能源署（IEA）、World Bank。

表 4.5　光伏六国年度太阳能安装量增速　　　　　　单位：%

年份	德国	西班牙	意大利	美国	韩国	日本
2000	233	—	−38	29	0	56
2001	95	—	100	32	60	21
2002	3	350	100	52	−13	37
2003	88	11	100	43	−14	21
2004	300	−40	18	43	317	22
2005	42	333	45	27	100	7
2006	−1	292	47	27	346	−1
2007	51	431	600	43	104	−27
2008	42	400	383	65	509	10
2009	110	−99	112	39	−40	110
2010	95	2071	224	84	−21	105

数据来源：EPIA，IEA。

五、欧元/美元汇率波动

欧元/美元汇率波动对于平衡国别/地区间光伏多晶硅原料的生产与消费起了重要的作用,尤其是在 2004—2009 年光伏市场迅猛发展期间,进一步加剧了欧美在光伏多晶硅原料市场的生产竞争。IEA PVPS Program 美国国家篇报告(2009,2010b)显示,2004—2009 年欧元汇率走强期间,美国经历了光伏多晶硅原料生产扩张最快的时期,市场份额达到 35%～57%。IEA PVPS Program 全球报告(2004—2009)指出,这一时期欧洲市场光伏安装份额占全球 64%～81%,对多晶硅原料消费也达到这一水平,但其原料消费主要依赖于亚洲的晶硅产品(光伏电池和组件)出口,而亚洲地区多晶硅原料的主要来源国为美国和德国市场。目前,全球主要的多晶硅厂商企业报告(Wacker,2011;REC,2011;MEMC,2011)以及咨询公司的光伏产业报告(Rao,2011;Hearps & McConnell,2011)均将欧元/美元汇率波动纳入光伏多晶硅原料价格波动的主要影响因素。

由第三章第三节以及图 3.10 至图 3.12 可知,美国不仅是光伏多晶硅原料主要生产国之一,也是全球最大净出口国。美国出口供给量与国内生产需求量的比例在 2008 年达到峰值 830%。德国在光伏多晶硅原料产量上仅次于美国,产量基本相同,但在 2004—2008 年产量增长率不及美国(见图 3.12),产量也无法满足欧洲市场对光伏多晶硅的生产需求。中国和日本不仅是光伏多晶硅原料最大以及第二大的生产需求国,也是最大以及第二大的净进口国。尤其是中国,其生产需求全球占比从 2004 的 3%增长到 2011 年的 57%,年均多晶硅原料进口/需求比高达 69%。由此,亚洲和欧洲国家多晶硅原料的生产需求均会依据欧元/美元汇率波动调整进口来源。

由图 4.20 可见,欧元/美元汇率在 2004—2008 年经历了波动最小、增长最为持续、增长最快的时期,而 2009 年以来呈现周期性波动趋势。当欧元/美元汇率持续上升时,光伏多晶硅买家更愿意接受美元交易,可以降低出口欧洲市场的光伏产品原料价格,从而促进美国市场多晶硅原料的生产供给以及美元交易价格的上升。反之,则引起美国市场生产供给量的下降以及欧美市场原料供需的再平衡(Yu et al.,2012)。由 IMF 提供的数据可知,2008 年 7 月之前的 19 个月内,欧元汇率持续升值(只有 4 个月有轻微贬值,低于 1.27%),正好与光伏多晶硅原料美元价格的持续上升以及美国市场最大幅度的年增长量时期相对应(美国增长量为德国的 5 倍以上)。由此可见,欧元/美元汇率变化可能造成光伏多晶硅原料供给市场的国别变化以及主要交易货币的价格波动。

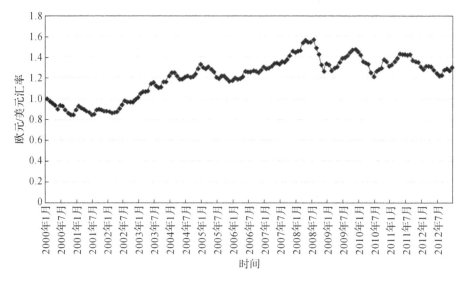

图 4.20　欧元/美元汇率波动

数据来源:IMF。

六、光伏多晶硅原料全球产能变化

2000 年以来,学术文献(Woditsch & Koch,2002)、行业报告(IEA PVPS Program,2000—2011)、企业报告(Wacker,2011;REC,2011)等都多次提到光伏多晶硅产能的问题,或是 2008 年前产能严重不足、供给紧张,或是 2008 年后产能扩张释放、供给过量的情况。产能变化确实是供给的重要影响因素,但光伏多晶硅产能变化是否在 2000—2011 年期间对市场价格波动产生显著的、持续不变的影响? 若是,如何解释光伏多晶硅全球产能扩张释放前价格的急剧下降波动? 若不是,2008 年前全球多晶硅紧缺的情况又是如何形成的? 2010 年以来多晶硅原料产能过剩情况日益严峻、大量企业倒闭、晶硅价格不断下降的态势又是如何造成的?

在评估供给因素中多晶硅原料产能变化的影响之前,需要注意多晶硅产能扩张的三大技术特点:(1)产能建设期长。多晶硅产能建设期通常为12~18 个月,依据新建产能和原有产能的扩建而有较大差异。由于产能建设期长,市场需求剧烈变化时,产能扩张跟不上需求变化,易导致产能扩张不足或过量。如2000—2004年光伏多晶硅原料需求增长明显加快时,传统七大多晶硅厂商的产能扩张非常谨慎,产能变化很小;当2004年光伏多晶硅原料需求剧烈增长后,各大厂商纷纷宣布扩产,但产能扩张的实现基本都在2007年之后,从而易造成供给变化滞后、供需不平衡的情况。(2)试产时间长。多晶硅产能建设完成后,还需要6～12个月进行试产和测产,主要用于生产调试和成本控制。当试产不能达到计划成本时,往往有产能而无产量。即使存在可用产能,也会由于成本控制不力而无法进行正式生产,不能对市场供给造成实质性冲击。如2009年LDK(赛维)光伏多晶硅产能为6000吨,但实际产量为225吨,主要是试产时生产成本过高导致无法按时进行开工生产(LDK,2010)。(3)达产时间长。由于多晶硅生产流程复杂,产能的完全实现往往分阶段进行。统计数据中产能的数据基本指年末产能,不完全反映一年中产能的变化和产能的实际利用效率,易夸大产能扩张的实际冲击效应。尤其当年产能扩张幅度较大时,年产量与年末产能比值所代表的开工率往往低于实际产能利用率。如2009年GCL季度产能变化较大,若按年度产量/年末产能比,全年开工率为41%,但按照第四季度的开工率,全年开工率可达71%。基于以上三点,我们将利用产能产量数据合理评估产能变化的供给效应。

随着光伏产业的发展,多晶硅原料生产商市场地位发生了较大的变化。但依据主流厂商的市场份额,全球多晶硅原料市场依然属于寡头垄断性市场结构。2004年前,传统七大电子级多晶硅生产商Wacker、Hemlock、Tokuyama、Mitsubishi、Titanium、MEMC和REC的产能和产量占据了全球99%以上的份额,垄断了光伏产业多晶硅原料供给。2008年后中国和韩国厂商如GCL、OCI、LDK等规模扩张迅猛,成为专门生产光伏多晶硅原料的主流梯队厂商。这些企业的发展削弱了原有寡头垄断企业的市场地位,但并未改变多晶硅市场寡头垄断的市场结构。目前,前十大多晶硅生产商全球供给份额仍超过75%,第一梯队四家厂商全球产能占比仍在55%以上(见图4.21)。

鉴于光伏多晶硅原料企业产能扩张和竞争的巨大变动,以下分阶段说明产能变化所引起的供给冲击。

(1)2000年以前,光伏多晶硅原料需求量低,不存在产能变化引起的供给冲击。由表4.6可知,这一阶段太阳能级多晶硅需求量低,传统多晶硅七大厂商的半导体级多晶硅二级料和库存量足以满足太阳能光伏行业需要。同时,这些生产商多晶硅生产开工率低,2000年前闲置产能24%以上,且具备完全达产的生产能力,由此产能利用明显不足。如 IEA PVPS Program(2003)所指出的太阳能市场还是一个利基市场,还未有企业专门生产太阳能光伏用多晶硅,还不足以引起大厂商多晶硅产能变化。

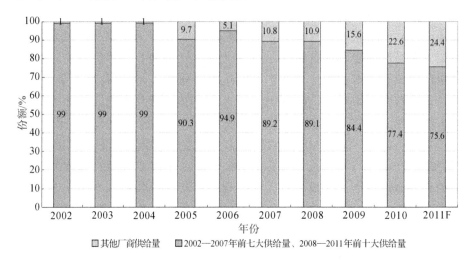

图 4.21　全球多晶硅大厂商市场份额变化

数据来源:企业报告。

注:因企业市场份额变化较大,前十大企业排名变化也较大,不一一说明各年企业情况,只计算主要企业多晶硅总供货量。

(2)2000—2004 年,光伏多晶硅产能变化较小,供给性冲击不显著。由图 4.21和表 4.6 可见,2004 年前,光伏多晶硅产能仍然主要来自传统多晶硅大厂商原有的电子级多晶硅产能,整体产能变化非常有限,年增长率在 5％以下。光伏多晶硅原料需求由电子级多晶硅剩余产能、多晶硅库存和电子级多晶硅二级料满足。但在 2003—2004 年,尤其是 2004 年电子级和太阳能级多晶硅需求急剧上升,不仅多晶硅产能利用率达到警戒水平 90％以上,库存量也急剧下降,呈现产能不足、供给紧张的状况。然而,2004 年太阳能级多晶硅供给紧张的状态并非由产能变化或厂商的战略性行为而导致的供给冲击带来,而是来自需求急剧变化引致的供给相对紧张。

(3)2005—2009 年,光伏多晶硅产能变化由剧烈波动的需求引起,存在供给紧缺,但不存在过快产能扩张的供给冲击。由表 4.7 可见,2005—2009 年光伏多晶硅原料的产量显然不能满足生产需求,且差额不断扩大,由库存、电子级次料、循环料等进行补充。然而,光伏多晶硅原料的产量与消费需求缺口却远低于产量与生产需求缺口,且在 2009 年就逆转了供给不足的情形。同时,光伏多晶硅原料的生产需求是引致需求,取决于市场消费需求。由表 4.8 可知,2004 年后全球光伏多晶硅原料的消费需求年度增长速度变化较大,增速波动显著大于生产需求和产能扩张增速。由此可知,供给不足的主要原因在于光伏应用市场需求变化过大,引致防御性生产需求显著上升,而由产能扩张或供给变化产生的价格冲击并不显著。另外,多晶硅产能扩张的三大特点,也使得供给市场的供给冲击并不显著,其依据是七大传统厂商产能占比明显下降但产能利用率保持稳定,而新兴大厂商产能扩张显著但产能利用率不足〔2008 年 GCL、LDK、中硅高科(SINOSICO)和 OCI 产能利用率 48.9%〕,其余厂商产能急剧扩张而产能利用率低下(如 2008 年中国其他多晶硅企业产能利用率为 11.2%)。从而,由产能扩张引起的供给冲击并不明显。

(4)2010—2011 年,太阳能市场需求增速波动依然明显,但企业产能扩张的战略性竞争行为更为显著,引起较大的市场供给性冲击。由表 4.7 可知,全球需求与产量发生逆转,即产量超过需求,同时产能利用率不高(低于 70%),但主要厂商的产能扩张并未明显延缓。如传统七大多晶硅厂商总产能扩张明显,全球占比趋稳,产能利用率高并有攀升(接近 90%)。新兴多晶硅大厂商产能扩张步伐更快,超过原有传统厂商市场份额,削弱原有垄断厂商的市场地位。同时,新兴多晶硅大厂商过快的产能扩张也意在挤压中小规模企业退出生产。2011 年 9 月,美国对华发动"双反"调查前,太阳能级多晶硅市场现货低价(50 美元/千克左右)已不足以支撑中小规模(低于 5000 吨级年产量)企业的生产成本,但光伏多晶硅大厂商在 2011 年企业报告中都未提及延缓产能扩张的计划,产能扩张照常。另外,表 4.7 显示新兴多晶硅大厂商 GCL、LDK、SINOSICO 和 OCI 总产能利用率不足 60%(若考虑产能扩张三大特点,实际产能利用率接近全球平均水平),明显低于传统七大厂商,低于全球平均水平。这不仅加大了对市场供过于求的预期,也加大了产能过剩预期,进一步加剧对市场的供给影响和价格冲击。可见,2010—2011 年光伏多晶硅厂商的产能扩张行为是造成价格剧烈波动的重要供给性影响因素。

表 4.6 1998—2004 年七大传统多晶硅厂商产能产量与全球多晶硅供需比较

指标	1998 年	1999 年	2000 年	2001 年	2002 年	2003 年	2004 年
七大多晶硅厂商[1] 太阳能级多晶硅产能/万吨	2.25	2.41	2.40	2.58	2.67	2.67	2.88

续表

指标	1998 年	1999 年	2000 年	2001 年	2002 年	2003 年	2004 年
七大多晶硅厂商[1]太阳能级多晶硅全球产能占比/%	99	99	99	99	99	99	99
七大多晶硅厂商[1]太阳能级多晶硅产量/万吨	—	1.52	1.82(e)	1.78	2.04	2.31	2.70
产能利用率/%	—	63	76	69	76	87	94
半导体行业多晶硅需求量/万吨	1.59	1.44	1.70	1.30	1.50	1.65	1.94
光伏多晶硅原料生产需求量/万吨	0.29	0.36	0.47	0.57	0.79	1.03	1.49
光伏多晶硅原料消费需求量/万吨	0.29	0.36	0.47	0.51	0.65	0.82	1.30
光伏多晶硅最大可用产能/万吨	0.66	0.97	0.70	1.28	1.17	1.02	0.95
半导体多晶硅次料及循环料产量/万吨	0.159	0.144	0.170	0.130	0.150	0.165	0.271
全球多晶硅库存量/万吨	0.580	0.551	0.371(e)	0.411(e)	0.311(e)	0.106(e)	0(e)
光伏多晶硅原料最大供给量/万吨	1.40	1.67	0.87	1.41	1.32	1.19	1.22

表 4.7　2005—2011 年七大传统多晶硅厂商产能产量与全球多晶硅供需比较

项目	2005 年	2006 年	2007 年	2008 年	2009 年	2010 年	2011 年
七大多晶硅厂商[①] 太阳能级多晶硅产能/万吨	31150	36050	44150	58700	77600	102200	12400
七大多晶硅厂商[①] 太阳能级多晶硅全球产能占比/%	90.3	94.9	89.2	60.0	53.5	40.9	41.5
七大多晶硅厂商[①] 太阳能级多晶硅产量/万吨	29200	29500	33129	46961	—[④]	85087	—
七大多晶硅厂商产能利用率/%	93.7	81.8	75.0	80.0	—[④]	87.5	88.5[②]
全球多晶硅厂商产能利用率/%	92.8	93.2	88.9	63.8	72.4	67.2	67.2
GCL、LDK、SINOSICO 和 OCI 全球产能占比/%	—[③]	—[③]	12.1	10.5	30.3	25.6	46.2
GCL、LDK、SINOSICO 和 OCI 产能利用率/%	—	—	8.7	48.9	43.1	68.5	56.6
中国其他多晶硅企业产量(吨)/产能(吨)(产能利用率/%)	80/100 (80)	105/100 (105)	619/3310 (18.7)	1650/14750 (11.2)	8605/35100 (24.5)	16595/50710 (32.7)	31145/54000 (57.7)

续表

项目	2005 年	2006 年	2007 年	2008 年	2009 年	2010 年	2011 年
光伏多晶硅原料产量与生产需求差额/万吨	−0.50	−0.84	−1.12	−3.10	−1.30	1.00	1.00①
光伏多晶硅原料产量与消费需求差额/万吨	−0.33	−0.20	−0.19	−0.81	3.95	4.40	1.30

数据来源：鉴于产能数据在各类研究报告和企业报告中有差异，本表产能计算首先考虑企业报告中提供的数据，当此数据源不可获时，参考行业报告提供的数据。如 Wacker、REC 数据来自企业报告，Tokuyama、Mitsubishi、Titanium 和 Hemlock 数据参考 IEA PVPS 国家报告和行业报告，MEMC 参考行业协会和咨询公司数据库（硅业协会、GTM Research）。

注：①由于部分企业产量数据不可获，该产能利用率只计算了 Hemlock、Wacker、Tokuyama 和 REC 四家企业。

②2005—2006 年 GCL、LDK、SINOSICO 和 OCI 太阳能级多晶硅产能占比很低，或正处于产能建设期，或还未涉足多晶硅产业环节，产能占比不到 5%，故不计算具体产能数值。

③2011 年太阳能安装增量大，出乎意料，中端电池生产商对多晶硅的消费需求明显增加，造成与终端太阳能安装市场多晶硅需求量较大的差异。由此，中国硅业分会提供的 2011 年光伏多晶硅需求（中端）和消费（终端）数据差额较大。我们根据中端电池生产商对多晶硅的消费需求，计算多晶硅产量需求差额为 1 万吨。

④部分企业数据不可获，无法得到七大厂商整体数据。

表 4.8　2001—2011 年全球太阳能级多晶硅需求变化、产能变化以及中国生产成本、产能变化

项目	2001 年	2002 年	2003 年	2004 年	2005 年	2006 年	2007 年	2008 年	2009 年	2010 年	2011 年
中国光伏产业多晶硅[1] 产量/吨	70	80	90	80	80	290	1139	4500	18300	43500	79000
中国光伏产业多晶硅[1] 产能/吨	100	100	100	100	400	400	4310	20000	62100	87710	146000

续表

项目	2001 年	2002 年	2003 年	2004 年	2005 年	2006 年	2007 年	2008 年	2009 年	2010 年	2011 年
中国光伏产业多晶硅[①]产能增速/%	0	0	0	0	300	0	978	364	211	41	66
全球光伏产业多晶硅[②]产能增速/%	4.4	2.3	2.3	4.9	25	10	30	98	48	72	19
全球光伏多晶硅原料均价/(美元·千克$^{-1}$)	16	20	25	48	62	100	128	160	65	54	57
中国太阳能级多晶硅成本/(美元·千克$^{-1}$)	—	—	—	—	—	70～100	70～80	70～80	50～70	25～40	20～40
全球太阳能级多晶硅原料消费需求[③]增速/%	6	37	15	74	10	0.4	34	97	8	116	55
全球太阳能级多晶硅原料生产需求[③]增速/%	20	41	29	45	26	21	36	50	46	100	48

数据来源：Woditsch 和 Koch(2002)、Bpsolar(2010)、Hilary Flynn 和 Travis Bradford(2007)、Solarenergy(2011)、Photon(2012)、中国硅业分会和 EPIA。

注：①中国电子级多晶硅生产量非常低，本书不加考虑。此表中所提到的中国多晶硅，指中国太阳能光伏电池所需的多晶硅。

②全球多晶硅产能包括了电子级和太阳能级多晶硅产能。

③全球太阳能级多晶硅需求依据当年全球太阳能发电系统中实际需要的多晶硅量进行计算。其中，2001—2011 年每兆瓦光伏电池太阳能级多晶硅消耗量为 16.0 吨、15.2 吨、14.5 吨、13.1 吨、11.2 吨、10.4 吨、9.1 吨、7.5 吨、7.3 吨、6.5 吨和 6.1 吨，并考虑了晶硅电池比重对多晶硅需求量的影响。

第四节　小　结

本章以光伏多晶硅原料国际价格形成机制的探讨为基础,分析价格波动的阶段性特征以及主要供需影响因素。光伏多晶硅原料国际价格形成机制体现了市场结构和市场供需变化的相互作用,是价格波动的基础。主要供需影响因素共同作用改变供需平衡,引致不同价格形成机制下光伏多晶硅原料国际合同和现货价格的差异化波动趋势。

在光伏多晶硅原料国际价格形成机制分析中,梳理了合同市场谈判型价格形成机制和现货市场市场价格形成机制的特点。谈判型价格形成机制体现在光伏多晶硅原料长期合同是非标准化的,买卖双方需对长期交易的商品质量、价格、交货等诸多条款进行谈判协商,卖方尤其是生产商凭借市场垄断地位掌握定价权,利用预付金制度进行融资和产能扩张。市场价格形成机制体现在价格形成以市场为基础,依赖供需关系自发调节,不仅是光伏多晶硅原料现货市场价格形成基础,也在合同市场中发挥着重要的价格指示功能。

基于 Photon、Prometheus 和中国海关提供的统计数据,2001—2010 年光伏多晶硅原料国际合同与现货价格呈现快速上涨后急剧下跌的波动态势,且现货价格比合同价格波动更为显著,从而合同现货价差呈现倒 V 形或由偏离趋向收敛的波动趋势。光伏多晶硅原料的国际合同和现货价格在波动方向与波动率上还显现出一定的关联性,但未有明显的周期性特征或稳定的重复性特征。国内光伏多晶硅原料市场显现出与国际市场相近的价格波动特征,且现货市场的价格波动性和关联性更为密切。

在光伏多晶硅原料国际价格波动的供需影响因素分析中,重点探讨了六类因素:日太阳辐射量、真实经济活动、光伏市场政策、传统电力能源价格、欧元/美元汇率以及光伏多晶硅产能,明确了这些因素的调整变化对光伏多晶硅原料国际价格波动的不同作用。在日太阳辐射量方面,依据太阳能光伏高需求弹性市场的价格反应特点和国别年度、月度日太阳辐射量变化特征,说明了若非太阳辐射量的异常变化,其所引起的太阳能市场需求的变化不足以显著影响光伏多晶硅原料的价格。在总需求变化方面,真实经济活动变化通过影响消费者的财富和收入,影响到太阳能电力的需求偏好,造成对多晶硅原料的需求变化。全球总需求活动在近十年经历了从繁荣到衰退再到复苏的周期变化,是影响多晶硅原料需求的重要因素。在光伏应用市场政策方面,政策措施的变化是推动全球太阳能市场应用的核心因素,也是引致光伏多晶硅原料需求增长的重要因素。传统电力能源价格波动方面,探讨了传统电力能源(主要为石油和天然气)发电成本变化不仅造成了发电成本冲击,引致对光伏多晶硅原料的需求变化,还是影响光伏多晶硅原料生产成本的重要因素。欧元/美元汇率方面,探讨了美国市场光伏多晶硅原料的生产扩张与欧元/美元汇率变动密切相关,分析了欧元/美元汇率调整对美国与亚洲国家、欧洲与亚洲国家在光伏多晶硅原料生产与消费需求上的贸易作用,以及对主要交易货币的价格波动影响。光伏多晶硅产能变化方面,以产能扩张的三大技术特点——产能建设期长、试产时间长、达产时间长,以及全球主要厂商的产能产量统计数据为依据,分析出产能变化是影响光伏多晶硅市场供给的重要因素,但其供给冲击影响主要由需求变化引致,影响程度更显著地表现在 2009 年之后,而非之前。

在详尽地梳理光伏多晶硅原料国际价格形成机制、价格波动特征及其主要供需影响因素之后,进一步探讨其国际价格形成机制的理论基础,建立供需因素影响价格波动和国别市场影响价格传导的理论模型,分析价格冲击效应和传导效应变得迫切而又必然。

第五章　光伏多晶硅原料国际价格形成机制的理论分析

依据光伏多晶硅原料的贸易合同文本，如 Wacker 与 SunPower 的供货合同(2006)可知，合同涉及较多的贸易条件或协定，其中最主要的是价格、数量、质量、合同期限以及条款调整的相关规定。威廉姆森(Williamson,1985)交易成本理论提出了有限理性、机会主义倾向和资产专用性问题对事前投资动机和事后履约效率的重要作用，交易双方可依据资产专用性、交易频率和不确定性形成不同类型的合同结构。本章将以实际交易的合同文本为依据，内生化合同安排形式，深入研究光伏多晶硅原料国际合同和现货市场价格形成机制的基本原理，充分考虑寡头垄断企业战略行为对定价决策的影响，全面分析市场供需变化和国别市场互动对国际合同和现货市场的价格冲击和传导效应。

第一节　光伏多晶硅原料国际价格形成机制的基本原理

一、合同安排与交易成本

交易成本理论关注市场主体如何通过不同形式的合同安排来最小化交易成本。本小节通过公开渠道数据收集和企业调研数据采集，分类整理典型的合同文本，探讨光伏多晶硅原料长短期合同结构、买卖双方合同约束效应、合同定价方式和价格刚性。综合 Coase(1937)价格机制的成本分析，以及 Williamson(1985)事前事后交易成本和 Dahlman(1979)交易行为产生交易成本等分析框架，首先重点讨论光伏多晶硅原料的交易成本，具体包括搜寻成本、议价成本与履约成本。

（一）长期合同

在光伏多晶硅原料合同形式中，长期合同依据威廉姆森的划分是双方治理的契约形式。长期合同关系的买卖双方对合同期限内的商品质量、交易价格、付款方式、交货条件等做出明确约定，形成绑定于长期合同的合作契约关系。合同条款对买卖双方的约束效应，反映交易的市场地位和价格刚性。以下基于光伏多晶硅原料国际贸易合同文本，整理选取具有代表性的长期合同（见表5.1），分类说明合同条款及其对买卖双方的约束效应。

表 5.1　光伏多晶硅原料长期合同条款

合同期限 （年数）	卖方→买方	合同价格和 支付条款	合同数量条款	合同变更/其他
2005— 2015（10） 2006— 2018（12） 2007— 2019（13） 2010— 2012（3）	Hemlock→SunPower	TOP(take or pay) 合同 有预付款 固定价	各协议期内交货0.84万吨、0.48万吨、0.99万吨和0.12万吨，共2.43万吨。每月提货	
2007— 2013（7）	E'mei→LDK	期限合同 国内市场价格 预付款2.5亿元	2008年100吨，2009—2012年均500吨，2013年400吨	
2007— 2012（6）	SINOSICO→LDK	期限合同 国内市场价格 预付款4亿元	2008—2012年每年交货数量分别为200吨、400吨、800吨、1000吨和1500吨	
2007— 2015（9）	Komex→LDK	期限合同 市场价格 预先完全支付	每月至少35吨	

续表

合同期限（年）	卖方→买方	合同价格和支付条款	合同数量条款	合同变更/其他
2007—2022（16）	Asia Silicon →Suntech	TOP 合同 预先设定价格，年调整 有预付款，总价 1.5 亿美元	—	2011 年合同协商，2012—2020 年季度议价，数量共 6.33 万吨
2009—2015（7）	REC→Asian PV company	TOP 合同 预先设定价格，年调整 有预付款	预先设定数量，逐步增加到年度购买量 1500 吨	
2011—2017（7）	OCI→ UNDISCLOSED	期限合同 固定价格，10% 上下区间调整 预付款为 10%合同总价	总价 70 亿美元，数量条款不可知	

资料来源：企业报告（LDK，2012；Suntech，2012），企业内部资料。

光伏多晶硅原料合同条款中除以上基本交易信息外，还规定了多项调整性或约束性规定。

1.价格/支付规定

合同期限内，对价格调整的规定、支付货币的规定和调整。如价格调整的规定，依据能源价格指数的上升或下降幅度对应不同水平的价格调整。再如支付货币的规定，若货币汇率变化，则相应的货币价格也会进行调整。还如支付拖欠，将产生货币成本，依据固定利率或基准利率等为基础的附加利率增加支付款项等。

2.数量规定

买方全年购买数量的规定。如若达不到数量要求，则预付款不能返回，可返回的形式、额度视具体情况而定。

3.质量条款

除质量的技术指标规定外，还包括出现瑕疵后，支付和履约的补救方法等。如瑕疵货物的所有权、鉴定、补偿方式的具体处理方法。

从以上光伏多晶硅原料长期合同条款规定可知，买卖双方的约束效应主要体现在:(1)合同年限。年限 3～16 年不等,期限越长,双方长期合作关系的约束效力越强。(2)定价方式。三类定价方式——固定定价、调整定价和市场定价,价格刚性依次减弱。(3)预付款制度。预付款为生产提供融资便利,降低远期交货的收款风险,但部分合同预付款制度需依据"照付不议"原则,最低交货数量与买方预付款形式相挂钩,加强对买方的履约约束。(4)交货数量规定。交货量预先设定机制,细分为期限内(年度、月度)数量设定和总量设定,交货频率越高、总量越大,对买方的约束力越强。

光伏多晶硅原料长期合同对买方的约束效应越强,越体现卖方的市场势力。整体来看,光伏多晶硅原料长期合同对买方的约束效应较强。2008 年之前,长期合同"照付不议"预付款制度较为普遍,且预付款额度高,第一梯队生产商合同还以固定定价或预先价格设定为主,合同期限有的超过 10 年。2008 年之后,长期合同期限缩短,"照付不议"预付款制度被逐步取消,价格调整或议价条款更为普遍,数量与总价调整更为灵活。可见,2008 年前后光伏多晶硅原料国际合同贸易中,买方的议价能力增强。但需指出的是,买方议价能力的增强并非来源于市场势力的增强,而是来源于现货市场价格波动对合同市场价格的影响。

(二)现货合同

光伏多晶硅原料现货贸易为短期付款交货贸易,成交价格依据现货市场供需状况而定,合同签订后一个月内交货。由于光伏多晶硅原料现货交易是基于市场形式的商品贸易,交易的随机性、非连续性较强,合同条款的差异性较小,其合同安排具备市场治理的契约形式。

光伏多晶硅原料现货合同条款的主要特点如下:(1)统一的定价方式,即为市场定价。(2)预先付款制度,以交货前付清货款为主。(3)交货期限短,合同订立后一个月内或付款后若干天交货。光伏多晶硅原料现货贸易以一次性交易为主,通常并无预付款和订货数量不足的惩罚机制。光伏多晶硅原料国际现货贸易中,买卖双方的合同约束效应主要体现在:付款安全与交货及时的履约要求,不存在资产专用性、价格波动引起的履约风险的分担。

(三)合同安排与交易成本

2004 年后,光伏多晶硅原料由现货市场转变为长期合同与现货合同并存的市场,最主要缘于产能扩张带来的交易成本变化。新制度经济学对交易成本的讨论,尤其是威廉姆森的资产专用性为基础的交易成本理论,为光伏多晶硅原料合同安排形式提供了坚实的理论基础。为了全面讨论光伏多晶硅原料市场的交易成本,综合 Coase(1937)价格机制的成本分析,以及 Williamson(1985)事前事后交易成本和 Dahlman(1979)交易行为产生交易成本等分析框架,重点讨论搜寻成本、议价成本与履约成本。在不同的合同安排形式下,光伏多晶硅原料交易成本是有差异的,满足供需双方依据外部环境变化做出的交易需求。

1. 搜寻成本

当光伏多晶硅原料供应商在产品性能、产品价格和地理位置上存在异质性时,需求方为获得充足的、最低成本的优质产品就需要承担相应的搜寻成本(Dahlman,1979)。相应地,供应方也面临不同交易条件的需求方选择,需要承担搜寻成本。市场的交易主体越多,交易商品的技术替代性越强,交易主体地理位置越分散,搜寻成本就越大。市场供需不平衡状况越明显,供需相对不足的一方搜寻成本就越小。全球硅片生产商和电池生产商众多,相对光伏多晶硅原料生产商市场集中度要低得多,搜寻成本低于原料生产商。2008 年之前,全球光伏多晶硅原料市场需求显著高于供给,电池生产商的搜寻成本明显高于原料生产商,而 2008 年之后则情况相反。

2. 议价成本

主要指 Williamson 提出的专用性资产引起的交易成本。光伏多晶硅原料生产的专用性资产投资表现在设备资产投资的专用性。首先,光伏多晶硅原料的生产设备需要反复调试,以达到纯度 6N 以上的技术参数要求以及可控范围的成本要求。若转为半导体产业专用的电子级多晶硅生产设备将产生设备重组、检修维修、调试测产等大量费用。其次,化工生产线需要连续性运营,非维护性停产后,基本不可能恢复运行。最后,光伏多晶硅原料生产技术壁垒高,只有特定技术人员长期的操作积累才能使生产达到最优效能。从而,光伏多晶硅原料供需双方存在专用固定资产和专用人力资本带来的准租金。供需双方对准租金的分割带来讨价还价的议价成本。由于光伏多晶硅原料生产具有较强的资产专用性,合同签订过程中以及合同执行过程中讨价还价的交易成本较高。

3. 履约成本

光伏多晶硅原料贸易中,专用资产因相关的"敲竹杠"问题导致投资不足,还因市场变化增加违约可能性,提高履约成本。资产专用性的价值依赖于供需双方买卖关系的持久性。由于多晶硅生产商事前的沉没投资,未投资专用资产的需求方可以威胁退出买卖关系而增加合同收益。若生产商无法确保专用资产事后得到合理的回报率,则会降低事前专用资产投资的可能性。当市场供需变化时,如国际现货价格负向剧烈波动使得多晶硅生产商面临连续生产要求但成本不足以支持收益的价格风险时,就会增加生产商监督、维护长期合同关系的履约成本;再如国际现货价格正向剧烈波动使得多晶硅需求方面临供给方供货不及时、现货交易成本攀升的价格风险,则会增加需求方监督、维护长期合同关系的履约成本。"照付不议"预付金制度的兴起和废除见证了国际市场光伏多晶硅原料贸易履约成本的变化。

　　光伏多晶硅原料国际交易中,不同类型的合同形式交易成本是有差异的。现货合同搜寻成本较高,但议价成本和履约成本较低。长期合同搜寻成本较低,而议价成本和履约成本较高。一般情况下,长期合同的交易成本高于现货合同。长期合同中,固定价格和调整价格合同的议价成本高低不易确定,因为调整价格合同涉及频率更高的讨价还价谈判,但就一次性谈判而言,固定价格合同的讨价还价势必更为激烈,成本更高。相应地,市场价格合同的议价成本就比其他长期合同安排要低,但投资不足可能增加的履约成本在市场价格合同中会较高。光伏多晶硅原料的固定资产投资占总成本比重较高,市场价格波动的风险使得生产商缺乏远期规划,易导致投资不足。事后违约风险依据供给成本与市场价格水平差异,在各类合同中是有差异的。若市场价格无法弥补固定资产投资成本,则市场价格合同的买方履约成本将远高于其他合同形式,而卖方的履约成本将低于其他合同形式。

表 5.2　光伏多晶硅原料现货和长期合同比较

条款	现货合同	长期合同
期限条款	月度内	3～16 年
价格条款	市场价格	市场价格、调整价格、固定价格
预付金条款	无	无、0～100%预付款、"照付不议"预付款
数量条款	总量	总量、年度数量、月度数量
合同约束	约束程度增强,价格刚性增强	

二、国际价格形成机制的理论模型

　　光伏多晶硅原料的国际贸易中,买卖双方将依据各自的成本收益情况,选择适宜的合同形式,实现利润最大化。合同形式以及对双方的约束效应也决定了实际的价格形成机制。由于市场主体的差异,光伏多晶硅原料供需双方对成本的考量是有差异的,合同安排形式将作为内生变量决定各自对价格形成机制的最优选择和利润最大化,但买卖双方最终的合同安排依赖于各自的市场势力。

(一)国际价格形成机制的基本模型

光伏多晶硅原料供应方包含多晶硅生产商、电池制造商和贸易商。其中,长期合同贸易的供应商主要是多晶硅生产商,其成本构成包括生产和交易成本。电池制造商通过代工(OEM)形式销售购回多晶硅原料,贸易商通过转卖形式出售多晶硅原料,其成本构成都包括交易成本、运输成本和多晶硅原料购入成本。光伏多晶硅原料需求方包含硅片、电池制造商和贸易商。其中,长期合同贸易的需求方主要是硅片和电池制造商,其成本构成包括多晶硅购入成本、交易成本和运输成本。贸易商成本构成包括交易成本和运输成本。

依据光伏多晶硅原料供应方类型,建立相应的利润函数。光伏多晶硅原料生产商利润函数:

$$\pi_P = pq - C - C_P^{sbp} - C_P^T \tag{5.1}$$

供给光伏多晶硅原料的电池制造商利润函数:

$$\pi_c = pq - C_c^{buy} - C_c^{sbp} - C_c^T \tag{5.2}$$

供给光伏多晶硅原料的贸易商利润函数:

$$\pi_t = pq - C_t^{buy} - C_t^{sbp} - C_t^T \tag{5.3}$$

式中,π_P、π_c 和 π_t 为光伏多晶硅原料供应的生产商、电池制造商和贸易商的利润,p 为光伏多晶硅原料买卖双方交易均价,q 为双方的交易数量,C 为生产成本。C_c^{buy} 和 C_t^{buy} 分别为电池制造商和贸易商多晶硅原料的购入成本。C_P^{sbp}、C_c^{sbp} 和 C_t^{sbp} 分别为生产商、电池制造商和贸易商的交易成本。C_P^T、C_c^T 和 C_t^T 为三类供应方的运输成本,运输成本与买卖所在地有关,也和行业内报价形式有关,多晶硅原料供应方并不一定承担运输成本。

光伏多晶硅原料需求方的利润函数为:

$$\pi_b = (p_s - p)q - C_b^{sbp} - C_b^T \tag{5.4}$$

式中,π_b 为需求方 b 的利润,C_b^{sbp} 和 C_b^T 分别为需求方 b 的交易成本和运输成本,运输成本与买卖双方所在地有关,也和行业内报价形式有关,多晶硅原料需求方并不一定承担运输成本。

影响光伏多晶硅原料供需双方交易的内生因素主要体现在合同安排形

式,外部环境影响因素主要体现在市场供需、市场关联、行业惯例等。其中,合同安排形式(a)主要有四种:现货合同(a_1)、市场价格长期合同(a_2)、调整价格长期合同(a_3)以及固定价格长期合同(a_4)。光伏多晶硅原料交易中 p、q、C_P^{sbp}、C_c^{sbp}、C_t^{sbp} 和 C_b^{sbp} 通常与内生因素和外部环境均有关,而 C、C_c^{buy}、C_t^{buy}、C_P^T、C_c^T、C_t^T 和 C_b^T 与外部环境变化有关。

在给定外部环境条件的情况下,光伏多晶硅原料供需双方选择合同安排形式,实现利润最大化,或 $\pi_{ij} = \max\limits_{a \in (a_1,a_2,a_3,a_4)} \pi_{ij}(a)(i=P,c,t;j=b)$。然而,不同类型光伏多晶硅原料供需方的成本结构是有差异的,对外部环境变化的承受能力也是不同的。供需双方不仅需要考虑短期外部环境条件,还要预期远期外部环境变化,以及可能带来的成本收益变化,实现长期利润最大化,或 $\pi_{ij} = \max\limits_{a \in (a_1,a_2,a_3,a_4)} \sum\limits_{i=1}^{n} \pi_{ij}^i(a)$。

为了准确分析不同类型光伏多晶硅原料供需方实现利润最大化的合同安排与价格机制的选择,建立多晶硅原料生产成本函数和交易成本函数,并在此基础上,求解最优选择。

(二)成本构成及其函数形式

光伏多晶硅原料总成本包括生产成本和交易成本。生产成本将基于第一梯队光伏多晶硅生产商的市场地位,依据第三章第一节中生产壁垒与成本构成特点的相关分析,构建相应的生产成本形式。交易成本将依据第五章第一节中有关合同安排和交易成本的分析进行探讨。

1.光伏多晶硅原料的生产成本形式

光伏多晶硅原料的生产成本函数如下:

$$c = M+K+L+O$$
$$= m \times p_m + K + l \times w + o \times p_o$$
$$= Si \times p_{si} + E \times p_E + K + l \times w + o \times p_o \qquad (5.5)$$

式中,M 为生产 1 单位(1 千克)光伏多晶硅原料所需主要材料和其他供给物成本,m 是生产 1 单位(1 千克)主要材料和其他供给物的数量,p_m 是材料和供给品价格。基于第一梯队生产商的技术特点,光伏多晶硅原料生产的主要投入品为硅粉,数量为 Si,主要其他供给物为电力能源 E,单位价格分为 p_{si} 和 p_E。那么,$m \times p_m$ 可进一步表示为 $Si \times p_{si} + E \times p_E$。

K 为生产 1 单位光伏多晶硅原料所需资本投资,可以假设等于投资固定资产折旧成本之和。折旧的计算方法有多种形式，为计算方便，采取利用平均年限法。假设固定资产投资为 $F(CA)$，是产能 CA 的函数。为计算方便，依据平均年限法，年度折旧成本计算公式如下：

$$D = \frac{F-R}{Y} \qquad\qquad (5.6)$$

$$DR = \frac{D}{F} \times 100\% \qquad\qquad (5.7)$$

其中，D 代表固定资产年折旧额，是预计使用年限内（Y）固定资产原值（F）与预计净残值（R）差额年均值。DR 代表固定资产年折旧率，是固定资产年折旧额占固定资产原值的比重。

依据折旧年限 15 年[①]，净残值为零计算，平摊到单位产量多晶硅原料的折旧值为 $6.7\% \times F/CA$，K 可以进一步表示为 $6.7\% \ F/CA$。

L 为生产单位产量多晶硅原料所需劳动力总成本。l 为所需劳动力的数量，w 为劳动力单位成本。o 为其他成本因素，p_o 为其他成本因素的价格，为简化说明，均假设为零。

因此，1 单位光伏多晶硅原料生产成本可具体表示为：

$$c = Si \times p_{si} + E \times p_E + 6.7\%F/CA + l \times w \qquad\qquad (5.8)$$

年度生产总成本为：

$$C(Q) = c \times Q = (Si \times p_{si} + E \times p_E + 6.7\%F/CA + l \times w) \times Q \qquad (5.9)$$

供给量 q 的总成本为：

$$C(q) = c \times q = (Si \times p_{si} + E \times p_E + 6.7\%F/CA + l \times w) \times q \qquad (5.10)$$

E 和 F 与规模效应和技术工艺条件密切相关，而这两种因素往往与外部供需条件相关。当市场需求旺盛/不足时，无论合同安排形式如何，光伏多晶硅原料生产商扩张产能和提高技术的动力明显增强/减弱。

2.光伏多晶硅原料的交易成本形式与变化

交易成本包括搜寻成本（C^s）、议价成本（C^b）、投资不足产生的履约成本（C^{pi}）和价格风险引起的履约成本（C^{pp}），与供需双方的交易数量呈正比关系。即 C^s、C^b、C^{pi} 和 C^{pp} 可表示为：

$$C^s = c^s \times q \qquad\qquad (5.11)$$

---

① 不同企业对折旧年限的限定有差异，依据企业公告和行业报告估算，多晶硅生产的工厂和机械产品的折旧年限在 15 年以上，房屋折旧期在 20 年以下，其他资产如家具等在 5 年左右。本书对折旧年限的限定主要依据工厂和机械产品的资产性质，假设为 15 年。

$$C^b = c^b \times q \tag{5.12}$$

$$C^{pi} = c^{pi} \times q \tag{5.13}$$

$$C^{pp} = c^{pp} \times q \tag{5.14}$$

c^s、c^b、c^{pi} 和 c^{pp} 为单位交易成本，是合同安排形式（a）的函数。依据买卖双方约束力变化，合同形式可在连续区间 $[a_s, a_I]$ 内任意选择，a_s 为约束力最小的现货合同，a_I 为完全约束的企业内贸易合同。在光伏多晶硅原料合同安排中，典型的取值为 a_1、a_2、a_3 和 a_4，即现货合同、市场价格长期合同、调整价格长期合同和固定价格长期合同，且长期合同平均年限为 5 年（实际交易年均值），调整价格合同中价格调整幅度为 $\pm 10\%$（实际交易常规值）。可以改变合同中的主要条款，以形成取值于 a_s、a_m、a_a 和 a_f 之间的任意一种合同形式。并非所有的交易成本形式均是合同安排形式的单调递减或递增函数，而是依据外部环境条件呈现不同的变化形式。

外部市场条件变化突出体现在光伏多晶硅原料的现货价格波动。当现货价格高于买卖双方合同价格水平进行波动时，合同安排方式对供需双方搜寻成本的影响越来越小 $\left(\dfrac{\partial c^s}{\partial a} < 0\right)$，议价成本的影响会越来越大 $\left(\dfrac{\partial c^b}{\partial a} > 0\right)$，投资不足产生的履约成本的影响也越来越小 $\left(\dfrac{\partial c^{pi}}{\partial a} < 0\right)$。合同安排方式对由价格风险引起的履约成本影响对供需双方是不同的，需求方的相应履约成本为 ∂c_j^{pp}，且影响变小 $\left(\dfrac{\partial c_j^{pp}}{\partial a} < 0\right)$，供应方的相应履约成本为 ∂c_i^{pp}，且影响变大 $\left(\dfrac{\partial c_i^{pp}}{\partial a} > 0\right)$，因为供应商受合同约束越强，越无法以市场价格获得更高利润，还需承担相应的成本变化。但当现货价格低于合同水平进行波动时，合同安排方式对供需双方搜寻成本、议价成本、投资不足产生的履约成本影响变化较小，依然是 $\dfrac{\partial c^s}{\partial a} < 0$、$\dfrac{\partial c^b}{\partial a} > 0$ 和 $\dfrac{\partial c^{pi}}{\partial a} < 0$。但合同安排方式对由价格风险引起的履约成本影响在供需双方发生转变（不包括现货交易形式），需求方影响变大 $\left(\dfrac{\partial c_j^{pp}}{\partial a} > 0\right)$，而供应方影响变小 $\left(\dfrac{\partial c_i^{pp}}{\partial a} < 0\right)$，因为需求方受合同约束越强，越无法以市场价格进行较低成本的交易，还可能承担交易数量、付款方式不可变所带来的成本压力。光伏多晶硅原料的现货交易中，无论现货价格波动风险如何，由于交货及时，买卖双方的履约成本均较低，基本接近。

还需进一步说明的是，在外部市场条件变化时，依据供应方类型和合同安排方式相应的履约成本将发生显著的变化。在市场价格形成机制中,光伏多晶硅原料生产商无论采用长期合同形式或现货合同形式,均需承担生产成本高于交货成本但仍需进行连续生产的技术要求所造成的履约损失风险。由目前光伏多晶硅原料生产商成本可知,第一、二梯队生产商成本差异接近一半,其他生产商成本更高,意味着当第一梯队生产商可以勉强保持收益成本平衡时,其他生产商保持现金成本收益(不计算固定资产成本)都很困难。能否保持第一梯队生产商地位,由技术、规模等多种因素决定,而非供需双方之间特定的交易行为所决定。

3.运输成本

光伏多晶硅原料国际贸易中,运输成本与合同安排形式关联不大,主要受供需双方的地理距离、运输方式、运输数量的影响。国际贸易相对国内贸易的成本较高,空运相对海运的成本较高,运输数量越多单位成本越低。由于光伏多晶硅原料价格波动较大,国际贸易以空运为主,国内贸易以江河运输为主。由此,在外部市场条件变差时,新签合同的光伏多晶硅原料需求方在同等条件下更倾向国内贸易。

光伏多晶硅原料交易中,不同交易主体运输成本的承担是有差异的。在生产商为供应方的贸易中,报价形式通常为工厂报价,需求方为运输费用的主要承担者。在贸易商为供应方的贸易中,运输成本由各方承担都有可能,具体依据双方谈判能力。在硅片或电池制造商为供应方 OEM 贸易中,由于加工贸易的性质,运输成本主要由卖方承担。由于运输成本在光伏多晶硅原料总价中占比较小,运输成本差异并不足以引起供需双方的违约行为。

(三)利润最大化

光伏多晶硅原料国际贸易中,供需双方实现长期利润最大化要求 $\pi_{ij} = \max\limits_{a \in (a_1, a_2, a_3, a_4)} \sum\limits_{i=1}^{n} \pi_{ij}^{i}(a)$ 以及成本构成和函数形式,可以求解最优合同安排形式。

对 q 求导,并代入 a_1, a_2, a_3, a_4 值,求出最优利润:

$$\frac{\partial \pi_{ij}}{\partial q} = \frac{\sum\limits_{i=1}^{n} \pi_{ij}^{i}(a_1)}{\partial q}, \frac{\partial \pi_{ij}}{\partial q} = \frac{\sum\limits_{i=1}^{n} \pi_{ij}^{i}(a_2)}{\partial q}, \frac{\partial \pi_{ij}}{\partial q} = \frac{\sum\limits_{i=1}^{n} \pi_{ij}^{i}(a_3)}{\partial q},$$

$$\frac{\partial \pi_{ij}}{\partial q} = \frac{\sum\limits_{i=1}^{n} \pi_{ij}^{i}(a_4)}{\partial q} \tag{5.15}$$

由交易成本形式可知：$\frac{\partial c^s}{\partial a}<0,\frac{\partial c^b}{\partial a}>0,\frac{\partial c^{pi}}{\partial a}<0$ （5.16）

以及，当现货价格低于合同水平进行波动时，$\frac{\partial c_j^{pp}}{\partial a}<0,\frac{\partial c_i^{pp}}{\partial a}>0$ （5.17）

当现货价格高于合同水平进行波动时，$\frac{\partial c_j^{pp}}{\partial a}>0,\frac{\partial c_i^{pp}}{\partial a}<0$ （5.18）

　　显然，光伏多晶硅原料的供需双方对最优合同形式的选择依赖于议价成本和价格风险造成的履约成本变化。结合不同类型供需双方贸易特点以及交易成本变化特征，分类求解最优合同安排以及价格均衡。

三、合同安排选择与价格均衡

　　本部分基于供需双方利润最大化模型和生产交易成本变化特点，分类说明不同交易主体的最优合同安排选择。重点分析谈判价格形成机制下，光伏多晶硅原料生产商长期合同固定定价和调整定价的价格均衡，买卖双方市场势力对价格均衡的影响。

(一)合同安排方式的最优选择

　　以下基于光伏多晶硅原料交易主体的不同类别，分别说明合同安排方式的最优选择。

　　1.光伏多晶硅原料贸易商的转卖贸易

　　作为供应方，贸易商转卖贸易的成本优势来源于多晶硅原料的进货渠道，无论与需求方签订的是长期合同或现货合同，以市场价格形成机制进行交易均是最有利的。光伏多晶硅原料贸易商的转卖贸易不涉及投资不足带来的履约成本，也无事前沉没投资无法收回的履约风险，由此，选择市场价格长期合同形式的交易成本是最低的。当现货价格高于合同均价时，贸易商无论从哪一类供应商处进货，以长期合同市场价格或现货价格转售多晶硅原料，均比其他合同形式获得更大的利润。当现货价格低于合同均价时，贸易商以市场价格进行交易将无利可图，以非市场价格的合同安排进行贸易也无法在交易价格上与生产商竞争，都将迫使贸易商退出市场。

　　2.光伏电池制造商与硅片加工商的 OEM 贸易

　　在 OEM 贸易中，涉及两个合同，销售合同与购回合同。销售合同中，光伏多晶硅原料由电池制造商提供，硅片加工商只负责加工生产。那么，光伏电池制造商对现货合同和长期合同的选择依赖于光伏原料的可获性和电池的销售预期，而与硅片制造商的销售合同安排无关。由此，销售合同形式由光伏电池制造商单方决定，并加入原料不可转卖条款即可确保利润最大化目标。

3.光伏多晶硅原料生产商销售贸易

当光伏多晶硅原料生产商对未来市场乐观预估概率较高时，由专用资产投资不足引起的履约成本上升的可能性较低，在不同合同安排形式下的差异也较低。其他交易成本在市场价格合同中均比其他合同形式要低，选择市场价格形成机制的合同安排更优。同时，市场价格长期合同比现货合同稳定，搜寻成本更低，且其他交易成本相近，供需双方无疑更倾向于市场价格长期合同。但当生产商对未来市场预估更为谨慎时，为预防价格风险可能造成的履约成本急剧上升，其更倾向于谈判价格形成机制的长期合同安排方式。同时，固定价格合同比调整价格合同谈判次数低，议价成本较低的可能性高，更利于生产商。调整价格更为灵活，在外部市场条件变差的情况下，更利于需求方。最终，供需双方的合同安排形式不仅取决于市场势力也取决于外部市场条件。正如 Hemlock 总裁在第二届太阳能级多晶硅大会（Photon,2005）上将光伏市场发展与科技泡沫发生始末做类比，指出不应对客户支付意愿和支付能力过于乐观，并坚持光伏多晶硅原料固定价格的长期合同形式。

（二）长期合同市场的定价均衡

光伏多晶硅原料国际贸易中，以谈判价格形成机制为基础的长期合同的定价均衡是如何确定的？或者说，长期合同中的固定（基础）价格是如何被确定的？若选择固定价格长期合同，则生产商利润函数改写为：

$$\pi_p = pq - C^f - C_p^{sbp}(a_f) - C_p^{Tf} \tag{5.19}$$

其中，生产成本 C^f 为远期生产成本的现值，C_p^{Tf} 为运输成本的现值，并可假设 C_p^{Tf} 为零（实际情况中，多晶硅原料生产商通常不承担运输成本）。利润最大化条件为：

$$\frac{\partial \pi_p}{\partial q} = p - c^f - c_p^{sbp}(a_f) = 0 \tag{5.20}$$

$$p = c^f + c_p^{sbp}(a_f) \tag{5.21}$$

相应地，光伏多晶硅原料需求方利润函数改写为：

$$\pi_b = (p_{s-} p)q - C_b^{sbp} - C_b^{Tf} \tag{5.22}$$

其中，C_b^{Tf} 为运输成本的现值。利润最大化条件为：

$$\frac{\partial \pi_b}{\partial q}=p_s-p-c_b^{sbp}(a_f)-c_b^{Tf}=0 \tag{5.23}$$

$$p=p_s-c_b^{sbp}(a_f)-c_b^{Tf} \tag{5.24}$$

由等式(5.21)和等式(5.24)可得,

$$c_p^{sbp}(a_f)+c_b^{sbp}(a_f)=p_s-c^f-c_b^{Tf} \tag{5.25}$$

可见,光伏多晶硅原料供需对固定价格的谈判实际决定$(p_s-c^f-c_b^{Tf})$部分的准租分配。当生产商定价 $p=p_s-c^f-c_b^{Tf}$ 时,则可最大限度避免交易风险可能引致的成本压力。需求方报价越接近生产商成本价,即 c^f,则越有利,承担由价格风险可能引致的履约成本也越低。在同等条件下,需求方更倾向与国内生产商签订合同,因为运输成本更低。供需双方最终的均衡价格,取决于买卖双方的谈判能力。光伏多晶硅原料国际贸易中呈现卖方寡头垄断的市场结构,第一梯队生产商的生产能力远大于需求商的需求能力,生产商更多考虑的是寡头垄断企业间的战略行为。需求方的谈判能力来源于现货市场的价格变化。完全竞争的现货市场价格接近成本价,而寡头垄断博弈均衡解要求领导者厂商保持最低成本水平(见本章第二节)。

调整价格长期合同中基础价格的设定与固定价格设定方式是一致的,不再重复说明。不同的是,调整价格长期合同还规定了价格调整的条件。只有当谈判成本(C^b)低于现货市场价格(p_s)或生产成本(C)的变化幅度时,价格调整对买卖双方才是有利的。

四、履约效率与预付款设定

外部市场条件的变化、事前专用性资产的投资等因素在不完全合约情况下可能提高买卖双方履约风险,增加事后履约成本,甚至导致合同失效。光伏多晶硅原料市场供需变化剧烈、专用性资产投资要求高、价格信息公开程度低,影响不同合同形式的履约效率。因此,预付金制度,包括"照付不议"条款,在光伏多晶硅原料产业发展初期被广泛地应用于长期合同,用于确保合同的履约效率。

(一)合同履约效率

在外部市场条件不变的情况下,光伏多晶硅原料长期合同中固定价格方式是有效的。因为多晶硅原料的远期生产成本具有下降的趋势,卖方由于成本上升而延缓交货或者违约转卖货物的可能性较低。成本下降的原因有几点:(1)产能扩建或新建通常分阶段或分期(建设时间视产能扩张规模而定)进行,生产成本在部分产能建成时通常比全部产能建成时要高;(2)建成产能的调试到完全达产的时间较长,成本通常呈下降趋势;(3)化工生产线可以通过技术改进和能耗下降有效地降低建成产能的单位生产成本;(4)产能扩张的规模效应不仅反映在扩张产能的单位成本下降上,还能提高设备装置(氢化、精馏、回收等装置)的共享,促进整体产能的单位成本下降。由此,光伏多晶硅生产商预期远期成本是下降的。但在外部市场条件变化时,买卖双方均有违约动机。在市场条件有利时,光伏多晶硅原料卖方可以通过延迟交货而获益,在市场条件不利时,光伏多晶硅原料买方可以通过现货市场降低交易成本。

光伏多晶硅原料长期合同中按市场定价交易,意味着远期合同价格反映了同等货物远期交易的市场价格现值。实际交易价格往往在交货期当月事前确定,价格水平遵照交易地而非国际市场的均价水平,存在交通等成本因素差异。市场定价方式下,买卖双方事后违约动机较低,价格条款也简单明了,方便执行。但缺陷之一是不确定企业生产的有效性是否足够高,其生产成本能否低于市场价格,无论市场条件如何。缺陷之二是资产专用性问题,即若买方提早结束合约或不履约会造成卖方前期沉没成本得不到相应的补偿。缺陷之三是如何区别不同等级原料的差异化市场价格水平问题。公共交易平台或咨询机构所公布的价格数据中,往往只列明了太阳能级多晶硅料(一级料)的价格信息,而对二级料价格信息公布,即使有,其技术参数的说明也不明确。从而,即使光伏多晶硅原料市场定价方式相对固定价格法更为灵活,但由于生产技术要求、产品异质化特征、资产专用性等特点,买卖双方依然存在事后违约动机。

光伏多晶硅原料调整价格长期合同较固定价格法能更好地考虑到成本变化的影响,较市场定价法能更好地调动企业的生产积极性和供货稳定性,从而更好地降低事后违约动机。但调整价格长期合同必须确定价格调整公式,需要考虑到成本的变化、市场供需条件的变化、专用资产的补偿等影响因素,关键是确定价格调整的结构。如 Jupiter 对 SunPower[①](2008)长期供货合同中明确价格调整的基础是制造成本的结构变化,主要包括电力、原料和员工成本指数变化。再如 Wacker 对 Sunpower(2006)长期供货合同中规定价格调整的唯一因素为能源价格指数变化,且能源价格指数变化分为几个区间,不同区间

---

① Jupiter 公司是中国香港地区贸易商,SunPower 是美国光伏企业巨头,在电池生产、电站建设上享有盛名。

对应的价格调整幅度也不同。另外，调整的方式以指数形式较为常见，尽管计算方法（指数调整、分区间调整）仍有较大差异。可见，价格调整公式在各厂商间是不同的，买卖双方在调整方式上的谈判成本是较高的。另外，基础价格或固定价格结合价格调整的定价方式在光伏多晶硅原料长期合同中对事前专用资产投资等的补偿依然是不足的。

（二）预付款设定

由于专用性资产特征、化学生产线技术要求和交易成本的特点，光伏多晶硅原料的三种定价方式均无法有效避免事后违约对专用资产投资、生产调整成本以及转换买家的事前交易成本的补偿。由此，三类合同基本都有预付款规定，而"照付不议"付款方式最重要的特征即表现在预付款规定上。

预付款与最低购买数量是对应的，即预付款现值对应的产量与最低购买数量相一致，且不足最低购买数量时预付款滞留额度应与违约造成的损失现值相对等。约束条件可以具体表现如下：

$$MOQ_t \geqslant [(c^a + c^{ab} + c^s) \times q_t] / p \tag{5.26}$$

$$AP_r \geqslant (C^c + C^a + C^{ab} + C^s) \times (MOQ - q') \tag{5.27}$$

式中，MOQ_t 为 t 期（通常为年度）购买数量的最低要求，满足不低于合同订立之初协定的 t 期交货量最低成本的现值对应的可购买数量，由此确保协定交货量能够得到最低成本补偿。最低成本补偿应包括专用资产投资成本（C^a）、生产计划变动引起的调整成本（C^{ab}）、寻找新的买家销售剩余产量而产生的搜寻成本和议价成本（C^s）。购买数量不足最低要求时，预付款滞留额度（AP_r）应满足最低购买总量（MOQ）与已购买数量（q'）之差的最低补偿。这一最低补偿包括未购买量相关的专用资产投资成本（C^a_{up}）、由此带来的生产计划变动的总调整成本（C^{ab}）、库存成本（C^c），以及寻找新的买家销售剩余产量而产生的总搜寻成本（C^s）。预付款滞留额度中增加了库存成本，理由是当买方的购买数量不足最低要求时，买方的购买数量可以为零，由此产生的卖方未销售货物量会明显增加，不可忽略由此产生的库存成本。

"照付不议"的付款方式对预付款滞留额度要求更高，达不到最低购买数量，也需要全额支付最低购买数量的货款，由此买方承担较高的交易成本。只有当超过"照付不议"的交易成本后，买方才会违约并放弃合同。

第二节　光伏多晶硅原料生产商
战略行为与价格均衡

光伏多晶硅原料市场还具有明显的寡头垄断结构,其定价方式除依据等式(5.21)外,还需要考虑竞争对手的反应。同时,处于同一梯队的企业竞争地位在不同时间段是有差异的。因此,本小节在考虑企业竞争关系的基础上,进一步研究光伏多晶硅原料生产商的定价方式。

一、古诺博弈

2004 年前,全球多晶硅主要厂商产能扩张不明显,仅有 SGS[①](REC)在 2002 建成了专门用于光伏产业的多晶硅生产线,其他大厂商均利用闲置的电子级多晶硅产能供给太阳能级多晶硅原料。2004 年后,各厂商都有较大规模的产能扩张,且新建产能均以长期合同形式提供多晶硅原料。无论是在现货市场还是合同市场,多晶硅厂商采取的战略行为基本一致。由此,以 2004 年为产业发展分界点,分析企业战略行为对价格的影响。

命题 1:主要厂商在光伏多晶硅原料供给中处于古诺模型的寡头垄断地位,或利用已有闲置产能或新建产能供给光伏多晶硅原料,存在产量和定价博弈均衡解。

古诺模型中,假设光伏多晶硅原料的需求曲线是线性的,各厂商准确了解市场的需求曲线,各厂商在已知其他厂商产量的情况下,确定自身利润最大化的产量水平。市场反需求曲线设定为:

$$P = a - bQ \tag{5.28}$$

式中,P 为市场价格,Q 为需求量,a 为截距(最高愿意支付的价格),b 为价格的弹性系数。应满足 $Q < a/b$,才能保证价格大于零。

因日本 Mitsubishi 和 Titanium 一直以提供电子级多晶硅为主,因此,不考虑这两家企业的产量行为。其余五家企业 Hemlock、Wacker、REC、Tokuyama、MEMC 的产量决策分别为 q_1、q_2、q_3、q_4、q_5,利润函数分别为 π_1、π_2、π_3、π_4、π_5。

---

① 2002 年,REC 与 Asimi[Komatsu(小松)公司的子公司]合资成立 SGS,11 月多晶硅生产线投产,仅用于太阳能级多晶硅的生产。2005 年,SGS 成为 REC 全资子公司。

单位成本为 c。由此，

$$\pi_m = p \times q_m - c \times q_m = (a - b \sum_{m=1}^{5} q_{mi}) \times q_m - c \times q_m \quad (m = 1,2,3,4,5)$$

$$(5.29)$$

　　对古诺模型中各企业多晶硅制备成本进行进一步说明。2000—2004 年，尽管 Hemlock、Wacker、Tokuyama、MEMC 是利用电子级多晶硅的闲置产能，但其生产光伏多晶硅原料的成本与 REC 新建产能的生产成本是相当的，或者是更低的。理由如下：(1)Hemlock、Wacker 和 Tokuyama 的总产能在 4200～6000 吨，用于太阳能级多晶硅生产产能的均在千吨级以上。SGS(REC)新建的太阳能级多晶硅产能为 2000 吨，与 Hemlock、Wacker 和 Tokuyama 的闲置产能相当，并无规模经济优势。MEMC 闲置产能的数据不可获，但其生产规模同样是千吨级以上的。(2)折旧成本的分摊。尽管电子级多晶硅的固定资产投资要求高于太阳能级多晶硅，但 Hemlock、Wacker 和 Tokuyama 产能规模是 SGS(REC)的数倍，且建设年份较早，若按照平均年限法，单位产量的折旧分摊可能会高些[①]，但若按加速折旧法则会低于新建产能。由此，假设这些企业生产光伏多晶硅的单位成本是相似的，为 c。

　　由古诺模型的产量策略，利润最大化的条件为：

$$b(\sum_{i=1}^{5} q_m) \times q_m - b - cq_m = 0$$

$$(5.30)$$

可得以下产量、价格和利润解：

　　各企业产量：$q_1 = q_2 = q_3 = q_4 = q_5 = \dfrac{a-c}{6b}$ $\qquad(5.31)$

　　市场供给量：$Q = 5\dfrac{a-c}{6b}$ $\qquad(5.32)$

　　市场价格：$p = \dfrac{1}{6}a + \dfrac{5}{6}c$ $\qquad(5.33)$

　　各企业利润：$\pi_m = \dfrac{(a-c)^2}{36b}$ $\qquad(5.34)$

　　在古诺模型中，光伏多晶硅原料第一梯队厂家都采取领导者策略，在成本相同的条件下，产量决策是相同的，定价高于成本，而且该成本是达产情况下的最低成本。也就是说，不仅需要满足当期及远期价格现值 P 大于最低生产成本要求，还需要预期需求增长足以支撑规模扩张的产能水平（至少是千吨

---

① 依据 2007 年江西晶大半导体材料、江苏顺大半导体、万州大全的投资规模。

级),否则企业不会进行新建产能扩张,而是会利用电子级多晶硅闲置产能或电子级多晶硅次料来满足对光伏多晶硅原料的需求,即使产量/产能接近警戒水平。Hemlock、Wacker、Tokuyama、REC 和 MEMC 用于生产光伏多晶硅原料的产能相当,但 Hemlock、Wacker、Tokuyama 在产能利用率较高的情况下并未有产能扩张行为,而是在 2004 年后全行业出现需求明显高于供给的情况时才有产能扩张行动(供需情况见表 4.6 至表 4.8)①。REC 在 2003 年产量为 1900 吨,基本达产,而该年光伏多晶硅原料的需求量已超过最大可用产能。

根据以上结论,命题 1 得证。

二、斯塔克尔伯格博弈

2004—2009 年,这七家多晶硅生产商仍为第一梯队生产企业,其中五家基本在合同市场上提供光伏多晶硅原料。日本 Mitsubishi 和 Titanium 公司的产能扩张有限,产品主要定位于电子级多晶硅,对光伏多晶硅原料市场的实际影响不大。Hemlock 和 Wacker 是太阳能级和电子级多晶硅生产的大厂商,扩张比例相近,最早步入万吨级以上规模,占据七家企业中的领导者地位。Tokuyama、MEMC 和 REC 的光伏多晶硅生产规模逐步落后于 Hemlock 和 Wacker,尽管 2010 年后也相继进入万吨级以上生产规模,但后两者已经扩张为三万吨级的生产规模。因此,这三者在七家企业中实际处于跟随者地位。2009 年后,OCI 和 GCL 开始步入第一梯队,并在 2011 年后与 Hemlock 和 Wacker 相抗衡,在产能上同样处于领导者地位。由此,可以建立斯塔克尔伯格模型决定厂商寡头垄断的定价和产量策略。

古诺模型假设了各厂家准确了解市场的需求曲线,但从表 4.6 至表 4.8 可知,无论是全球光伏多晶硅原料的生产需求还是终端市场需求,年度波动非常大,尤其是 2004 年、2008 年和 2010 年比临近年份的增长波动性更为明显。由此,一方面会导致预先更为准确地估计到市场需求变化的厂商在产能扩张上占据领先者地位,并更好地增加利润收益,另一方面其他厂商会采取跟随者

---

① 2000—2004 年,多晶硅厂商产能增长幅度非常小,整体厂商年均产能增长不足 1000 吨,而终端市场对光伏多晶硅原料需求在五年间增长超过了 10000 吨。太阳能多晶硅合同价格逐步超过电子级多晶硅成本,现货价格接近百吨级太阳能多晶硅扩建产能成本要求。这些事实与古诺模型中的厂商最优产量均衡和产能扩张决策相符。

策略,巩固以规模经济作为重要竞争壁垒的垄断者地位。由于运输成本、技术突破等多方面原因,还存在着一部分新进企业不甘于跟随者地位,而要作为领导者地位分享更高的利润,如 OCI 和 GCL 在 2008—2011 年的产能产量增量超过了第一梯队其他厂商 10 年的增长。因此,我们应用斯塔克尔伯格博弈的领导者－跟随者模型来分析 2004 年之后光伏多晶硅寡头垄断企业间的竞争,并细分 2009 年之前和之后两个竞争阶段。

(一)2009 年之前的斯塔克尔伯格博弈

斯塔克尔伯格模型假设了产量决策在厂商间是两阶段的。第一阶段中,领导者厂商决定产量。第二阶段中,跟随者厂商根据观察到的领导者厂商产量来决定自己的产量。因此,领导者厂商在决定自己产量的时候,要充分了解跟随厂商的产量反应函数,预期到自身的产量对跟随者厂商产量决策的影响,来制定利润最大化的产量。我们构建具有两个厂商作为领导者厂商,其余作为跟随者厂商的斯塔克尔伯格模型。

领导者和跟随者厂商的选择基于以下企业产能扩张的年度变化。从图 5.1 可见,考虑了产能扩张的特点,Hemlock 和 Wacker 在 2005 年开始逐步显现出光伏多晶硅产业领导者的地位,两者的产能差异较小,但明显领先其他企业。而 REC、Tokuyama 和 MEMC 作为跟随者,年度产能差异也较小。由此,建立以下斯塔克尔伯格博弈的领导者－跟随者模型。

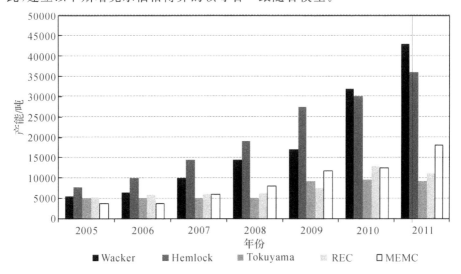

图 5.1 多晶硅五大生产厂商的产能年度变化

数据来源:企业报告。

命题 2:2009 年之前,第一梯队多晶硅生产商以斯塔克尔伯格产量博弈,领导者企业 Hemlock 和 Wacker,跟随者企业 REC、Tokuyama 和 MEMC,存在博弈均衡的产量和定价决策。

斯塔克尔伯格博弈中,假定领导者 Hemlock 和 Wacker 的产量分别为 q_1 和 q_2,成本分别为 c_1 和 c_2;跟随者 REC、Tokuyama 和 MEMC 的产量为 q_3、q_4 和 q_5,成本分别为 c_3、c_4 和 c_5。由历史数据来看,REC、Tokuyama 和 MEMC 产能扩张幅度相近,2009 年前光伏多晶硅生产的整体产能仍为千吨级,为了比较的方便,假设 c_3、c_4 和 c_5 的成本水平相似,为 c'。需求曲线仍假设为线性,即

$$P = a - bQ \tag{5.35}$$

那么,REC、Tokuyama 和 MEMC 的利润函数为:

$$\pi_n = p \times q_n - c' \times q_n = \left(a - b\sum_{i=1}^{5} q_m\right) \times q_n - c' \times q_n \qquad n = 3,4,5 \tag{5.36}$$

REC、Tokuyama 和 MEMC 的利润最大化条件为:

$$q_n = \frac{a - c' - b(q_1 + q_2)}{4b} \tag{5.37}$$

Hemlock 和 Wacker 的利润函数为:

$$\pi_k = p \times q_k - c_k \times q_k = \left(a - b\sum_{i=1}^{5} q_i\right) \times q_k - c_k \times q_k \qquad k = 1,2 \tag{5.38}$$

Hemlock 和 Wacker 的利润最大化条件为:

$$a - b\sum_{m=1}^{n=5} q_m - bq_k\left(1 + \sum_{n=3}^{5} \frac{\partial q_n}{\partial q_k}\right) - c_k = 0 \qquad k = 1,2 \tag{5.39}$$

可以解得 Hemlock 和 Wacker 的产量为:

$$q_1 = \frac{a + 3c' - 8c_1 + 4c_2}{3b}, q_2 = \frac{a + 3c' - 8c_2 + 4c_1}{3b} \tag{5.40}$$

相应的约束条件为:

$$q_k \geqslant 0, \text{或者} \ c_1 + c_2 \leqslant \frac{a + 3c'}{2} \tag{5.41}$$

可知,尽管领导者厂商的决策只考虑跟随者的产量反应函数,但其利润同样依赖于其他领导者寡头厂商的成本水平,或间接地依赖于其他领导者寡头厂商的产量水平,且相互依赖性是对称的。由于成本条件 $c' \geqslant c_1$ 和 $c' \geqslant c_2$,那么领导者厂商产量约束条件 $c_1 + c_2 \leqslant \frac{a + 3c'}{2}$,等同于 $a \geqslant c'$,与古诺模型的约束

条件是一致的。

由 Hemlock 和 Wacker 的产量解，可以得到 REC、Tokuyama 和 MEMC 的产量为：

$$q_3 = q_4 = q_5 = \frac{a - 9c' + 4c_1 + 4c_2}{12b} \tag{5.42}$$

以上等式的约束条件为：

$$a - 9c' + 4c_1 + 4c_2 \geqslant 0 \text{ 或者 } c_1 + c_2 \geqslant \frac{9c' - a}{4} \tag{5.43}$$

跟随者厂商约束条件 $c_1 + c_2 \geqslant \dfrac{9c' - a}{4}$ 并不必然得到满足，依赖于领导者厂商与跟随者厂商的产能扩张差异导致的成本差异程度。也就是说，跟随者必须对领导者厂商的产能扩张做出产能扩张反应，否则成本差异过大会导致成本无法支持价格而减产甚至停产。

此时，整体产量：

$$Q = \frac{11a - 3c' - 4c_1 - 4c_2}{12b} \tag{5.44}$$

市场价格：

$$p = \frac{a + 3c' + 4c_1 + 4c_2}{12} \tag{5.45}$$

若跟随者厂商 REC、Tokuyama 和 MEMC 产量约束条件 $c_1 + c_2 \geqslant \dfrac{9c' - a}{4}$ 满足，则 $p \geqslant c'$。在斯塔克尔伯格博弈中，市场价格［等式（5.45）］低于古诺博弈中的价格水平［等式（5.33）］。这也验证了在外部市场条件不变的情况下，首先采用长期合同交易方式的 Wacker 和 Hemlock，其合同价格必然低于现货市场价格。

领导者厂商的利润：

$$\pi_1 = \frac{(a + 3c' - 8c_1 + 4c_2)^2}{36b}$$

$$\pi_2 = \frac{(a + 3c' - 8c_2 + 4c_1)^2}{36b} \tag{5.46}$$

相应的约束条件：

$$a + 3c' - 8c_1 + 4c_2 \geqslant 0 \text{ 或者 } a + 3c' - 8c_2 + 4c_1 \geqslant 0 \tag{5.47}$$

这与领导者厂商产量的约束条件相同，即 $c_1 + c_2 \leqslant \dfrac{a + 3c'}{2}$。另外由等式（5.46）可知领导者厂商的利润是对称的，任何一个领导者厂商产能扩张所引起的生产降低都会导致另一领导者厂商利润的减少,由此两个领导者厂商的最优选择即保持同步产能扩张,成本基本相同,所得利润也基本相同。这一结论还确保了斯塔克尔伯格博弈中领导者厂商的利润[等式(5.46)]大于古诺模型中厂商利润[等式(5.34)]。

跟随者厂商的利润:

$$\pi_3 = \pi_4 = \pi_5 = \frac{(a - 9c' + 4c_1 + 4c_2)^2}{36b} \tag{5.48}$$

相应的约束条件:

$$a - 9c' + 4c_1 + 4c_2 \geqslant 0 \tag{5.49}$$

这与跟随者厂商产量约束条件相同,即 $c_1 + c_2 \geqslant \frac{9c' - a}{4}$。由成本条件 $c' \geqslant c_1$ 和 $c' \geqslant c_2$,且 c_1 和 c_2 对称,可得 $\pi_k \geqslant \pi_n$,即领导者厂商的利润高于跟随者厂商。也可得领导者厂商的产量高于跟随者厂商,或者厂商 Hemlock 和 Wacker 产量超过 REC、Tokuyama 和 MEMC,即 $q_k \geqslant q_j$。

由以上斯塔克尔伯格博弈可知,均衡价格水平低于古诺博弈,尽管跟随者厂商的产量提高了,但利润减少了,且必须对领导者厂商的产能扩张做出有效反应,增强规模经济效应以确保成本低于价格。因此,在外部条件不变的情况下,光伏多晶硅原料厂商不会采取跟随者策略。然而,若生产厂商所在行业(光伏多晶硅产业)正处于快速成长期,市场其他供需因素的波动性完全可能改变原有的价格水平,甚至改变跟随者厂商和领导者厂商的市场地位,那么均衡结果就可能发生改变。

根据以上结论,命题 2 得证。

(二)2009 年之后的斯塔克尔伯格博弈

2009 年后,OCI、GCL、LDK 等企业产能不断扩张,且市场份额不断扩大,逐步可以与传统多晶硅厂商抗衡。尤其是 OCI 和 GCL 在产能上已可以与 Hemlock、Wacker 抗衡,同时这四大企业在市场并不景气的 2011—2012 年并未放慢产能扩张的脚步,那么为什么在短时间内,OCI 和 GCL 有如此大的扩张举措?为何在 REC 和 MEMC 放慢扩张速度,甚至关闭产能的情况下,这四家企业仍按计划实施扩张建设?

命题 3:2009 年之后,第一梯队多晶硅生产商以斯塔克尔伯格产量博弈,存在博弈均衡的产量和定价决策,但领导者和跟随者企业地位发生改变。

市场需求函数仍是 $P = a - bQ$,假设存在 r 家跟随者厂商和两家领导者厂商（Hemlock 和 Wacker），那么跟随者厂商的利润函数是：

$$\pi_n = pq_n - \alpha q_n = (a - b\sum_{m=1}^{r}q_m)q_n - c_nq_n \qquad n = 3,4,\cdots,r \quad (5.50)$$

跟随者厂商利润最大化的均衡产量为：

$$q_n = \frac{a - (n-1)c_n + \sum_{n=3}^{r}c_n - b(q_1 + q_2)}{(r-1)b} \qquad (5.51)$$

Hemlock 和 Wacker 的利润函数仍为：

$$\pi_k = pq_k - c_kq_k = (a - b\sum_{i=1}^{5}q_i)q_k - c_kq_k \qquad (k = 1,2) \quad (5.52)$$

Hemlock 和 Wacker 利润最大化的均衡产量为：

$$q_1 = \frac{a + \sum_{j=3}^{n}c_n - 2(r-1)c_1 + (r-1)c_2}{3b}$$

$$q_2 = \frac{a + \sum_{j=3}^{n}c_n - 2(r-1)c_2 + (r-1)c_1}{3b} \qquad (5.53)$$

相应的约束条件：

$$c_1 + c_2 \leqslant \frac{a + \sum_{n=3}^{r}c_j}{r-1} \qquad (5.54)$$

其他跟随者厂商的产量为：

$$q_n = \frac{a + \sum_{n=3}^{r}c_n - 3(r-1)c_n + (r-1)c_1 + (r-1)c_2}{3(r-1)b} \qquad (5.55)$$

相应的约束条件：

$$c_1 + c_2 \geqslant \frac{3(r-1)c_n - a - \sum_{n=3}^{r}c_j}{r-1} \qquad (5.56)$$

这一条件并不必然得到满足，依据厂商之间的成本差异，跟随者厂商必须对领导者厂商产能扩张做出反应，以满足产量的约束条件。

垄断厂商的均衡价格为：

$$p = \frac{a + \sum_{n=3}^{r}c_n + (r-1)c_1 + (r-1)c_2}{3(r-1)} \qquad (5.57)$$

由约束条件,可知推断 $p \geqslant c_n$。也就是说垄断定价会高于垄断厂商中最高的生产成本。

领导者厂商利润:

$$\pi_1 = \frac{\left[a + \sum_{j=3}^{n} c_j - 2(n-1)c_1 + (n-1)c_2\right]^2}{9b(n-1)}$$

$$\pi_2 = \frac{\left[a + \sum_{j=3}^{n} c_j - 2(n-1)c_2 + (n-1)c_1\right]^2}{9b(n-1)} \tag{5.58}$$

跟随者厂商利润:$\pi_j = \dfrac{\left[a + \sum_{j=3}^{n} c_j - 3(n-1)c_j + (n-1)c_1 + (n-1)c_2\right]^2}{9b(n-1)^2}$

$$\tag{5.59}$$

因为 $c_j \leqslant c_1$、$c_j \leqslant c_2$ 且 c_1 和 c_2 是对称的,$\pi_k \geqslant \dfrac{(a - \min c_j)^2}{9b(n-1)}$,$\pi_j \leqslant \dfrac{(a - \max c_j)^2}{9b(n-1)^2}$。

也就是说,跟随者厂商较多时,依然满足领导者厂商利润大于跟随者厂商利润。当市场供需负冲击时,跟随者厂商的生产成本和利润损失影响会超过领导者厂商。最优的选择是摆脱跟随者厂商地位,成为领导者厂商。那么,为何2009 年后 OCI 和 GCL 选择了领导者厂商战略,而 REC 和 MEMC 仍然作为跟随者?

OCI 和 GCL 相对 REC 和 MEMC 的成本优势在于靠近最大的光伏多晶硅原料中端需求市场——中国,具有明显的临近市场区位优势。中国对光伏多晶硅原料的需求量逐年快速上升,2009 年占 40%,2010 年超过 50%,之后比重更高。在 2009 年前多晶硅原料价格逐年上升时期,运输成本并非关键因素,在原料成本中的比重可以忽略,大厂商如 Wacker 的运输条件基本上为工厂交货,不负责运输。但 2009 年之后多晶硅原料价格陡然下降,运输成本在原料成本中变得敏感起来。另外,由于市场地理位置接近,多晶硅原料厂商与下游生产商更易达成合作联盟或供货协议以便技术指导和生产调整。最好的例证便是 GCL 硅片厂均设立在电池大客户附近。从而,OCI 和 GCL 可以,也必须通过扩产方式与 Wacker 和 Hemlock 相抗衡,减少价格下滑的市场压力。另一方面,REC 和 MEMC 并不具备 OCI 和 GCL 的市场区位优势,也无法以扩张产能的方式与 Wacker 和 Hemlock 相抗衡,因为光伏产能扩张到达产时间远高于一般行业,在市场负面波动较大的情况下,很难预估扩产是否可行。

根据以上结论,命题 3 得证。

第三节 光伏多晶硅原料市场供需冲击的价格影响

光伏多晶硅原料国际市场主要需求影响因素包括总需求活动、其他相关能源价格波动和光伏政策调整,供给影响因素主要包括相关能源价格波动。本小节以斯塔克尔伯格博弈情景为例,对这些因素引起的光伏多晶硅原料价格及相关变量波动进行讨论。

修正市场需求函数,包括其他相关变量对市场需求量的影响。相关变量包括收入、其他商品价格等。

市场需求函数:$q = f(I, p, p_1, \cdots, p_m, \cdots, p_n)$ (5.60)

由此,反需求函数就可表示为:$p = f(I, q, p_1, \cdots, p_m, \cdots, p_n)$ (5.61)

相应地,简单线性形式的市场需求/反需求函数可具体表示为:

$$q = \alpha + \beta p + \sum_{m=1}^{n} \beta_m p_m + \gamma I \tag{5.62}$$

$$p = a - bq + \sum_{m=1}^{n} b_m p_m + \gamma I \tag{5.63}$$

如此,斯塔克尔伯格博弈中的均衡价格为:

$$p = \frac{a + \sum_{m=1}^{n} b_m p_m + rI + 3c' + 4c_1 + 4c_2}{12} \tag{5.64}$$

产量均衡为:

$$q_1 = \frac{a + \sum_{m=1}^{n} b_m p_m + \gamma I + 3c' - 8c_1 + 4c_2}{3b}$$

$$q_2 = \frac{a + \sum_{m=1}^{n} b_m p_m + \gamma I + 3c' - 8c_2 + 4c_1}{3b} \tag{5.65}$$

$$q_3 = q_4 = q_5 = \frac{a + \sum_{m=1}^{n} b_m p_m + \gamma I - 9c' + 4c_1 + 4c_2}{12b} \tag{5.66}$$

厂商利润为:

$$\pi_1 = \frac{\left(a + \sum_{m=1}^{n} b_m p_m + rI + 3c' - 8c_1 + 4c_2\right)^2}{36b}$$

$$\pi_2 = \frac{\left(a + \sum_{m=1}^{n} b_m p_m + rI + 3c' - 8c_2 + 4c_1\right)^2}{36b} \tag{5.67}$$

$$\pi_3 = \pi_4 = \pi_5 = \frac{\left(a + \sum_{i=1}^{n} b_i p_i + rI - 9c' + 4c_1 + 4c_2\right)^2}{36b} \tag{5.68}$$

一、总需求和光伏市场政策冲击效应

在光伏多晶硅市场中,总需求和光伏市场政策措施变化所引起的价格冲击可以由收入变化所带来的价格影响来表示。真实经济活动的正/负向变化所代表的总需求变化,通过影响消费者的财富和收入,从而影响对电力的整体需求偏好,也包括对太阳能电力的需求。太阳能市场政策措施变化以补贴、税收减免等形式引起具有太阳能电力应用意愿的消费者财富和收入变化,从而直接影响对太阳能电力的需求偏好。

命题 4:在正/负向总需求冲击和太阳能市场政策措施冲击下,光伏多晶硅原料价格发生同向变化,存在斯塔克尔伯格博弈均衡。

由等式(5.68)可得,单位收入变化引起均衡价格变化为:

$$\frac{\partial p}{\partial I} = \frac{r}{12} \tag{5.69}$$

若总需求变化或光伏政策变化为 ΔI,则厂商的利润变化为:

$$\Delta \pi_1 = \frac{\partial \pi}{\partial I} \Delta I = \gamma \frac{(a + b_e p_e + rI + 3c' - 8c_1 + 4c_2)}{18b} \Delta I \tag{5.70}$$

$$\Delta \pi_2 = \frac{\partial \pi}{\partial I} \Delta I = \gamma \frac{(a + b_e p_e + rI + 3c' - 8c_2 + 4c_1)}{18b} \Delta I \tag{5.71}$$

$$\Delta \pi_3 = \Delta \pi_4 = \Delta \pi_5 = \frac{\partial \pi_j}{\partial I} \Delta I = \gamma \frac{(a + b_e p_e + \gamma I - 9c + 4c_1 + 4c_2)}{18b} \Delta I \tag{5.72}$$

由总需求变化或光伏政策变化引起的厂商利润变化表达式(5.70)、式(5.71)和式(5.72)可知,这两类需求冲击的正向变化必然引起厂商利润的提高,反之降低。同时,利润变化的幅度取决于收入的价格变化系数(r)和冲击的大小(ΔI)。当冲击足够大时,且正向方向,则完全可能造成斯塔克尔伯格模型中领导者和跟随者厂商利润的显著增长,从而无论是领导者还是跟随者厂商的利润均高于古诺模型中的利润水平。

根据以上结论,命题 4 得证。

二、能源价格冲击效应

相关能源价格冲击的整体效应一部分由交叉价格影响来表示,另一部分通过生产成本(其他投入品成本主要是电力能源,且由传统化石能源主要供给)影响来表示。

命题 5:相关能源价格冲击引起光伏多晶硅原料价格波动,影响程度不仅依据冲击的大小,更依赖于交叉价格和多晶硅成本的综合影响系数。斯塔克尔伯格博弈均衡仍存在,但领导者厂商利润变化大于跟随者厂商。

生产成本函数具体如下:

$$c = Si \times p_{Si} + E \times p_e + 6.7\% F/Q + l \times w \tag{5.73}$$

假设模型交叉价格系数为 b_e,两个领导者厂商的多晶硅生产成本函数中成本对电力能源价格的系数为 e_1 和 e_2,其余跟随者厂商为 e'。则电力能源价格变化引起的多晶硅原料价格变化为:

$$\frac{\partial p}{\partial p_e} = \frac{b_e + 3e' + 4e_1 + 4e_2}{12} \tag{5.74}$$

电力能源价格冲击的利润效应为:

$$\Delta \pi_1 = \frac{(b_e + 3e' - 8e_1 + 4e_2)(a + b_e p_e + rI + 3c' - 8c_1 + 4c_2)}{18b} \Delta p_e \tag{5.75}$$

$$\Delta \pi_2 = \frac{(b_e + 3e' - 8e_2 + 4e_1)(a + b_e p_e + rI + 3c' - 8c_2 + 4c_1)}{18b} \Delta p_e \tag{5.76}$$

$$\Delta \pi_3 = \Delta \pi_4 = \Delta \pi_5$$
$$= \frac{(b_e - 9e' + 4e_1 + 4e_2)(a + b_e p_e + rI - 9c' + 4c_1 + 4c_2)}{18b} \Delta p_e \tag{5.77}$$

由相关能源价格变化引起的厂商利润变化表达式(5.75)、式(5.76)和式(5.77)可知,此类相关能源价格冲击的影响程度不仅依据冲击的大小(Δp_e),更依赖于交叉价格和多晶硅成本的综合影响系数($b_e + 3e' - 8e_1 + 4e_2$、$b_e + 3e' - 8e_2 + 4e_1$ 和 $b_e - 9e' + 4e_1 + 4e_2$)的大小。本章第二节已经证明了领导者厂商的利润是对称的,产能扩张和相应的成本应是相同的,e_1 和 e_2 也应是相同的,所以以 e 来表示。由此,$b_e + 3e' - 8e_1 + 4e_2$、$b_e + 3e' - 8e_2 + 4e_1$ 和 $b_e - 9e' + 4e_1 + 4e_2$ 可以表示为 $b_e + 3e' - 4e$ 和 $b_e - 9e' + 8e$。由于 $e' \geqslant e$,$b_e + 3e' - 4e \geqslant b_e -$

$9e'+8e$，可以推断由相关能源价格变化引起的领导者厂商利润变化大于跟随者厂商。另一方面，从等式形式看，无论是 $b_e+3e'-4e$ 还是 $b_e-9e'+8e$ 的取值都并不一定为正，其依赖于 b_e、e' 和 e 的数值。但在光伏多晶硅原料的实际生产中，由于电力能源成本只是生产成本的一部分，且在第一梯队中，生产厂商的电力消耗远低于其他厂商，依据 Wacker 与 SunPower 供货合同（2006）中能源价格指数变化 20% 以上进行调价，可以粗略判断 e' 和 e 的值相对 b_e 较小，$b_e+3e'-4e$ 和 $b_e-9e'+8e$ 应是大于零。

当多种冲击发生时，最终的市场价格变化和厂商利润依赖于各类冲击的综合效应。整体来看，依据等式（5.69）和等式（5.74），总需求活动、光伏政策调整和其他相关能源价格的正向/负向冲击将引起光伏多晶硅价格的正向/负向变化。2004—2008 年这三类冲击整体以正向波动为主，同时市场需求增长高于传统七大晶硅厂商的预期，这一阶段中无论是领导者还是跟随者厂商利润均在上升。那么，斯塔克尔伯格博弈的产量和价格均衡存在。

根据以上结论，命题 5 得证。

第四节　光伏多晶硅原料国别市场价格传导效应

光伏多晶硅原料国际价格的形成还受到国别市场的交互影响。为了更好地了解光伏多晶硅原料长期合同和现货合同安排方式下价格传导的作用，本节以需求冲击为例分析多晶硅原料的国别市场互动和价格传导效应。

一、空间市场关联与价格传导

图 5.2 显示了需求冲击下地区间市场与价格互动的一般情况。假设两个空间分割市场最初的合同和现货价格均为 p。当需求冲击在 t_1 期影响市场 1 时，现货需求曲线 D_1 将迅速移动到 D_1'，引起市场 1 的价格和供给立即上升。即期的供给增长可以来自现有库存、市场 1 中合同市场与现货市场间的投机性活动，以及来自市场 2 的可获出口。市场 1 的合同市场的价格反应依据已有合同和新签合同的定价方式（固定价格、市场定价和调整定价）的综合作用。长期供给的增长不可能同期完成，不仅因为买卖双方就供给的长期变化需要时间进行协商，还因为供给的增长依赖于闲置生产能力和库存。由此，无论是长期合同中的供给或价格都不可能如现货价格那样迅速地、完全地进行反应。

合同价格上升有时滞效应,且逐步由 p 向 p' 上升。

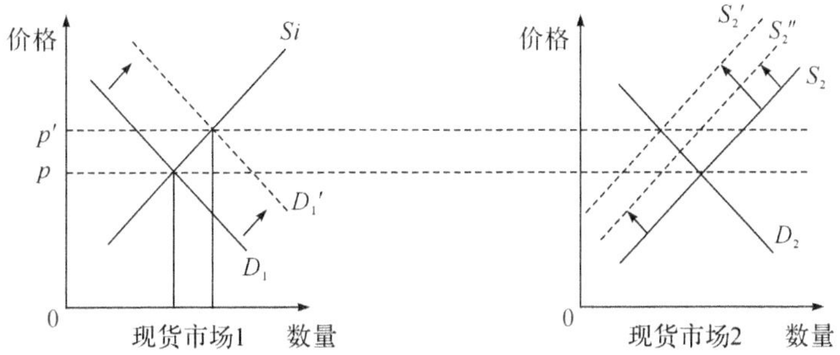

图 5.2 需求冲击下空间市场的价格传导与市场互动

市场 2 的价格和供给变化不仅依赖于合同安排方式差异,还依赖于产品的异质性。若市场 2 产品与市场 1 同质,那么市场 2 同期现货出口供给会增长,供给当地的现货数量会下降(从 S_2 移动到 S_2'),从而市场 2 的现货价格会上升。除非两个市场的现货价格一致,否则市场 2 会不断增加向市场 1 的出口供给,直至达到两个市场现货价格均衡。市场 2 的合同价格是不可能完全等于市场 1 的,除非所有的长期合同也是市场定价。市场 2 的现货价格同样偏离合同价格,因为合同贸易不可避免地存在着固定的或调整的定价方式。若交易产品在两个市场间存在一定的异质性,那么市场 2 的现货价格和供给都会有所上升,供给上升到 S_2'' 低于 S_2',现货价格上升到 p 和 p' 之间。

二、光伏多晶硅原料国别市场关联与价格传导

光伏多晶硅原料交易中,合同贸易与现货贸易在交易成本上的显著差异影响着国别市场价格调整的速度。光伏多晶硅原料合同与现货贸易都可能面临产量调整的高额成本,但合同贸易有更高的协商和履约成本。在这个意义上,当市场受到供需冲击时,国别现货价格的调整速度要比合同价格快得多。

光伏多晶硅原料交易中,存在着产品的国别质量差异。高纯多晶硅料、太阳能级多晶硅和电子级多晶硅次料都可被作为光伏多晶硅原料,但其成本差异价格差异较大。即使是太阳能级多晶硅料也会因厂商生产工艺不同、成本不同,进而价格有所差异(见第三章第一节)。由此,各国所供给的光伏多晶硅原料会因质量差异而存在价格差异。2006 年后,中国成为光伏多晶硅原料需求量最大的国家,对外进口依赖性很高,比其他国家更有可能进口质量差异较

大的多晶硅原料,从而在其进口贸易中表现出显著的国别价格差异。

两国市场的情况可以扩展到多国市场以及因同时与第三方国家有贸易关系而具有市场互动的两国情况。多国市场之间的价格互动与两国市场情况相似。如中国作为多晶硅原料中间国,欧洲市场多晶硅消费需求的增加不仅使地区内价格上升,也引起中国市场生产性需求增加,从而引致中国从美、日、韩进口量的增加,推动出口国国内价格上升。在多国现货市场情景下,价格的传导是有效的,而合同市场就不如现货市场那样迅速地、完全地进行价格反应。在国际市场上,光伏多晶硅原料现货均价调整速度同样要比合同均价快得多。

第五节　小　结

本章研究光伏多晶硅原料国际价格形成机制的理论基础,探讨寡头垄断企业产量博弈对定价决策的影响,分析市场供需变化和国别市场互动对国际合同和现货市场的价格冲击和传导效应。

依据光伏多晶硅原料合同文本,买卖双方约束效力主要体现在合同年限、定价方式、预付款制度和交易数量规定上。光伏多晶硅原料典型的合同类型包括固定价格长期合同、调整价格长期合同、市场价格长期合同和现货合同。交易成本理论体现在如何通过不同形式的合同安排来最小化交易成本。依据资产专用性、市场结构和交易方式特点,光伏多晶硅原料交易成本主要包括搜寻成本、议价成本和履约成本,不同合同的交易成本各有差异。由此,结合交易成本和生产成本形式,建立光伏多晶硅原料价格形成机制的基本模型,分析三类交易主体合同选择:贸易商最优选择市场价格长期合同形式,合同形式不影响电池制造商 OEM 贸易以及生产商依据外部市场条件确定合同形式。固定价格和调整价格合同中,价格确立依据生产商市场势力以及现货合同价差水平。同时,三类长期合同均无法有效避免事后违约对专用资产投资、生产调整成本以及转换买家的交易成本的补偿。光伏多晶硅原料长期合同基本都有预付款规定,"照付不议"形式最为典型。预付金制度与最低购买数量对应,是降低履约成本的有效方式。

充分考虑光伏多晶硅原料寡头垄断市场结构特点,理顺第一梯队光伏多晶硅原料生产商不同阶段的竞争关系,建立了生产商古诺博弈和斯塔克尔伯格博弈模型,分析相应的价格决策。2000—2004 年光伏市场整体需求相对供给不足阶段,生产商在现货市场采取古诺博弈,产能、产量和利润的均衡结果均一致。2009年之前光伏市场整体需求处于相对强劲阶段,生产商采取斯塔克尔伯格领导者-跟随者博弈,产量和定价均衡解可能存在。领导者厂商利润和产量均超过跟随者厂商,并超过古诺博弈结果。领导者均衡解是对称的,且定价解低于古诺均衡,验证了首先进行合同贸易的领导者厂商定价必然低于现货市场。跟随者厂商利润水平低于古诺模型的均衡结果,在外部条件不变的情况下均衡解不存在。然而,该阶段市场供需变化(总需求活动、相关能源价格变化和光伏市场政策调整)对厂商价格产生正面冲击,跟随厂商也可进入合同市场,扩张产能,提高利润。2009年之后光伏市场整体需求处于疲软阶段,斯塔克尔伯格博弈均衡解要求厂商保持行业最低成本水平,一部分跟随厂商利用市场区位优势成为领导者厂商,而另一部分企业被挤出市场。这一结果也验证光伏多晶硅原料价格形成机制基础模型均衡价格解。

以斯塔克尔伯格博弈情景为例,研究光伏多晶硅原料国际市场主要供需因素变化引起的价格冲击效应,并检验斯塔克尔伯格博弈均衡解的存在。总需求、光伏政策和相关能源价格的正向冲击均引起光伏多晶硅原料价格的正向波动。总需求与光伏政策正向冲击必然引起厂商利润的提高,完全可能造成斯塔克尔伯格模型中领导者和跟随者厂商利润的显著增长,并高于古诺模型中的利润水平。相关能源价格正向冲击并不必然引起厂商利润的增加,依赖于交叉价格和生产成本的综合影响系数。但经验判断交叉价格效应大于生产成本效应,即相关能源价格正向冲击也会造成厂商利润的增加,斯塔克尔伯格博弈均衡解存在。

光伏多晶硅原料交易中,合同贸易与现货贸易在交易成本上的显著差异影响着国别市场价格调整的速度。光伏多晶硅原料合同与现货贸易都可能面临产量调整的高额成本,但合同贸易有更高的协商和履约成本。从而,当市场受到供需冲击时,国别现货价格的调整速度要比合同价格快得多。同样,在国际市场上表现为光伏多晶硅原料现货均价调整速度要比合同均价快得多。

第六章 光伏多晶硅原料国际市场
价格冲击效应实证研究

本章利用 2007—2009 年月度国际市场价格数据,建立结构向量自回归模型,量化并检验供需冲击对光伏多晶硅原料国际价格波动的效应,解释不同价格形成机制下光伏多晶硅原料国际合同与现货价格波动的特征差异。重点讨论以下几个问题:(1) 2004—2009 年有哪些结构性供需冲击因素显著影响着光伏多晶硅原料国际价格的波动? (2) 如何量化并检验这些冲击的影响程度和重要程度? (3) 光伏多晶硅原料国际合同和现货价格如何对这些冲击做出动态响应? 这些冲击因素的识别以及它们对光伏多晶硅原料国际价格波动的影响估计和检验将有效地验证光伏多晶硅原料国际价格形成机制的作用、供需影响因素的相对重要性以及国别市场价格波动的影响作用。

第一节 光伏多晶硅原料国际市场结构性
供需冲击因素识别

鉴于产业发展阶段、市场条件、数据可获性等多方面因素影响,本章重点研究 2004—2009 年光伏多晶硅原料国际价格波动的情况。产业发展阶段指 2004—2009 年,光伏多晶硅原料生产由依赖电子级多晶硅闲置产能转向大规模扩张太阳能级多晶硅产能的发展阶段。市场条件指 2004—2009 年是光伏多晶硅原料国际市场由供不应求向供过于求转变的重要时期。数据可获性指光伏多晶硅原料价格的高频数据存在样本量不足、数据公开性低以及产品差别造成的统计口径变化等问题,将对 2007—2009 年光伏多晶硅原料国际价格月度数据进行分析。基于以上原因,对光伏多晶硅原料国际市场结构性冲击因素的识别也以这一期间为主。

一、供给性结构冲击因素

依据多晶硅原料国别供给差异、生产成本变化以及市场供给量变化,假设光伏多晶硅原料国际市场供给性结构冲击因素包括欧元/美元汇率、电力能源价格和多晶硅原料产能因素。在全球光伏多晶硅原料产业的不同发展阶段中,这些供给性因素对光伏多晶硅原料国际价格的冲击作用和影响并不相同。

2004—2009 年,欧元/美元汇率、电力能源价格对光伏多晶硅原料国际价格的波动起了显著的冲击作用,原因如下:

第一,基于光伏多晶硅原料供给的国别来源特征,欧元/美元汇率汇率波动成为影响多晶硅原料生产成本和地区供给变化的重要因素。欧美市场是主要的掌握多晶硅生产技术的国别/地区,并存在巨大的生产性需求和消费性需求差异。2006—2008 年,伴随着欧元/美元汇率的持续上涨,美国超过欧洲成为光伏多晶硅原料总量和增量的第一大国别市场,且生产供给绝大部分用于出口。亚洲,尤其是中国,同期成为全球太阳能能源应用最广的地区——欧洲市场的第一大晶硅电池进口地区,也成为多晶硅原料生产性需求的第一大地区市场。但亚洲市场多晶硅原料供给高度依赖进口加剧欧元/美元汇率波动对光伏多晶硅原料生产成本和地区供给的影响(汇率波动的传导方式具体见第四章第三节,中国光伏多晶硅进口市场结构分析见本章第四节)。由此,可假设欧元/美元实际汇率作为生产成本的国别因素影响光伏多晶硅原料国际价格的波动。

第二,基于光伏多晶硅原料生产的技术特征,相关电力能源价格波动直接影响多晶硅原料生产成本的变化,并进而引起国际价格变化。2004—2009 年,主要电力能源天然气的价格经历 2004—2005 年和 2006 年 10 月至 2008 年 6 月两次急速上升和剩余月份两次急速下降,低谷与高峰值相差近两倍。另一类电力能源石油的价格趋势与天然气相近,在此不详述,具体可见第四章第三节。由此,有充分的理由假设 2004—2009 年,相关电力能源价格波动会导致光伏多晶硅原料生产成本的变化,并成为价格波动的重要生产成本性因素。

第三,光伏多晶硅原料供给的市场结构特征,使得厂商的产能扩张成为影响市场供给量的重要供给因素,但在 2004—2009 年,这一因素的影响作用并不显著。由于第四章第三节已有详尽的分析与解释,此处不再重复。

二、需求性结构冲击因素

依据替代/补充能源需求、总需求以及光伏市场直接需求因素变化,假设光伏多晶硅原料国际市场需求性结构冲击因素包括相关电力能源价格、真实经济活动和光伏市场政策因素。这些需求性结构冲击因素在之前内容中已有不同程度的探讨,但对 2004—2009 年由光伏市场政策变化所造成的多晶硅原料需求变化的分析还有不足之处,难以充分解释光伏多晶硅国际现货与合同价格有三倍之大的价格偏离,并在短期内骤然下降回归合同价格的波动特征。本章将对此进行较为详细的探讨和验证。

第一,太阳能电力能源对传统电力能源的补充或替代作用,使得相关电力能源价格波动易引起太阳能能源的补充性或替代性需求变化,并引致多晶硅原料的交叉价格反应。目前,文献仅支持传统石化电力能源价格波动引致部分国别太阳能电力替代性需求变化,但随着太阳能电力能源的不断发展,其替代传统石化电力能源的程度必然不断增强。

第二,太阳能作为电力能源之一,必然受到总需求变化的影响。2004—2009 年,真实经济活动变化较大,由此产生的收入效应不仅可以改变对太阳能电力消费的偏好倾向,还会改变对太阳能电力投资的需求倾向。显著的事实依据包括 2008 年下半年,欧美地区引发的全球金融危机造成总需求剧烈变化。同期,光伏大国市场政策、多晶硅原料供给均较稳定,而光伏多晶硅原料价格显著下降,且欧洲地区价格下降幅度明显大于美国市场。由此,假设光伏应用主要区域欧元区、美国和日本的真实经济活动所体现的总需求变化在 2004—2009 年期间是影响太阳能电力能源整体需求的重要因素之一,也是影响多晶硅原料全球需求的重要因素。

第三,太阳能光伏市场的政策措施有效地支持了光伏电力能源的应用,也直接引致多晶硅原料的需求变化,可以作为影响光伏多晶硅原料国际价格的特定需求冲击因素。然而,光伏市场政策措施不仅会造成非预见性需求冲击,还会引起防御性需求冲击。非预见性政策需求冲击是易于理解的,是未预见的政策性需求冲击和对政策性需求变化预见不足或过度而造成的预期外需求性冲击。显然,2000 年和 2004 年德国的 FIT 政策是未预见的政策性需求冲击和政策性需求冲击预期不足的最典型例子。防御性需求冲击是为了预防未能预见的需求变化或供给变化而采取的过度或不足的需求性预防措施,从而造成对市场的需求冲击。防御性需求往往连带引起投机性需求,极易造成市场价格短时间内的跳跃性波动。2004—2009 年,太阳能光伏市场国别政策变化频繁,不仅使企业加强了应对需求变化的库存性需求防御措施,还大大提高了其预防多晶硅原料厂商供货不及时的防御性需求。这些防御性需求仅依赖长期合同中的供货保障是不够的,更多地依赖现货市场进行交易,由此连带产生投机性需求,造成多晶硅原料现货市场价格大起大落。我们将光伏多晶硅合同市场的特定需求冲击假设为非预见性需求冲击,将现货市场的特定需求冲击假定为防御性需求冲击。这两大冲击的影响将不仅在本章实证研究中进行验证,还将在本章中国多晶硅进口市场分析中进行深入探讨和检验。

综上所述,本章将欧元/美元实际汇率波动所引起的生产供给变化、天然气和石油实际价格冲击引起的生产成本和交叉需求变化、真实经济活动所引起的总需求变化和太阳能光伏市场的政策变动引起的非预见性和防御性需求变化因素作为 2004—2009 年光伏多晶硅原料国际价格波动的结构性冲击因素,建立 SVAR 模型,实证研究结构性冲击效应。

第二节 光伏多晶硅原料国际价格冲击效应模型

本节建立 SVAR 模型分解光伏多晶硅原料国际价格波动,并进行相应的经济学解释。这样的分解在其他文献中还未尝试过,不仅由于多晶硅市场供需因素关系比较复杂,还由于计量统计上存在三个问题。问题之一是价格数据的可获性。全球光伏多晶硅产业发展时间较短,国际市场合同与现货贸易的年度和月度价格数据存在统计起始时间晚、统计标准差异大、数据公开性低等问题,文献研究多基于统计性分析,而非实证研究。问题之二是天然气国际价格的衡量。因为天然气地区市场的价格协同效应要弱于石油市场,所以估计相关能源的冲击影响就存在着计量上的偏误困难。问题之三是主要光伏应用市场真实经济活动的估计。由于 GDP 的统计是基于季度和年度,而非月度,因此不能直接将 GDP 值作为真实经济活动的衡量指标。这些问题在模型构建和数据说明中将一一进行解释,并在计量结果中进行检验。

一、模型建立与识别

我们构建结构向量自回归（SVAR）模型 $z_t = (euro_t, nat_t, oil_t, agg_t, con_t, spot_t)$，$euro_t$ 代表 t 期欧元/美元真实汇率，nat_t 和 oil_t 分别代表 t 期天然气和石油真实价格，agg_t 代表真实经济活动，con_t 代表 t 期光伏多晶硅原料国际合同价格，$spot_t$ 代表光伏多晶硅原料现货价格。所有变量以对数形式（log）表示。

构建 SVAR 模型时，我们允许四阶滞后（由于数据可获性的限制），并依据赤池信息准则（AIC）和施瓦兹准则（SC）确定阶数。以下为相应的结构表达式：

$$A_0 z_t = \alpha + \sum_{i=1}^{4} \Gamma_i z_{t-i} + \varepsilon_t \tag{6.1}$$

其中，

$$A_0 = \begin{bmatrix} 1 & -a_{12} & -a_{13} & -a_{14} & -a_{15} & -a_{16} \\ -a_{21} & 1 & -a_{23} & -a_{24} & -a_{25} & -a_{26} \\ -a_{31} & -a_{32} & 1 & -a_{34} & -a_{35} & -a_{36} \\ -a_{41} & -a_{42} & -a_{43} & 1 & -a_{45} & -a_{46} \\ -a_{51} & -a_{52} & -a_{53} & -a_{54} & 1 & -a_{56} \\ -a_{61} & -a_{62} & -a_{63} & -a_{64} & -a_{65} & 1 \end{bmatrix}, \alpha = \begin{bmatrix} a_{10} \\ a_{20} \\ a_{30} \\ a_{40} \\ a_{50} \\ a_{60} \end{bmatrix},$$

$$\Gamma = \begin{bmatrix} r_{11}^{(i)} & r_{12}^{(i)} & r_{13}^{(i)} & r_{14}^{(i)} & r_{15}^{(i)} & r_{16}^{(i)} \\ r_{21}^{(i)} & r_{22}^{(i)} & r_{23}^{(i)} & r_{24}^{(i)} & r_{25}^{(i)} & r_{26}^{(i)} \\ r_{31}^{(i)} & r_{32}^{(i)} & r_{33}^{(i)} & r_{34}^{(i)} & r_{35}^{(i)} & r_{36}^{(i)} \\ r_{41}^{(i)} & r_{42}^{(i)} & r_{43}^{(i)} & r_{44}^{(i)} & r_{45}^{(i)} & r_{46}^{(i)} \\ r_{51}^{(i)} & r_{52}^{(i)} & r_{53}^{(i)} & r_{54}^{(i)} & r_{55}^{(i)} & r_{56}^{(i)} \\ r_{61}^{(i)} & r_{62}^{(i)} & r_{63}^{(i)} & r_{64}^{(i)} & r_{65}^{(i)} & r_{66}^{(i)} \end{bmatrix}_{i=1,2,3,4} \tag{6.2}$$

随机误差 ε_t 是白噪声序列，序列不相关。若 A_0 可逆，导出简化方程为：

$$z_t = A_0^{-1} \alpha + A_0^{-1} \sum_{i=1}^{4} \Gamma_i z_{t-i} + e_t \tag{6.3}$$

简化式扰动项 e_t 是结构式扰动项的线性组合，代表一种复合冲击，可以据此分解为：

$$e_t = \begin{bmatrix} e_t^{euro} \\ e_t^{nat} \\ e_t^{oil} \\ e_t^{agg} \\ e_t^{con} \\ e_t^{spot} \end{bmatrix} = \begin{bmatrix} a_{11} & 0 & 0 & 0 & 0 & 0 \\ 0 & a_{22} & a_{23} & 0 & 0 & 0 \\ a_{31} & a_{32} & a_{33} & 0 & 0 & 0 \\ a_{41} & a_{42} & a_{43} & a_{44} & 0 & 0 \\ a_{51} & a_{52} & a_{53} & a_{54} & a_{55} & 0 \\ a_{61} & a_{62} & a_{63} & a_{64} & a_{65} & a_{66} \end{bmatrix} \begin{bmatrix} u_t^{euro} \\ u_t^{nat} \\ u_t^{oil} \\ u_t^{agg} \\ u_t^{con} \\ u_t^{spot} \end{bmatrix} \tag{6.4}$$

对于 k 元 i 阶 SVAR 模型,需要对结构式参数施加 $k(k-1)/2$ 个限制条件,或者是简化式的未知参数不比结构式的未知参数多,否则将出现模型不可识别的问题,或者无法得到结构式模型唯一的估计参数。由此,如式(6.4),对 A_0^{-1} 施加限制。限制条件如下:

第一,欧元/美元汇率波动所造成的光伏多晶硅原料国际价格冲击将不在同一个时期对其他结构性冲击做出反应。这一限制是合理的,因为实证研究文献并未显示这些结构性冲击会引起同期显著的欧元/美元实际汇率波动,并进而引起光伏多晶硅原料实际价格的波动(Clostermann & Schnatz,2000;Li,2004)。

第二,天然气实际价格波动引起的生产成本和替代/补充需求冲击将对当期石油实际价格波动做出反应,但在同期不对其他结构性冲击做出反应。原因是市场需求的不确定性和生产调整的高额成本,使得天然气实际价格波动引起的光伏多晶硅原料生产成本变化和需求变化的反应较为滞后,由此只有持续价格波动才会引致光伏多晶硅原料生产成本和需求的显著反应。同时,这一反应通过作用于石油实际价格对同期汇率冲击做出反应。这一限制是基于地区和国际市场天然气、石油和电力的协同效应实证结果(Bencivenga & Sargenti,2009)。

第三,由石油实际价格波动引起的光伏多晶硅原料价格波动将对当期汇率和天然气实际价格变化做出反应,但不在同期对其他结构性冲击做出反应。这一假设限制等同于限制总需求冲击和光伏市场需求冲击不会引起石油真实价格的显著变化,进而引起光伏多晶硅原料的价格反应。这些限制的依据与第二限制条件中对天然气实际价格波动的影响限制是一致的。

第四,三个区域的真实经济活动扩张被限定不会对光伏多晶硅原料市场的特定需求冲击立刻做出反应。这些限制是易于理解的,而且在我们的样本序列中总需求对光伏多晶硅原料市场的特定需求冲击反应迟缓。

第五,对光伏多晶硅原料合同和现货的价格扰动无法被以上冲击所解释的将被归类为由光伏多晶硅原料市场特定需求冲击引起。这些冲击反映由光伏市场政策所引起的非预见性和防御性需求冲击影响。由于合同市场以谈判价格形成机制为主,现货市场特定需求冲击被假定不会同期显著引起合同市场的价格调整。

第六,模型中其他的隐含假设还包括:真实经济活动反映了欧元地区、美国和日本的总需求状况,但不反映其他较活跃的市场的总需求状况,如中国、韩国、马来西亚等。原因是这些国家仅有较大的生产性需求且最终加工产品绝大部分出口到三大主要光伏市场,或者他们的经济活动相对其他主要市场较小,而不会在总需求活动上对光伏市场有显著的影响。从而,在本模型中不反映这些国家的总需求影响。

二、数据来源与说明

各变量的数据来源说明如下。

(一)光伏多晶硅原料价格数据

光伏多晶硅原料国际市场价格数据主要由行业内公认的国际咨询公司和协会提供,以月度价格数据作为实证分析的基本价格序列数据。数据来源如下:(1)Photon 咨询所提供的 2007 年 1 月到 2009 年 12 月的合同与现货月度均价;(2)中国有色金属工业协会硅业分会提供的 2005 年 6 月到 2010 年 7 月的国际市场现货月度均价。Photon 咨询对多晶硅数据收集是基于北美、亚洲和欧洲市场的私下贸易和公开市场贸易。尽管其数据样本量较少,但数据收集的范围和方法更为明确,因此在计量分析上采取 Photon 咨询所提供的数据样本。美国消费者价格指数(CPI)将被用于调整光伏多晶硅原料名义价格,以得到实际价格数据。数据最大的缺陷是样本量较少,但以下的实证研究仍然显示了令人满意的估计与验证结果。

(二)欧元/美元汇率

实际汇率最常用的方法是用 CPI 或生产者价格指数(PPI)调整名义欧元/美元汇率。由于 CPI 和 PPI 调整后的汇率变化长期内基本是相同的(Alquist & Chinn,2002),我们采用 CPI 对名义汇率进行调整以得到欧元/美元实际汇率的数据序列。CPI 和名义汇率数据来源于 IMF 国际金融统计(International Financial Statistics)数据库。

（三）石油和天然气价格数据

文献研究发现长期内全球不同地区石油价格是协同的，意味着全球石油市场是一体化的（Bentzen，2007；Ewing ＆ Harter，2000；Gülen，1999）。全球天然气市场①是相对分割的，或者说欧洲、北美、日本的地区内部市场比地区间市场价格协同性更强（Arano ＆ Velikova，2009；Leykam，2008；Siliverstovsa et al.，2005）。然而，跨地区天然气价格显示着逐步增强的趋同趋势（Hirschhausen，2005），而且显示出依赖国际原油价格波动而同步波动的趋势（Brown ＆ Yücel，2009）。所以由 CPI 调整后的美国西德克萨斯（WTI）原油价格和亨利中心（Henry Hub Terminal）天然气价格月度数据将作为本模型实证分析的数据序列。其他地区市场［英国布兰德（Brent）和国家平衡点（NBP）能源市场］的数据价格可用于检验实证结果。

（四）真实经济活动

对于真实经济活动，我们采用月度工业生产指数（IPI）作为代理变量进行衡量。IPI 反映了采矿和挖掘、制造业以及燃气和水行业的工业领域的真实经济活动变化。缺点是未能充分考虑工业领域之外的行业真实经济活动变化。但在我们的样本中，IPI 指标确实比 GDP 指标显示出与电力需求更为密切的关系（见图 4.11 及图 4.12）。由此，尽管 IPI 不是最优的衡量真实经济活动的指数，我们仍然将其作为量化欧元区 16 国、美国和日本市场总需求活动的代理变量，三个区域的权重指数以相对 GDP 份额为基准。数据来源于 OECD。

第三节　光伏多晶硅原料国际价格
冲击效应的实证结果

SVAR 模型估计是对限制条件下的模型简化式应用最小二乘法。本小节在 SVAR 模型估计和检验的基础上，分析各变量是如何对结构性冲击做出反应，结构性冲击的累积效应又是如何作用于光伏多晶硅原料实际价格波动的。

---

①　主要的天然气地区交易市场是美国亨利中心（Henry Hub）、加拿大艾伯塔天然气交易（Alberta National Gas Exchange）、英国国家平衡点（NBP）以及比利时泽布吕赫中心（Zeebrugge Hub Belgium）。

一、平稳性检验与协整检验

由平稳性检验方法 ADF 和 Phillips-Perron 可知,除实际石油价格和总需求变量外,其他变量的水平数据序列在 10% 显著性水平下均为非平稳的,但一阶差分后为平稳序列。石油 WTI 价格序列在 ADF 和 Phillips-Perron 检验下,平稳性状况有差异。ADF 检验下,漂移的随机游走和漂移加趋势项情景,石油价格序列在 5% 显著性水平为平稳序列,但在 Phillips-Perron 检验下,即使是 10% 显著性水平也为非平稳序列。另外,石油布仑特(Brent)价格序列无论是 ADF 还是 Phillips-Perron 检验,在 5% 显著性水平均为非平稳序列。总需求活动数据序列只在 ADF 检验的漂移加趋势项情景下,在 5% 显著性水平为平稳序列,在 Phillips-Perron 检验下同样无法通过 10% 水平的平稳性检验(见表 6.1)。由此,我们依然将这两个变量作为非平稳序列进行处理,或者说 5% 显著性水平是非平稳的。

表 6.1　SVAR 模型数据序列的平稳性检验

变量	ADF　Levels			差分
	Random Walk（RW）	RW with Drift	RW with Drift & Trend	一阶差分
ln*euro*	0.3127	−1.5164	−3.1452	−4.5254***
ln*nat*	−0.1587	−1.8832	−3.0344	−2.0964**
ln*oil*	0.0018	−3.2362**（a）	−3.4508*（b）	−3.1580***
ln*agg*	−0.7060	−1.4427	−3.4091*（b）	−2.0300**
ln*con*	−0.1472	−1.4702	−2.1418	−4.9586***
ln*spot*	−1.2933	0.1182	−1.6727	−2.8596**

注:*、** 和 *** 分别代表 10%、5% 和 1% 的显著性水平。a. ln*oil* 在 Phillips-Perron 准则下 t 值为 −1.8439,无法通过 10% 水平的平稳性检验。b. ln*oil* 和 ln*agg* 在 Phillips-Perron 检验下 t 值为 −1.9389 和 −1.8458,无法通过 10% 水平的平稳性检验。其他变量不存在 ADF 和 Phillips-Perron 检验下平稳性结果不同的情况。

多变量的协整检验采用 Johansen 检验方法。首先综合滞后检验(lag length criteria)各种标准,得到最优滞后长度为 4。之后,进行 AR 根平稳性检验,确定协整检验的滞后期。在 5% 的显著性水平下,协整检验结果显示这 6

个变量间存在 4 个协整关系,由此可以进行 SVAR 模型的估计(见表 6.2、表 6.3)。

表 6.2 SVAR 模型数据序列的协整检验(迹检验)

Hypothesized No. of CE(s)	特征值	迹统计量	0.05 临界值	Prob. **
None *	0.9231	231.8764	95.7536	0.0000
At most 1 *	0.7959	149.7850	69.8188	0.0000
At most 2 *	0.7550	98.9210	47.8561	0.0000
At most 3 *	0.6020	53.9066	29.7970	0.0000
At most 4 *	0.5046	24.4188	15.4947	0.0018
At most 5	0.0587	1.9376	3.8414	0.1639

表 6.3 SVAR 模型数据序列的协整检验(特征值检验)

Hypothesized No. of CE(s)	特征值	最大特征值统计量	0.05 临界值	Prob. **
None *	0.9231	82.0914	40.0775	0
At most 1 *	0.7959	50.8639	33.8768	0.0002
At most 2 *	0.7550	45.0143	27.5843	0.0001
At most 3 *	0.6020	29.4879	21.1316	0.0027
At most 4 *	0.5046	22.4811	14.2646	0.0020
At most 5	0.0587	1.9376	3.8414	0.1639

二、结构性冲击的脉冲响应

基于 SVAR 模型,图 6.1 显示了欧元/美元实际汇率、天然气和石油实际价格、真实经济活动、光伏多晶硅原料国际合同和现货实际价格对一个标准差结构性冲击的脉冲响应实证结果。

第一,欧元/美元实际汇率上升同期引起光伏多晶硅原料国际合同实际价格的正向反应,并在 4 个月后迅速平抑,直到第 14 个月出现负向反应,且实际合同价格反应从第 1 个月起处于 10% 以上的显著性水平。实际汇率上升同样引起光伏多晶硅原料国际现货实际价格的正向反应,但有 2 个月的滞后期,直到第 11 个月变为负向反应,同时从第 2 个月开始价格反应在 10% 显著性水平上。实际汇率正向冲击同期引起石油真实价格的正向反应,且从第 1 个月起显著性水平就在 1%。实际汇率会引起天然气真实价格的反应,但在起初的几个月并不显著。真实经济活动对实际汇率变动显示出微弱同向反应。

第二,天然气实际价格冲击作用与其他因素有所区别。其正向冲击引起光伏多晶硅原料国际合同实际价格同期短暂的正向反应,随后自第 2 个月起价格反应变为负向,价格反应的显著性水平从第 3 个月起维持在 5%,价格反应延续 18 个月。天然气实际价格正向冲击从第 3 个月起同样显著引起欧元/美元光伏多晶硅原料国际现货实际价格负向反应,且效应延续了 18 个月。天然气实际价格冲击无法同期显著引起欧元/美元实际汇率和总需求活动的反应。石油价格的反应相对不稳定,在正负向之间摇摆。

第三,石油实际价格正向冲击引起的光伏多晶硅原料国际合同实际价格反应较为持久,时间段从第 3 个月到第 18 个月,显著性在 10% 水平。石油实际价格正向冲击立即引起光伏多晶硅原料国际现货实际价格正向反应,显著性在 10% 水平,响应作用一直延续到第 19 个月转向负向。石油实际价格正向冲击不能立即显著地引起欧元/美元实际汇率的反应,但能引起天然气价格持续显著的反应。真实经济活动在第 1 年中对石油实际价格正向冲击的反应是正向的,第 2 年起转为负向。

第四,真实经济活动的冲击影响是相当持久的。真实经济活动的正向冲击几乎在 2 年内持续地引起光伏多晶硅原料国际合同和现货实际价格的正向反应,且效应分别于第 4 个月和第 3 个月起在 10% 水平上显著。真实经济活动的冲击对石油和天然气实际价格的正向影响超过 1 年,不会在同期引起欧元/美元实际汇率的反应。

第五,光伏多晶硅原料合同市场的正向特定需求冲击同期引起原料国际合同实际价格的显著正向反应,并在 8 个月后平抑。当供给约束缓解后,光伏多晶硅原料的实际合同价格在第 13 个月变为负向,且实际合同价格的反应在第 1 和第 4 个月显著性水平达到 1%。光伏多晶硅原料合同市场正向特定需求冲击同期立即引起原料现货价格正向反应,现货价格反应在第 1、2 个月显著性水平达到 1%,效应持续 12 个月后转为负向。原料合同市场特定需求冲击并不能引起欧元/美元实际汇率、石油实际价格以及真实经济活动的显著反应,但确实在第 3 个月起引起天然气实际价格的显著反应。

第六,光伏多晶硅原料现货市场的正向特定需求冲击立即引起原料国际现货实际价格在 1‰ 显著性水平上的正向反应,并在 12 个月内价格反应逐步平抑。光伏多晶硅原料现货市场的正向特定需求冲击同样立即引起原料国际合同实际价格在 1‰ 显著性水平上的正向反应,并在 8 个月内价格反应逐步平抑。当供给约束缓解后,国际合同实际价格反应在第 12 个月转向负向。光伏多晶硅原料现货市场的特定需求冲击同样并不能引起欧元/美元实际汇率、石油实际价格以及真实经济活动的显著反应,但会引起天然气实际价格的显著反应。

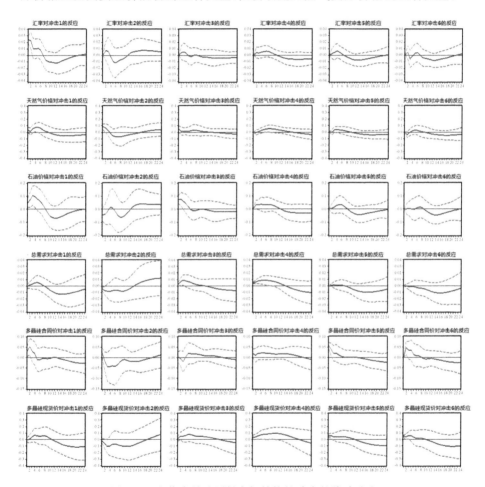

图 6.1　光伏多晶硅原料市场结构性冲击的脉冲响应

　　注:冲击 1、冲击 2、冲击 3、冲击 4、冲击 5 和冲击 6 分别指欧元/美元实际汇率、天然气实际价格、石油实际价格、真实经济活动、光伏多晶硅原料合同实际价格和现货价格的对数所引起的供需性结构冲击。

以上实证结果中最显著的结论是光伏多晶硅原料市场的特定需求冲击效应不同于其他冲击效应。实证结果显示总需求冲击和相关能源价格冲击的影响反应较为持久,欧元/美元实际汇率以及光伏多晶硅原料市场的特定需求冲击的影响反应较为迅速。下节将继续对结构性冲击所引起的累积效应进行分析,以辨析结构性冲击对光伏国别市场的不同效应。

三、结构性冲击的累积脉冲效应

研究光伏多晶硅原料市场的结构性冲击累积效应有助于判断各种结构性冲击因素影响光伏多晶硅原料国际价格波动的累积作用。图 6.2 显示了所有结构性冲击对光伏多晶硅原料国际实际价格波动的累积影响。

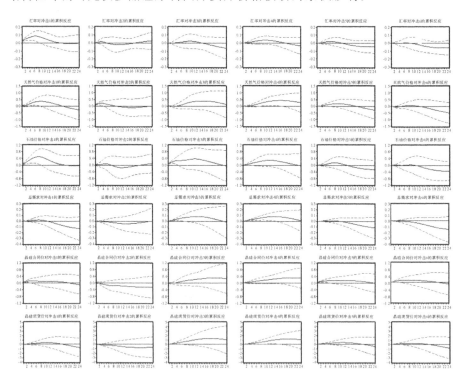

图 6.2　光伏多晶硅原料市场结构性冲击的累积效应

第一,欧元/美元实际汇率波动引起的汇率冲击对光伏多晶硅原料国际合同和现货实际价格的影响较为短暂。天然气和石油实际价格波动引起的生产性和需求性冲击对原料实际价格的影响较为持久。天然气作为电力能源的主要组成部分,在光伏大国的电源份额趋于上升,更有可能削弱太阳能电力的竞争力,对光伏多晶硅原料实际价格变化起负向冲击作用。相反,石油价格冲击倾向于增强太阳能电力的竞争力,对光伏多晶硅原料实际价格变化起正向冲击作用。光伏多晶硅原料国际现货实际价格对天然气和石油价格冲击的反应均超过国际合同实际价格。

第二,真实经济活动变化引起的总需求冲击对光伏多晶硅原料国际合同和现货实际价格的影响最为持久。光伏多晶硅原料合同市场的特定需求冲击对原料国际合同和现货实际价格的影响尽管不如总需求冲击持久,但非常显著。光伏多晶硅原料现货市场的特定需求冲击有可能引起多晶硅原料国际现货实际价格更为剧烈的波动。

基于以上的实证结果,更容易揭示 2004—2009 年光伏大国光伏多晶硅原料对结构性冲击的价格反应是有差异的。西班牙市场高度依赖外部市场的天然气和石油供给且光伏市场政策调整更为剧烈,显示出对光伏多晶硅原料更大的需求变化以及对结构性冲击的价格反应。德国市场的电力能源对天然气和石油供给进口依赖性低且国别经济增长更为强劲,其对光伏多晶硅原料的需求比意大利市场更为平稳,价格波动较低。美国市场的电力能源对天然气和石油供给进口依赖性低且光伏市场政策性措施较少,对光伏多晶硅原料的需求比日本市场更为平稳,价格波动幅度更低。韩国市场在光伏政策支持上较为薄弱,在总需求和能源价格剧烈波动时比意大利市场需求波动更大,价格波动也更明显。

第四节　光伏多晶硅原料国际市场特定需求性冲击的作用

针对光伏多晶硅原料国际市场的特定需求性冲击,我们通过国别市场政策措施与价格反应、原料供给约束与需求不确定性以及光伏多晶硅原料预防性需求在中国进口市场的表现来进一步验证特定需求性冲击的重要作用、两类特定需求性冲击对光伏多晶硅原料国际价格的差异化影响以及产量不足引起的供给性约束效应。

一、光伏多晶硅原料国际市场特定需求性冲击与价格波动

基于行业权威机构公布的国别市场光伏政策措施信息的梳理分类,以下列举了同期主要国别市场光伏市场政策措施调整(见表 6.4)和光伏多晶硅原料国际合同与现货价格的波动情况,分析特定需求性冲击对光伏多晶硅原料国际价格的影响。政策措施调整信息主要由 Solar Buzz 和 Photon 提供,国际和国别市场价格信息由 Photon、中国硅业分会和中国海关提供。

表 6.4　2006—2009 年全球太阳能应用市场主要政策措施

序号	时间	国别	政策事件
1	2006-7-10	法国	法国新电力回购费政策将屋顶太阳能电力价格上涨 2 倍到 0.30 欧元/千瓦时,建筑一体化的太阳能电力价格增长 4 倍至 0.55 欧元/千瓦时。同时,还对太阳能组件和其他设备进行 50%补贴
	2006-7-23	西班牙	西班牙开始实施太阳能固定上网电价与电力电价脱钩。100 千瓦功率以上的太阳能系统电力回购费率为 0.44 欧元/千瓦时,100 千瓦功率以上的太阳能系统电力回购费率为 0.23 欧元/千瓦时
2	2007-2-19	意大利	2007 年 2 月 19 日法令通过成为法律,标志着意大利对太阳能能源利用的极为有力的政策支持。法令简化了太阳能能源应用的程序,提供了最有利的电价支持,提高了系统安装的发展目标等
3	2007-5-29	西班牙	皇家法令 661/2007 替代了法令 436/2004,体现了西班牙在法律和经济体制上对太阳能发展的进一步支持。法令包括了更多的资本支持,更多的上网电价便利
4	2007-9	美国	美国密歇根州提出了美国第一个太阳能固定上网电价议案。这也是北美最有利的太阳能电力回购政策
5	2007-12-24	意大利	意大利可持续能源法 244 修正案通过,补充 387/03 法案,对太阳能发展正向支持进一步增强

序号	时间	国别	政策事件
6	2008-2-14	美国	美国公共电力委员会通过一个固定上网电价法案支持小规模可再生能源（包括太阳能）系统发展，其电价可依据事先确定的价格进行回购
7	2008-9-26	西班牙	西班牙皇家法令 1578/2008 替代法令 661/2007，代表着在经济体制上对太阳能安装的负面措施。太阳能固定上网电价额度将被大幅度削减
8	2008-10-3	美国	美国《2008 经济稳定紧急法案》通过，将对太阳能能源项目提供 30％的投资税收信用延期到 2016 年 12 月，并消除投资税收信用资金上限
	2008-10-25	德国	新可持续性能源法律通过，2009 年 1 月开始生效。新政最负面的影响是太阳能固定上网电价下降率从 5％上升到 8％
9	2008-11-26	英国	固定上网电价政策成为法律
10	2009-2-5	美国	美国佛罗里达州盖恩斯维尔市通过了美国第一个针对光伏发展固定上网电价法案，2009 年 3 月开始生效
	2009-3-31	南非	南非通过了可持续性能源固定上网电价新政，主要支持太阳能能源发展，其上网电价额度也是全球最有利的
	2009-5-14	加拿大	加拿大安大略省通过《绿色能源法案》，旨在成为发展可持续性能源的先行国家。法案提出了新的固定上网电价政策（包括小规模太阳能系统电价上升 1 倍），2009 年 10 月开始实施
	2009-5-27	美国	美国佛蒙特州成为第一个全州实施可持续能源固定上网电价整体方案的地区。太阳能系统固定上网电价为 30 美分/千瓦时，功率上限为 2.2 兆瓦

数据来源：Solar Buzz，Photon，EC，EIA。

第一，2006 年 7 月，法国与西班牙太阳能电力政策正向调整，太阳能多晶硅原料国际现货均价上涨了 20％，合同均价变化数据不可获，市场其他相关供需因素月度变化幅度不到 1％。

第二，2007 年 2 月，意大利太阳能电力政策正向调整，光伏多晶硅原料国际现货均价增长了 6％,市场其他相关供需因素月度变化幅度不到 2％。

第三,紧随 2007 年 5 月 29 日西班牙太阳能电力政策正向调整,2007 年 6 月太阳能多晶硅原料国际现货均价上升了 25 美元/千克,增长率达到 8.3％,合同均价上涨了 10 美元/千克,增长率达到 15％,市场其他相关供需因素月度变化幅度不到 1％。

第四,2007 年 9 月,美国市场受太阳能电力最优惠上网电价(FIT)议案的支撑。尽管当月光伏多晶硅原料国际现货均价下降了 6.7％,合同均价下降了 5％,但在中国进口市场上,来自美国的光伏多晶硅原料均价上涨 14.7％,而来自欧洲的原料平均下降了 30％。

第五,2007 年 12 月,意大利太阳能电力政策正向调整,光伏多晶硅原料国际现货均价上升了 50 美元/千克或增长率 14％,合同均价有微弱的上升。同月,中国进口市场上,来自意大利的光伏多晶硅原料均价上升了 132％,而来自欧洲的平均上升了 51％。

第六,2008 年 2 月,加州作为美国太阳能应用份额最大和发展最早的地区,对具有重要象征意义的太阳能固定上网电价做出正向调整。光伏多晶硅原料 2 月国际均价依然保持平稳,但 3 月现货均价和合同均价分别上升 18.8％和 25％,达到历史最高价,同时其他市场供需因素波动平缓。2 月,中国进口市场中来自美国的光伏多晶硅原料均价微弱上涨但供给上升 55％,来自欧洲和日本市场的光伏多晶硅原料均价下降 16％且供给下降 20％。

第七,2008 年 9 月后,西班牙市场固定上网电价政策负向调整。光伏多晶硅原料国际现货均价开始持续下降,但合同价格滞后两个月开始持续下降。中国进口市场中来自西班牙的光伏多晶硅原料价格数据不可获。

第八,2008 年 10 月,既有美国光伏市场正面政策调整影响,也有德国光伏市场负面政策调整影响。同时,宏观需求和能源指数显现出持续疲软的增长迹象。在市场条件不够明朗的情况下,光伏多晶硅原料国际现货均价小幅度下降,而合同均价小幅度上升。中国进口市场上,来自美国的光伏多晶硅原料均价小幅上涨,而德国与日本市场均价有 10％的下降。

第九,2008 年 11 月,英国太阳能电力政策正向调整。但光伏多晶硅原料国际现货均价出现月度最大降幅,下降至 130 美元/千克,合同均价仅下降 2 美元/千克。中国进口市场上,来自欧洲的光伏多晶硅原料均价下降 5％,而日本市场下降 25％,美国市场价格依然稳定,小幅上涨 2 美元/千克,从这三个国别/地区市场进口的数量依然保持上升。

第十,2009 年 2 月、3 月国别市场太阳能电力政策的正向调整并未能有效阻止光伏多晶硅原料国际价格的持续下降。国际现货均价下降趋势一直延续到 2009 年 5 月,合同均价除在 2 月有微弱增幅外,其他月份与现货均价一致呈下降趋势。

由以上主要国别市场太阳能电力政策变化和相应的光伏多晶硅原料价格变化可见,太阳能应用市场的政策措施对原料市场的影响不可忽略,且这一影响在现货市场比合同市场更为显著。当市场其他供需因素如宏观经济活动、石化能源市场发生较大波动时,即使太阳能应用市场的正向政策调整也无法有效支撑原料市场的现货价格水平,且波动性远大于合同市场。由此,我们可以推断光伏多晶硅原料合同市场更可能反映未预见到的需求冲击的长期效应,而现货市场更可能反映短期防御性需求效应,该效应在宏观经济和相关能源市场条件发生变化时波动尤为明显。防御性需求效应在以下章节还将得到进一步的检验。

二、光伏多晶硅原料供给约束与需求不确定性

2004—2009 年,中国市场在光伏多晶硅原料的生产性需求上由微不足道的小国迅速成长为全球第一大国,但其 95％ 的供给依赖于海外市场。通过对中国光伏多晶硅原料进口市场的分析研究,可以更好地理解原料市场特定需求冲击的效应。

图 6.3 是 2007—2009 年度依据进口贸易方式分类的中国光伏多晶硅原料进口价格和数据序列。这些序列有两大共同点:(1)2007 年 11 月—2008 年 4 月期间中国光伏多晶硅原料进口供给呈现受限迹象。各种进口贸易方式的光伏多晶硅原料数量或保持稳定或显著下降(见图 6.3),但价格均保持上升趋势。政策事件 5 和 6 正好在这一时期发生,光伏多晶硅原料国际均价也达到历史最高位。(2)2008 年 9 月—2009 年 6 月,中国光伏多晶硅原料进口需求呈现疲软和不确定的迹象。这一时期,中国光伏多晶硅原料各种贸易方式的进口价格显著下降,进口数量虽有上升趋势但波动幅度显著加大。这两大特点进一步确认之前的假设,即供给限制在某些时段是存在的,但是由未预见到的需求冲击引起的,需求自身的不确定性加大了数量和价格的波动性。

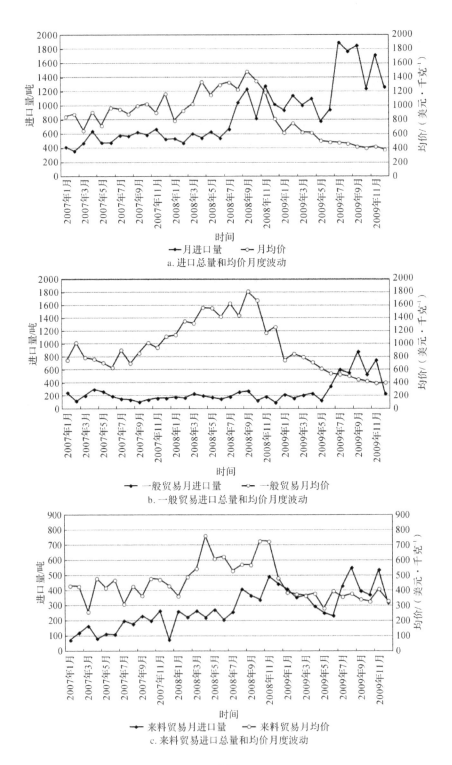

a. 进口总量和均价月度波动

b. 一般贸易进口总量和均价月度波动

c. 来料贸易进口总量和均价月度波动

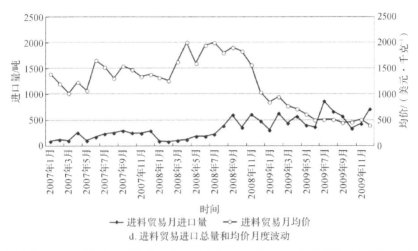

d. 进料贸易进口总量和均价月度波动

图 6.3　2007—2009 年贸易方式分类的中国光伏多晶硅原料进口价格和数量变化
　　数据来源：中国海关。

三、光伏多晶硅原料防御性需求的进一步检验

　　为了进一步说明光伏多晶硅原料防御性需求因素的重要性，利用中国光伏多晶硅原料进口保税货物数据研究多晶硅原料价格波动与买方需求决策的关系。数据来源为中国海关统计的 2007—2009 年中国光伏多晶硅原料月度进口保税数据。

　　中国进口保税仓库中，光伏多晶硅原料主要有三大用途：转口贸易、临时仓储（一年内清关）和保税加工再出口。这三种用途中，临时仓储是解释短期防御性需求作用的最重要指标。当未预见的需求性冲击引起光伏多晶硅原料价格上升/下降时，临时仓储形式的保税进口作为最简单也是成本最低的仓储变动方式会迅速显现预防价格上升或下降的需求变动，而该需求变动进一步加大原料现货价格的上升或下降幅度。

　　2007 年 7 月前，转口贸易是中国光伏多晶硅原料保税进口的主要方式，约占 95%。之后，转口贸易份额显著下降，临时仓储成为主要的保税进口方式。图 6.4 显示 2007—2009 年，中国光伏多晶硅原料临时保税仓储量月度变动幅度较大，并无持续的月度增长或下降，但显示出在价格上升区间数量呈上升趋势，在价格下降区间数量呈下降趋势。图 6.4 还显示 2008 年 11 月光伏多晶硅原料国际现货均价经历最大幅度的价格下降后，中国整体进口量依然保持波动中的增长趋势，但临时保税仓储一直保持相当的波动幅度，且在原料价格大幅度下降时进口数量也显著下降。以上事实证实了光伏多晶硅原料防御性需求对价格变化做出积极反应,且价格水平越高/低,防御性需求也越高/低。

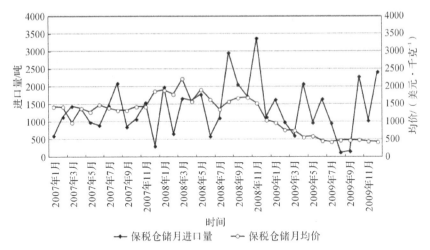

图 6.4　2007—2009 年中国光伏多晶硅原料保税仓库进口数量和价格变化

数据来源:中国海关。

另外,2008 年 10 月,也就是光伏政策措施事件 7 发生的次月,中国光伏多晶硅原料进口退货数量急剧上升,占到保税库存比重的 20%。这一点进一步证明需求不确定性所引致的防御性需求冲击确实在光伏多晶硅原料国际现货贸易的需求中起到至关重要的作用,也说明光伏多晶硅原料国际贸易中,以市场价格形成机制为基础的现货贸易比以谈判价格形成机制为主的长期合同贸易对供需冲击的价格反应更及时、更敏感。

第五节　小　结

本章利用 2007—2009 年的月度国际市场价格数据,建立结构向量自回归模型,量化并检验市场供需冲击对光伏多晶硅原料国际价格的影响作用,解释国际合同与现货价格的波动特征,论证光伏多晶硅原料国际价格形成机制对价格冲击的作用。

首先,识别这一阶段哪些结构性冲击因素显著影响光伏多晶硅原料国际价格的波动。在供给性结构冲击因素中,基于光伏多晶硅原料供给的国别贸易和生产技术特征,提出欧元/美元实际汇率和相关电力能源真实价格因素是引起光伏多晶硅原料国别供给差异和生产成本变化的重要供给性因素。厂商产能扩张确实是影响市场供给量的重要供给因素,但由需求波动性和企业供给扩张速度判断该因素不是 2004—2009 年阶段市场供给冲击的直接因素。市场需求性结构冲击因素不仅包括引起替代/补充能源需求变化的相关电力能源价格因素、造成总需求变化的真实经济活动因素以及引起太阳能光伏市场直接需求变化的政策因素,还应区别光伏多晶硅原料合同和现货市场特定需求性冲击的类型。区别于其他文献研究结果,合同市场特定需求冲击假定为非预见性需求冲击,现货市场特定需求冲击假定为防御性需求冲击。防御性需求仅依赖长期合同中的供货保障是远远不够的,更多地依赖现货市场进行交易,由此连带产生投机性需求,造成多晶硅原料现货市场价格大起大落。

接着,建立光伏多晶硅原料国际价格冲击效应的 SVAR 模型。基于文献研究结构和样本分析,对模型的限制条件进行了识别,建立了各变量的结构关系。对计量统计上存在的三个问题:价格数据可获性、天然气国际价格衡量和主要光伏市场真实经济活动估计,以数据来源比较和代理变量的方法进行解决。在价格数据来源上,基于权威性和标准化要求,采取 Photon 咨询所提供的数据样本。在天然气国际价格的衡量上,基于跨地区天然气价格与石油价格的协同效应,采取主要地区的天然气价格进行比较检验。在主要光伏市场真实经济活动估计上,对欧美日工业生产指数、GDP 增长率与电力增长率进行统计比较,验证工业生产指数更能代表光伏市场真实经济活动。

基于 SVAR 模型的脉冲响应实证结果可知,光伏多晶硅原料市场对特定需求冲击的价格反应最为显著,对相关能源价格和总需求冲击的价格反应较为持久,对欧元/美元实际汇率以及特定需求冲击的价格反应较为迅速。天然气作为电力能源的主要组成部分,更有可能削弱太阳能电力的竞争力,对光伏多晶硅原料实际价格变化起负向冲击作用。石油价格冲击倾向于增强太阳能电力的竞争力,对光伏多晶硅原料实际价格变化起正向冲击作用。现货市场特定需求冲击可能引起光伏多晶硅原料国际现货实际价格更为剧烈的波动。

鉴于光伏多晶硅原料市场特定需求性冲击的重要作用,通过国别市场政策措施与价格反应、原料供给约束与需求不确定性以及光伏多晶硅原料预防性需求在中国进口市场的表现,进一步验证两类特定需求性冲击对光伏多晶硅原料国际价格波动的差异化作用。通过对结构性供需冲击对光伏多晶硅原料国际价格的影响效应研究,还进一步证实价格形成机制对多晶硅合同与现货价格冲击效应的重要作用,尤其是中国进口市场。本章研究还显示光伏多晶硅原料价格冲击效应在国别市场中具有显著差异,下一章将以中国进口市场为数据样本进一步研究国别市场对光伏多晶硅原料国际价格形成机制的作用。

第七章　光伏多晶硅原料国别市场价格传导效应实证研究

光伏多晶硅原料生产与贸易的国别市场发展经历了三个阶段：2004年前欧、美、日主导多晶硅原料生产并成为将其加工为晶硅电池的主导地区；2004—2009年亚洲逐步成为多晶硅原料需求并将其加工为晶硅电池出口的主导区域；2009年至今亚洲不仅与欧美共同主导多晶硅原料生产，还占据晶硅电池生产和出口的绝对份额。而在此发展过程中，中国的变化和作用最为显著。本章将通过对中国光伏多晶硅进口市场结构和价格波动的分析来研究光伏多晶硅原料交易的国别市场关联、国别市场在合同安排方式中的作用以及价格的跨国市场传导和均衡。

第一节　基于中国光伏多晶硅原料进口的国别市场分析

依据中国海关和硅业分会的统计数据，中国光伏多晶硅原料进口市场的主要特点为：贸易量大、进口市场集中、贸易方式与合同安排关系密切。以下依据2001—2012年度数据和2007—2010年月度数据深入分析中国光伏多晶硅原料进口市场结构特征，说明中国进口市场数据序列适合分析光伏多晶硅原料国别市场价格传导效应。

一、中国光伏多晶硅原料进口市场结构和贸易方式

（一）中国光伏多晶硅原料进口贸易

2001—2012年，中国光伏多晶硅原料进口保持着强劲的增长势头和不断

上升的市场份额,尤其是 2007 年之后进口增长表现更为突出。2001—2006年,中国光伏多晶硅原料进口量年均增长率为 40%,全球占比 5%~10%。2007—2009 年,进口量年均增长率上升到 60%,相应的市场份额增长到 14%~24%(见表 7.1)。2010 年后,进口年均增长率高达 100%,市场份额超过 25%。

表 7.1 2001—2009 年全球与中国光伏多晶硅原料需求变化

指 标	2001 年	2002 年	2003 年	2004 年	2005 年	2006 年	2007 年	2008 年	2009 年
全球需求量/吨	17650	20350	23100	27000	32000	37000	40655	75000	106420
中国需求量/吨	850	1153	1350	2000	1652	4686	10597	17850	37500
中国进口量/吨	810	1073	1270	1940	1572	4426	9467	13130	19500
中国电池生产量/兆瓦	3	10	13	40	128	342	864	2013	3782
全球电池生产量/兆瓦	371	542	749	1199	1728	2459	3746	7089	10680
中国光伏多晶硅产能/吨	100	100	100	100	400	400	4310	20000	62100
中国光伏多晶硅产量/吨	70	80	80	60	80	260	1130	4721	18000

数据来源:中国硅业分会、World Watch。

(二)中国光伏多晶硅原料的进口市场结构

中国光伏多晶硅原料进口市场结构主要表现在市场集中度高,美国、德国、日本和韩国占据绝对份额,与全球国别市场供给分布一致。同时,中国对这些市场的依赖性各年有较大差异,显示出全球多晶硅生产和供给的市场竞争态势。如图 7.1 可见,中国光伏多晶硅原料进口中前三大市场占比份额较大,最低年份为 2008 年的 58%,最高年份为 2012 年的 87%。其中,美国市场始终保持着高速稳定的发展势头,尽管各年有一定的波动,但绝大部分年份位居第 1 位,仅 2011 年低于韩国。相反,日本进口份额下降明显,尽管无法获得

2007年之前的国别数据,但根据年度和月度数据序列的波动趋势(见图7.1和图7.2),可推测中国初期对日本市场的依赖性仅次于美国,约占据20%的份额。然而,2007年下半年开始日本对中国出口表现出下降趋势,2008年2月后被德国超越,2009年6月后被韩国超越,目前占比较小。韩国市场最为活跃,上升幅度也最大,2010年超过德国市场,2011年一度超过美国市场成为对中国光伏多晶硅出口第一大国,目前仍处于第二出口大国地位。德国虽然最初份额不大,但2007年之后增长较快,成为份额占比较大(月度平均20%)、波动最小的领先国家,目前排名第三。其他比较活跃的市场包括意大利、挪威等,这些市场年度波动较大且占比下降较大,整体不足3%。

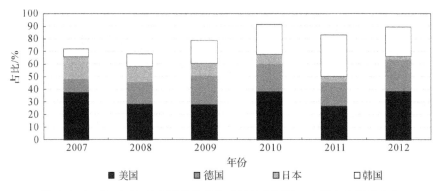

图7.1　2007—2012年中国光伏多晶硅原料主要进口市场占比年度变化

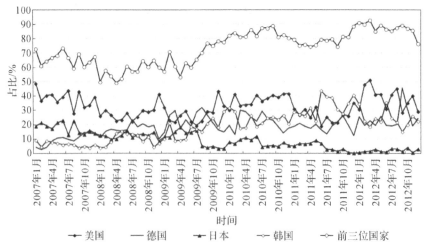

图7.2　2007—2012年中国光伏多晶硅原料主要进口市场占比月度变化

数据来源:中国硅业分会。

中国光伏多晶硅原料进口市场结构还表现出以下特点：(1)全球市场需求较强劲时，中国进口市场集中度下降，而当全球市场需求相对疲软时，中国进口市场集中度上升(见图 7.2)；(2)主要市场月度进口数量呈上升趋势，但波动率增大(见图 7.3)；(3)主要市场月度进口价格差异变小、波动率下降、同步性增强(见图 7.4)。以上三大特点进一步说明：(1)全球光伏多晶硅原料市场需求性冲击对企业生产需求影响较大，当市场需求疲软时，具有成本优势的国家(企业)对市场价格的影响力会增强；(2)即使在全球光伏市场整体需求相对疲软的时期(2010—2012 年)，中国光伏多晶硅原料进口量敏感性(波动)增强，但对外市场依赖度依然较大，国际市场与中国市场的价格传导效应不容忽视；(3)光伏多晶硅原料国际市场现货与合同价格高度偏离的时期，也是中国进口市场国别价格差异最大的时期，说明中国光伏多晶硅原料进口市场的交易方式具有较大的差异。但这种交易方式的差异性是否在时序上是不变的，仅依据中国光伏多晶硅原料进口的国别数量和价格序列变化无法得到验证。

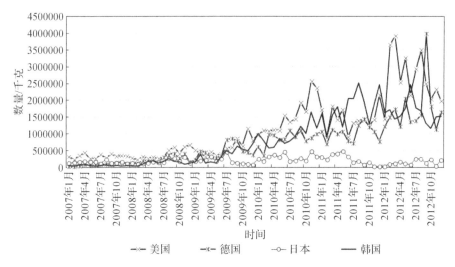

图 7.3　2007—2012 年中国光伏多晶硅原料主要进口市场月度数量波动

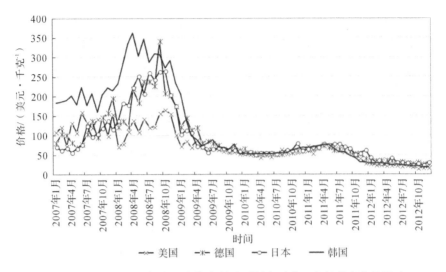

图 7.4 2007—2012 年中国光伏多晶硅原料主要进口市场月度价格波动
数据来源:中国硅业分会。

(三)中国光伏多晶硅原料进口贸易方式

由中国光伏多晶硅原料进口市场结构特点可知,依据长期合同和现货合同交易形式对中国进口国别数据序列进行分类非常重要。由此我们基于进口来源的贸易方式类别对进口市场国别数据进行分类。进口贸易方式按照原料来源分为一般贸易(GT)、来料加工贸易(PTCM)和进料加工贸易(PTIM)。之所以以进口贸易方式来代替区分中国光伏多晶硅原料合同与现货进口贸易是基于中国进口贸易的来源特点。

第一,中国光伏多晶硅原料进料贸易和一般贸易更能反映国际现货贸易的变化。进料贸易和一般贸易都需要生产商自行安排原料进行生产,这就要求生产商有高效的原料供货渠道。中国在极短的时间内(2006—2008 年)从光伏产品生产小国成为全球第一大制造国,多晶硅原料生产性需求年增长率一度(2006—2008 年)超过 1000%,且国内原料生产 90%以上依赖国际进口。同一时期,其他国家也存在原料紧缺的现象,且国外光伏中下游企业成立时间更早,与主要原料生产商在地理位置上、贸易关系上的关系都更为密切。在此情况下,国内大部分企业不可能也无法提前安排原料的合同贸易,即使是合同贸易,其定价方式也是现货市场定价,这可以从 LDK 与国内国际多晶硅原料生产商的合同定价方式中得到证实(LDK,2010)。2009—2010 年,中国光伏多晶硅原料进料贸易和一般贸易同样反映出现货贸易的特点。这一时期,全球光伏多晶硅原料需求增长放缓,国际现货价格下降显著、逐步接近合同价格水平,大部分企业更有可能也更愿意以市场价格合同安排形式进行交易,进料贸易和一般贸易的市场定价的贸易形式仍然显著。

第二,中国光伏多晶硅原料来料贸易更能反映国际合同贸易的变化。国际光伏生产和贸易商通过来料贸易形式利用中国光伏中下游生产商的成本优势加工其拥有的多晶硅原料,以获得安全、及时、低成本的晶硅加工品——晶硅片、晶硅电池和组件。同时,中国生产商也愿意通过来料贸易形式确保原料供货安全。这尤其表现在 2004—2009 年,在中国国内多晶硅原料供给明显不足以及大部分企业无法及时获得合同原料的情况下,国内光伏生产企业更愿意承接来料贸易形式的加工生产以避免原料现货贸易的高价风险。如 LDK 与 Q-cell 之间的来料加工、浙江昱辉(全球排名领先企业)1/3 硅片生产为来料加工等。这一时期,中国光伏大企业的来料贸易往往为合同原料,因为大企业间的加工贸易是长期的,必须有合同原料为供应保障。

依据中国光伏多晶硅原料供需情况,以进口贸易方式区分国别市场合同与现货价格数据还需与国际市场价格波动的特点相一致。以下将依据进口贸易方式对国别市场价格数据进行分类统计分析,并说明这样的数据替代方式是可行的。

二、中国光伏多晶硅原料进口市场的贸易方式与量价分析

依据进口贸易方式,整理分析中国光伏多晶硅原料主要进口来源国美国、德国、日本和韩国市场的数量和价格波动情况。数据序列限于可获得的 2007 年 1 月至 2010 年 9 月的数据。

(一)主要进口国各类贸易方式的进口量波动

依据进口贸易方式,中国光伏多晶硅原料主要进口市场进口量变化显现四大特征(见图 7.5)。具体体现为:(1)进口市场三大贸易方式的进口量均有不同程度的增长,但一般贸易和进料贸易增长幅度更为显著;(2)来源于德、日、韩市场的一般贸易和进料贸易的进口量普遍大于来料贸易,来源于美国市场的来料贸易进口量在 2009 年之前普遍大于其他贸易方式;(3)主要进口市场三大贸易方式的进口量波动性都明显增加,且一般贸易和进料贸易波动幅度更为显著;(4)尽管主要进口市场依据贸易方式的进口量波动性增强,但波动同步性依然明显,尤其是一般贸易与进料贸易方式。

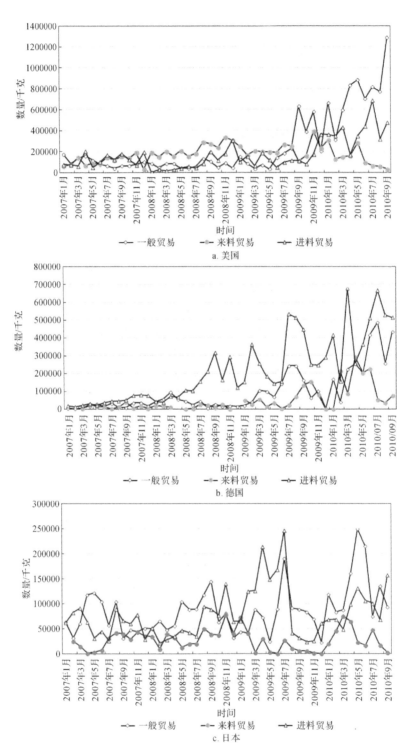

a. 美国

b. 德国

c. 日本

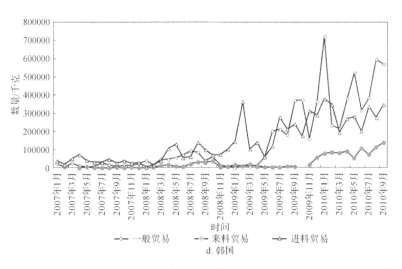

图 7.5 2007—2010 年贸易方式分类的中国光伏多晶硅原料主要进口市场的数量变化

数据来源:中国硅业分会。

依据进口贸易方式分类的中国光伏多晶硅原料国别进口量波动特征说明了以下几个事实:(1)证实 2010 年之前光伏多晶硅原料紧缺,来料贸易是中国市场获取原料的重要贸易方式,尤其是来自原料较为丰富的美国市场;(2)证实在原料供给较为充分的 2010—2012 年,来料贸易的重要性下降,从一般贸易和进料贸易中获得不同合同安排形式的多晶硅原料的可能性明显增强;(3)一般贸易与进料贸易进口量的波动性与同步性特征证实在这两种贸易方式中现货贸易的影响相近且大于来料贸易。以上的事实进一步说明以进口贸易方式分类代替合同方式的贸易数据更适用于 2004—2009 年的数据序列。

(二)主要进口国各类贸易方式下进口价格波动

从平均值、标准差和最大最小值的统计分析以及图形表示来看,中国光伏多晶硅原料主要进口市场依据进口贸易方式分类的月度价格数据显现出三大特征(见图 7.6 和表 7.2)。具体体现为:(1)在统计特性上,主要进口市场的一般贸易和进料贸易的价格均值、标准差均显著大于来料贸易,在波动趋势上,价格波动更接近于国际现货价格序列,突出表现在韩国与日本进料贸易价格序列的波动性与国际现货价格序列较吻合;(2)在统计特性上,主要进口市场的来料贸易价格明显接近于国际合同市场价格序列,在波动趋势上,来自美国市场的来料贸易价格波动性与国际合同价格序列较吻合;

（3）在统计标准差特性上，主要进口市场的一般贸易和进料贸易价格序列比国际现货价格序列要小，但相应的来料贸易序列却比国际合同价格序列要大，在价格波动的图形上，主要进口市场价格序列普遍比国际市场价格序列波动性更大。

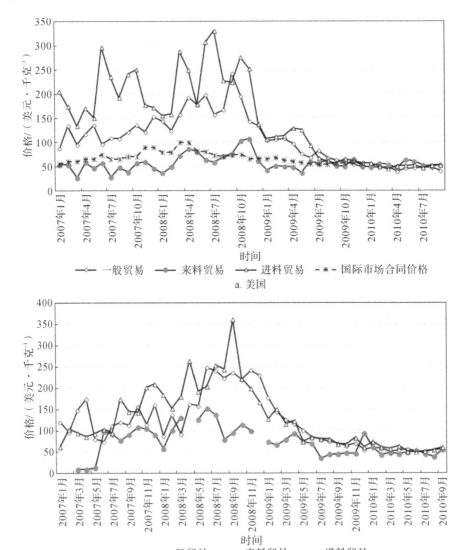

a. 美国

b. 德国

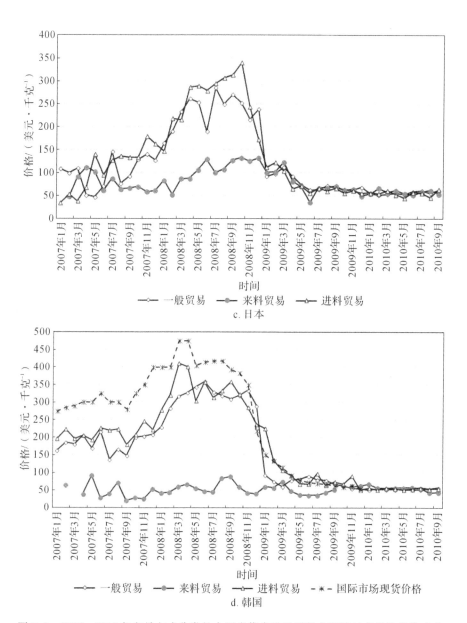

c. 日本

d. 韩国

图 7.6　2007—2010 年贸易方式分类的中国光伏多晶硅原料主要进口市场的价格变化
　　数据来源：中国硅业分会。

表 7.2　贸易方式分类的中国光伏多晶硅原料主要进口市场价格序列统计分析

国别	贸易方式	样本量	均值	标准差	最小值	最大值
美国 (USA)	一般贸易	45	106	50	39	243
	进料贸易	45	148	86	44	331
	来料贸易	45	56	15	27	106
德国 (DEU)	一般贸易	45	120	62	49	248
	进料贸易	45	129	71	49	362
	来料贸易	40	75	33	10	153
日本 (JPN)	一般贸易	45	121	75	47	285
	进料贸易	45	128	91	33	340
	来料贸易	44	80	26	36	133
韩国 (KOR)	一般贸易	45	166	106	51	359
	进料贸易	45	179	112	50	410
	来料贸易	42	53	16	20	93
全球[a](World)	现货贸易	36	263	140	55	475
	合同贸易	36	68	12	54	100

数据来源:中国海关、中国硅业分会。

注:a.全球价格序列时间范围为 2007 年 1 月到 2009 年 12 月。

以上中国光伏多晶硅原料进口依据贸易方式的国别价格序列特征,无论是从统计特征还是图形表示上都显示与国际合同或现货贸易价格序列不完全吻合,但相似性较强。对于这种不完全吻合性有以下几种解释:(1)国际市场的价格数据是各国企业间交易的加权平均,单个国家的价格数据确实不可能完全与国际市场的价格数据相吻合。(2)若国别间的现货和合同价格的传导是充分的、即时的,那么可以通过波动的协同性显著检验,若其中任何一类价格在空间市场间的传导是不充分的,都可以通过两两市场间的数据检验进行识别,以辨别是代理变量方法所引致的误差,还是价格传导方式的差异所造成的。(3)若不存在代理变量的方法误差,也可能存在国别价格波动的较大差别,如市场关系的差异、产品异质性的变化、交易方式差异等。而这些假设和可能也正是以下的计量模型需要进一步进行检验和验证的。

三、中国光伏多晶硅原料进口数据的进一步说明

在进行计量估计和验证之前,对于中国光伏多晶硅原料进口国别数据还有两个方面值得说明。一方面是空间市场价格互动的计量有效性可以由不同的市场关系引起,必须充分考虑中国下游应用市场的发展情况。若纵向加工品在空间分割市场间是密切相关的,那么即使在市场间无贸易的情况下,上游原料市场间价格也可能是相关的。中国光伏原料市场不存在这样的情况,但2012年起中国光伏市场的规模化应用大幅度加快,由此原料市场的价格互动性不完全由外生性需求引起,还有内生性需求的显著影响。所以,依据可获样本对光伏多晶硅原料国别市场价格传导效应研究可以不考虑国内市场的终端需求造成的国别价格互动影响。

另一方面是有关光伏多晶硅原料进口海关编码的问题。八位海关编码对多晶硅原料的描述是含硅量不少于99.99%的硅,这样的描述排除了冶金硅,但可以包括多晶硅料、多晶硅锭和单晶硅棒。由此,纵向相关的衍生原料也可能包含在多晶硅料的统计数据中,从而影响计量结果的有效性。考虑到中国具有大规模的硅锭、硅棒生产产能,我们假设海关统计上含硅量不少于99.99%的硅中非多晶硅料的其他原料数据不会在计量上显著影响多晶硅料国别市场价格的互动关系。

第二节　光伏多晶硅原料国别市场
价格传导效应模型

一、模型构建

由空间市场价格传导与均衡的 Takayama-Judge 模型(1964)可知,当市场间仅存在交通成本时,市场间的价格传导是即时的,价格均衡存在且差额即为交通成本。具体模型如下:

$$p_{it} = c + d\,p_{jt} + u_t \tag{7.1}$$

其中,限制条件为 $d=1$。若价格传导是即时的、完全的,则意味着空间市场均衡且有效。c 代表交通成本,若存在交易成本,且形式为固定、线性的,c 也可

包括交易成本。当价格调整不是即时、完全的，而是需要成本且耗时的，那么模型可以延展为式(7.2)，以代表动态的价格调整：

$$p_{it} = e + \sum_{k=1}^{n} f_k p_{it-k} + \sum_{r=1}^{m} g_r p_{jt-r} + u_t \qquad (7.2)$$

二、平稳性检验

对光伏多晶硅原料国别市场价格传导的实证分析之前，首先对相关数据序列进行时间序列数据的特性或平稳性检验以确保实证研究的有效性。与平稳数据不同，非平稳数据在冲击之后无法恢复到冲击之前的水平。由此，正态统计的推断对非平稳数据的线性回归是无效的，平稳数据的传统计量方法研究非平稳数据可能会导致虚假回归结果。

检验平稳性最常用的方法是 Augmented Dickey-Fuller(ADF)方法。对于一个价格序列 p_{it}，ADF 检验如以下等式：

$$\Delta p_{it} = \gamma p_{it-1} + a + \delta t + \sum_{k=1}^{n} \beta_k \Delta p_{it-i} + u_t \qquad (7.3)$$

其中，Δp_{it} 是差分价格序列，t 是时间趋势，n 是滞后阶数，随机误差 u_t 是白噪声序列，序列不相关。零假设是至少存在一个单位根。如果价格序列的水平数据拒绝了零假设，意味着价格序列是平稳的。如果水平价格序列无法拒绝零假设，但一次差分序列拒绝了零假设，则此价格序列是一阶平稳的，或是单整的 $I(1)$。

单位根检验可以在三个情景的假设下进行分析：随机游走、漂移的随机游走(α)和趋势线(t)。如果水平序列拒绝了漂移加趋势项，则为趋势平稳。若序列只在差分形式下才平稳，则为差分平稳。不同情景下的 ADF 检验是为了保证在去趋势过程中平稳性结果的有效性。其他常用的平稳性检验方法还包括 Phillips-Perron(PP)方法，用于确认 ADF 检验结果。

三、因果检验

文献中格兰杰因果检验已被用于验证冲击影响下空间市场的相互关系。如果对冲击的价格调整在市场间是双向的，那么空间市场将表现出卫星型关系(satellite relationships)，且价格相互影响。若对冲击的价格调整是单一方向传导的，那么空间市场表现出主导与跟随关系，中心市场的价格引领较小市场的价格变化而不是相反。若不存在市场间的价格调整,则说明市场是独立的(Asche,2004)。

冲击的价格调整可以是即时的或持续较长时间的,依赖于市场形式、价格调整成本以及其他的因素,如合同安排方式。价格调整的时间越长,那么投机的机会也越多。通常利用 VAR 因果模型来揭示空间市场价格传导以及市场关联,双变量因果关系模型可表示为:

$$\begin{bmatrix} p_{it} \\ p_{jt} \end{bmatrix} = \begin{bmatrix} a_{10} \\ a_{20} \end{bmatrix} + \begin{bmatrix} a_{11}^{(1)} & a_{12}^{(1)} \\ a_{21}^{(1)} & a_{22}^{(1)} \end{bmatrix} \begin{bmatrix} p_{it-1} \\ p_{jt-1} \end{bmatrix} + \begin{bmatrix} a_{11}^{(2)} & a_{12}^{(2)} \\ a_{21}^{(2)} & a_{22}^{(2)} \end{bmatrix} \begin{bmatrix} p_{it-2} \\ p_{jt-2} \end{bmatrix} + \cdots +$$
$$\begin{bmatrix} a_{11}^{(k)} & a_{12}^{(k)} \\ a_{21}^{(k)} & a_{22}^{(k)} \end{bmatrix} \begin{bmatrix} p_{it-k} \\ p_{jt-k} \end{bmatrix} + \begin{bmatrix} \varepsilon_{1t} \\ \varepsilon_{2t} \end{bmatrix}, t=1,2,\cdots,m \qquad (7.4)$$

其中,p_i 和 p_j 代表市场 y 和市场 x 的价格,α 代表截距或变量矩阵,ε 为随机误差、白噪声序列和序列不相关。当且仅当等式(7.5)或等式(7.6)的联合假设被拒绝时,p_j 或 p_i 可以引起 p_i 或 p_j 的变化。当其中一组价格序列都能引起另一组价格序列的变化时,两市场存在双向的因果关系,否则为单向或无因果关系。

$$H_0: a_{12}^{(q)} = 0, q = 1,2,\cdots,k \qquad (7.5)$$
$$H_0: a_{21}^{(q)} = 0, q = 1,2,\cdots,k \qquad (7.6)$$

对所有的两两价格组进行因果检验,以便确定:(1)一国光伏多晶硅原料价格变化是否会引起另一国相应价格的变化;(2)一国合同和现货贸易价格是否会引起另一国相应价格的变化;(3)空间市场合同与现货价格是否相互影响。对这三类空间市场价格关系的检验是为了解释国际贸易对光伏多晶硅原料国别市场价格传导的作用以及相应的国别市场关系。一些研究发现格兰杰因果检验既不能解释价格调整的程度,也无法揭示价格传导的驱动力(Witzke et al.,2011),因果检验的结果对非平稳性时间序列数据也是无效的。由此,协整检验被引入计量模型并用于确认非平稳性价格序列的相互关系,一价定理的检验被引入计量模型并用于检验空间市场价格调整的程度。

四、一价定理的检验

除了确认价格调整的存在,更为重要的是明确市场冲击下空间市场间价格是如何传导和调整,并趋向新的均衡。Takayama-Judge 模型(1964)显示了空间市场间交通成本之上的价格调整的即时均衡过程。该模型的静态设定如式(7.1)：

$$p_{it} = c + d p_{jt} + u_t$$

其中，$d=1$ 被用于检验价格传导的程度或者一价定理的存在性。即时的、完全的价格传导意味着完美的市场均衡和市场有效性。c 意味着相对价格调整的交通成本或交易成本。当价格调整是高额、耗时的时，则模型可延展为式(7.2)来显示价格的动态调整：

$$p_{it} = e + \sum_{k=1}^{n} f_k p_{it-k} + \sum_{r=1}^{m} g_r p_{jt-r} + u_t$$

其中，滞后期结构与因果检验相近，短期的价格调整由 k 期的 f 值以及 r 期的 g 值来决定。长期的价格调整或者一价定理的关系由等式 $\sum f + \sum g = 1$ 来约束。

如果价格序列是非平稳的，那么基于等式(7.2)的约束检验将过度拒绝一价定理。协整模型可用以研究非平稳序列的平稳长期关系。若非平稳价格序列的线性组合是平稳的，那么价格序列有共同的趋势或者是协整，市场也是整合(一体)的。由此，误差修正模型(VECM)以及一价定理的检验就可用于揭示趋向均衡的价格调整。

Engle-Granger 两步法和基于 VAR 的 Johansen 检验(1988)是最常用的检验协整关系的方法。本研究采用 Johansen 法，因为可以避免价格序列内生性所引起的 Engle-Granger 两步法回归误差，也可以用似然比法更有效地检验一价定理。Johansen 检验模型具体如下：

$$y_t = A_1 y_{t-1} + \cdots + A_p y_{t-p} + BX_t + \varepsilon_t \tag{7.7}$$

其中，y_t 是 n 维非平稳内生变量(在本研究中为两维价格序列向量)，X_t 为外生向量(在本研究中省略)。A 和 B 为待估计的系数举证，ε_t 为残差向量。式(7.7)的一阶差分式为：

$$\Delta y_t = \alpha \beta' y_{t-1} + \sum_{i=1}^{p-1} \Gamma_i \Delta y_{t-i} + BX_t + \varepsilon_t \tag{7.8}$$

在本研究 VAR(2)基础上的 Johansen 检验中，价格序列必须为同阶单整，否则序列的显现组合不可能是平稳的。当 Δy_t 是差分平稳向量时，协整检验用于确定协整向量的个数或者 $\alpha \beta'$ 的秩使得向量 y_t 的线性组合是平稳的。α 和 β 均是 $n \times r$ 矩阵，α 代表调整参数，而 β 代表协整向量或者长期关系。当价格序列是协整的时，VECM 模型可被建立用以估计 α 和 β。A 反映价格偏离长期均衡的调整速度。价格调整的速度越快，价格趋向均衡的速度就越快。非零 α 还意味着因果关系的存在，否则一个市场的价格对于另一市场价格而言为外生的,长期均衡点也不存在。β 反映了一市场向另一市场的价格传导程度。标准化系数矩阵 β 越接近 1,那么一价原料越有可能存在。在 Johansen 检验中,协整向量 $(1,-1)$ 的约束可以转化为对协整参数(β)的假设约束,这样一价定理或完美的市场整合(一体化)便可得以检验。

协整和一价定理检验的主要目的是探究:(1)光伏多晶硅原料国别市场价格和市场本身是如何联系在一起的;(2)市场整合或一价定理在光伏多晶硅原料国别市场别和市场间是否是一致的;(3)合同安排形式在光伏多晶硅原料国别市场的价格传导、市场整合以及价格均衡的作用是否有差异。

第三节　光伏多晶硅原料国别市场价格传导效应的实证结果

一、中国光伏多晶硅原料进口价格序列平稳/非平稳性

对中国光伏多晶硅原料进口价格序列进行对数形式转变,并作为实证研究的数据基础。表 7.3 至表 7.6 显示依据国别和进口贸易方式分类的中国光伏多晶硅原料进口价格序列的单位根检验结果。除来料贸易的价格序列,其他贸易方式的对数价格序列在三个检验假设情景下均无法拒绝单位根的零假设,但一阶差分数据均拒绝零假设。这意味着中国光伏多晶硅原料进口整体价格、一般贸易价格、进料贸易价格以及非来料贸易价格序列均为一阶单整 $I(1)$。

表 7.3　贸易方式分类的中国光伏多晶硅原料进口市场价格序列单位根检验(美国)

价格序列	Random Walk (RW)		RW with Drift		RW with Drift & Trend		一阶差分	
	ADF (ρ)	PP(ρ)	ADF (ρ)	PP(ρ)	ADF (ρ)	PP(ρ)	ADF (ρ)	PP (ρ)
整体进口价格	−0.9199	−1.2125	−1.0626	−1.6926	−2.5198	−2.4188	−13.0890**	−11.0446**
	0.3123	0.2037	0.7219	0.4279	0.3176	0.3653	0.0000	0.0000
进料贸易价格	−1.0449	−1.2445	−0.2100	−0.7937	−2.3090	−2.4393	−6.6614**	−7.1980**
	0.2623	0.1928	0.9292	0.8110	0.4199	0.3554	0.0000	0.0000

续表

价格序列	Random Walk (RW)		RW with Drift		RW with Drift & Trend		一阶差分	
	ADF (ρ)	PP(ρ)	ADF (ρ)	PP(ρ)	ADF (ρ)	PP(ρ)	ADF (ρ)	PP (ρ)
来料贸易价格	-0.2506	-0.1316	-4.2389**	-4.2389**	-4.2466**	-4.2466**	-6.0478**	-9.4644**
	0.5902	0.6327	0.0016	0.0076	0.0084	0.0084	0.0000	0.0000
一般贸易价格	-0.6937	-0.8586	-0.5750	-0.1518	-2.3852	-2.2808	-8.7546**	-8.7546**
	0.4107	0.3384	0.8657	0.9369	0.3819	0.4351	0.0000	0.0000
非来料贸易价格	-0.8711	-0.9492	-0.4914	-0.3636	-2.4178	-2.3611	-7.5806**	-7.5806**
	0.3330	0.3004	0.8832	0.9064	0.3658	0.3939	0.0000	0.0000

表 7.4 贸易方式分类的中国光伏多晶硅原料进口市场价格序列单位根检验(德国)

价格序列	RW		RW with Drift		RW with Drift & Trend		一阶差分	
	ADF(ρ)	PP(ρ)	ADF(ρ)	PP(ρ)	ADF (ρ)	PP(ρ)	ADF (ρ)	PP(ρ)
整体进口价格	-0.5578	-0.3554	-0.6661	-1.1817	-1.5049	-2.0109	-9.7597**	-9.7354**
	0.4697	0.5511	0.8444	0.6740	0.8125	0.5793	0.0000	0.0000
进料贸易价格	-0.4716	-0.1457	-1.4496	-1.3307	-2.7068	-2.6790	-9.6003**	-9.4084**
	0.5054	0.6278	0.5494	0.6070	0.2390	0.2499	0.0000	0.0000
来料贸易价格	-0.4481	0.6077	1.1012	-4.0365**	-3.5020+	-5.4112**	-5.5451	-5.9795**
	0.5005	0.8432	0.9956	0.0034	0.0817	0.0004	0.4576	0.0000
一般贸易价格	-0.7936	-0.7259	-0.8920	-1.1754	-1.5366	-1.9984	-4.8704**	-9.7284**
	0.3663	0.3964	0.7811	0.6767	0.8006	0.5860	0.0016	0.0000
非来料贸易价格	-0.5660	-0.3563	-0.5589	-1.1259	-2.3100	-2.2278	-8.9178**	-8.7650**
	0.4662	0.5507	0.8690	0.6972	0.4195	0.4630	0.0000	0.0000

注:[+]、[*] 和 [**] 分别代表 10%、5% 和 1% 的显著性水平。

表 7.5　贸易方式分类的中国光伏多晶硅原料进口市场价格序列单位根检验（日本）

价格序列	RW		RW with Drift		RW with Drift & Trend		一阶差分	
	ADF (ρ)	PP(ρ)	ADF (ρ)	PP(ρ)	ADF (ρ)	PP(ρ)	ADF (ρ)	PP (ρ)
整体进口价格	−0.2302	−0.2348	−1.0141	−1.1944	−1.6029	−1.6186	−7.0511**	−7.0829**
	0.5976	0.5960	0.7401	0.6686	0.7757	0.7694	0.0000	0.0000
进料贸易价格	0.1178	0.0847	−1.7188	−1.8795	−2.7294	−2.7602	−7.6061**	−7.5053**
	0.7148	0.7045	0.4150	0.3386	0.2304	0.2191	0.0000	0.0000
来料贸易价格	−0.4019	−0.0176	−3.0166*	−3.0353*	−3.5831*	−3.6844*	−9.6024**	−10.7022**
	0.5329	0.6713	0.0412	0.0395	0.0432	0.0343	0.0000	0.0000
一般贸易价格	−0.4807	−0.5007	−1.5174	−1.4482	−1.8844	−1.7400	−7.5137**	−7.6361**
	0.5018	0.4937	0.5156	0.5501	0.6456	0.7163	0.0000	0.0000
非来料贸易价格	−0.2292	−0.2332	−0.9980	−1.1201	−1.6460	−1.6480	−6.7214**	−6.7472**
	0.5980	0.5965	0.7459	0.6996	0.7578	0.7572	0.0000	0.0000

表 7.6　贸易方式分类的中国光伏多晶硅原料进口市场价格序列单位根检验（韩国）

价格序列	RW		RW with Drift		RW with Drift & Trend		一阶差分	
	ADF(ρ)	PP(ρ)	ADF(ρ)	PP(ρ)	ADF(ρ)	PP(ρ)	ADF (ρ)	PP (ρ)
整体进口价格	−1.1580	−1.0876	−0.2491	−0.3570	−1.7322	−1.7823	−3.0884**	−7.1654**
	0.2214	0.2465	0.9241	0.9075	0.7199	0.6963	0.0028	0.0000
进料贸易价格	−1.0243	−1.0750	−0.4525	−0.3842	−1.8948	−1.8612	−7.8624**	−7.7302**
	0.2705	0.2512	0.8906	0.9029	0.6403	0.6574	0.0000	0.0000
来料贸易价格	−0.3333	−0.1561	−3.5439*	−4.8594**	−3.8533*	−4.8965**	−1.5014	−18.4585**
	0.5432	0.6233	0.0121	0.0003	0.0246	0.0016	0.1219	0.0000
一般贸易价格	−0.5587	−0.7773	−0.3609	−0.9648	−1.5916	−2.4864	−12.8756**	−11.5379**
	0.2601	0.3737	0.9067	0.7575	0.7799	0.3330	0.0000	0.0000
非来料贸易价格	−0.2292	−1.0255	−0.9980	−0.3901	−1.6464	−1.7985	−6.7214**	−6.6191**
	0.5980	0.2700	0.7459	0.9019	0.7578	0.6885	0.0000	0.0000

注：+、*和**分别代表10%、5%和1%的显著性水平。

另外,线性趋势项包括在平稳性检验假设中,单位根零假设在所有来料贸易对数水平价格序列中均被拒绝。这意味着所有来料贸易价格数据序列是趋势平稳的[I(0)],也意味着中国光伏多晶硅原料进口数据中,合同价格序列在平稳性上与现货价格序列是不同的。合同价格对现货价格的影响不能完全解释现货价格的波动,合同价格也不可能与现货价格是高度整合的,或者说市场冲击下合同价格与现货价格会有较大的偏离。

二、中国光伏多晶硅原料进口国别市场因果关联

因果检验将用于对中国光伏多晶硅原料按以下两两国别组进口价格数据进行分析:整体进口价格、来料贸易进口价格、一般贸易、进料贸易和非来料贸易进口价格。检验的结果用以分析光伏多晶硅原料的国别市场关联。

(一)整体进口价格国别组因果关联检验

来自美国、德国、日本和韩国的多晶硅原料的整体进口价格序列组因果关系检验结果如表 7.7 所示,显示美德日价格序列分别在 10% 的显著性水平上引起了德国价格序列的变化,且不是相反关系。同时,韩国价格序列在 1% 显著性水平上引起了其他国家价格序列的变化,且不是相反关系。美国和日本的价格序列在中国进口市场中是相互影响的。这些检验结果意味着四个主要光伏多晶硅原料供给市场不是相互独立,而是相互关联,且整体上韩国市场引领了其他市场的价格变化。

表 7.7　中国光伏多晶硅原料四大进口市场整体价格序列对因果关系检验

因果方向	p 值	因果方向	p 值	因果方向	p 值
USA→DEU	0.0645	USA→JPN	0.0000	USA→KOR	0.9562
DEU→USA	0.3250	JPN→USA	0.0045	KOR→USA	0.0000
DEU→JPN	0.4622	DEU→KOR	0.1255	JPN→KOR	0.6904
JPN→DEU	0.0000	KOR→DEU	0.0003	KOR→JPN	0.0033

注:滞后的阶段由 AIC 准则确定。

整体进口价格的国别组因果检验结果显示韩国比其他国家对整体价格的变动影响更为重要,这一结果出乎意料,与现实的情况有所出入。由此,有必要确认这样的市场关系是否同时适用于国别合同市场和现货市场。以下将依

据贸易方式对国别价格数据进行进一步的因果关系的检验,以验证这一计量结果。

(二)来料贸易进口价格国别组因果关系检验

以来料贸易进口价格序列作为代理变量的多晶硅原料合同价格的国别组因果关系检验结果如表 7.8 所示,结果显示国别价格因果关系存在差异。德国市场在引领多晶硅原料来料贸易进口价格中作用最为显著。美国市场并不能显著引起德国市场的相应价格调整,但对日本和韩国市场显示了双向或单向价格影响。日本市场与韩国市场在来料贸易中价格关联不显著,市场关系在计量验证上因果关联性不强,但日本与美国和德国市场关联显著,价格变动互为影响。另外,韩国市场并不能引起其他市场来料贸易价格的显著波动。

表 7.8 中国光伏多晶硅原料四大进口市场来料贸易价格序列对因果关系检验

因果方向	p 值	因果方向	p 值	因果方向	p 值
USA→DEU	0.6941	USA→JPN	0.0802	USA→KOR	0.0004
DEU→USA	0.0396	JPN→USA	0.0606	KOR→USA	0.1995
DEU→JPN	0.0735	DEU→KOR	0.0000	JPN→KOR	0.4133
JPN→DEU	0.0049	KOR→DEU	0.1474	KOR→JPN	0.8061

注:滞后期由 AIC 准则确定。

这些检验结果表明:(1)德国和美国市场在引领光伏多晶硅原料合同贸易价格上起着更为重要的作用;(2)韩国市场在光伏多晶硅原料合同贸易中属于小国市场,不能主导价格波动;(3)即使国别市场间贸易量较大,长期合同安排也不能确保国别市场价格的有效传导,计量检验结果显示日本与韩国多晶硅市场并未显现出显著的价格关联,即使他们都与中国有较强的双边贸易关联。

(三)一般贸易、进料贸易和非来料贸易进口价格国别组因果关系检验

以一般贸易、进料贸易和非来料贸易进口价格序列作为代理变量的光伏多晶硅原料现货价格的国别组因果关系检验结果如表 7.9 所示,结果显示与整体进口价格国别组因果关系相似的结论。其中,美国与韩国在一般贸易、进料贸易和非来料贸易中显现出价格领导作用。在 15 对价格组中有 13 对显示

美国市场显著引起其他市场单向或双向价格变化。在韩国价格组中,所有结果都显示其价格显著引起其他市场价格的变化。相反,德国和日本市场并未能显著影响其他两国的价格波动,显现出价格跟随者的市场关系。15 对价格组中仅有 3 对显示德国市场对其他市场在一般贸易、进料贸易和非来料贸易价格变化中起到显著作用。日本仅对德国市场的相应价格起显著作用且不是相反的因果关系,另外,日本基本不对其他市场相应的价格起显著影响作用。

表 7.9　中国光伏多晶硅原料四大进口市场间一般贸易、进料贸易
和非来料贸易价格序列对因果关系检验

因果方向	p 值	因果方向	p 值	因果方向	p 值	因果方向	p 值	因果方向	p 值
UGT→DGT	0.0000	UPTIM→DPTIM	0.0001	UGT→DPTIM	0.0012	UPTIM→DGT	0.0025	UNPTCM→DNPTCM	0.0004
DGT→UGT	0.0149	DPTIM→UPTIM	0.2589	DPTIM→UGT	0.3746	DGT→UPTIM	0.5341	DNPTCM→UNPTCM	0.5868
UGT→JGT	0.0043	UPTIM→JPTIM	0.0018	UGT→JPTIM	0.0287	UPTIM→JGT	0.0032	UNPTCM→JNPTCM	0.0214
JGT→UGT	0.1443	JPTIM→UPTIM	0.0763	JPTIM→UGT	0.9430	JGT→UPTIM	0.8838	JNPTCM→UNPTCM	0.6786
UGT→KGT	0.0002	UPTIM→KPTIM	0.0942	UGT→KPTIM	0.5521	UPTIM→KGT	0.0586	UNPTCM→KNPTCM	0.4317
KGT→UGT	0.0004	KPTIM→UPTIM	0.0028	KPTIM→UGT	0.0000	KGT→UPTIM	0.7086	KNPTCM→UNPTCM	0.0020
DGT→JGT	0.6902	DPTIM→JPTIM	0.0435	DGT→JPTIM	0.5626	DPTIM→JGT	0.0003	DNPTCM→JNPTCM	0.1383
JGT→DGT	0.0000	JPTIM→DPTIM	0.0040	JPTIM→DGT	0.0000	JGT→DPTIM	0.0039	JNPTCM→DNPTCM	0.0002
DGT→KGT	0.2915	DPTIM→KPTIM	0.4887	DGT→KPTIM	0.6094	DPTIM→KGT	0.8124	DNPTCM→KNPTCM	0.1478
KGT→DGT	0.0007	KPTIM→DPTIM	0.0000	KPTIM→DGT	0.0006	KGT→DPTIM	0.0039	KNPTCM→DNPTCM	0.0005

因果方向	p 值	因果方向	p 值	因果方向	p 值	因果方向	p 值	因果方向	p 值
JGT→KGT	0.1703	JPTIM→KPTIM	0.8901	JGT→KPTIM	0.4884	JPTIM→KGT	0.1498	JNPTCM→KNPTCM	0.6350
KGT→JGT	0.0030	KPTIM→JPTIM	0.0004	KPTIM→JGT	0.002	KGT→JPTIM	0.0007	KNPTCM→JNPTCM	0.0057

注:1.滞后期由 AIC 准则确认。

2.UGT、UPTIM 和 UNPTCM 指美国的一般贸易、进料贸易和非来料贸易价格序列;DGT、DPTIM 和 DNPTCM 指德国的一般贸易、进料贸易和非来料贸易价格序列;JGT、JPTIM 和 JNPTCM 指日本的来料贸易、进料贸易和非来料贸易价格序列;KGT、KPTIM 和 KNPTCM 指韩国的一般贸易、进料贸易和非来料贸易价格序列。

因果检验结果表明,在四个主要国别市场对中国出口光伏多晶硅原料所产生的市场关联和价格传导效应中,美国和韩国市场在进料贸易、来料贸易和非来料贸易的国别价格波动中起主导性作用,引起德国和日本对中国现货贸易价格的显著变化。这一结论还表明国别市场在现货市场与合同市场中的作用是有差异的,有助于解释韩国光伏多晶硅原料市场与其他主要市场的区别,有助于解释韩国市场是如何夺取日本、德国甚至是美国市场的份额的。

总而言之,国际贸易对调节光伏多晶硅原料国别供需差异、市场间价格传导起着重要的作用,但依然存在着市场失灵的情况,或在国别贸易存在的条件下市场间的价格调整并不有效。实证研究以中国进口市场数据为基础,显示了来自四个主要多晶硅原料供给市场的整体进口价格关联与一般贸易、进料贸易和非来料贸易价格关联情况一致,或者说整体进口价格关联体现国别市场间现货贸易的价格关联性。以贸易方式分类的价格序列为代理变量,美国市场对中国的合同和现货贸易均显现出价格变化的主导市场地位,引领其他市场的价格波动,而德国和韩国市场仅在合同或现货贸易中起重要作用。日本虽然表现出与美国市场的联系密切,但并不处于中心市场的地位。最后,光伏多晶硅原料主要国别市场在合同贸易和现货贸易中的差异化市场地位还预示着市场冲击下合同市场与现货市场间的投机性活动会明显增强。那么,以上由因果检验所得的光伏多晶硅原料主要国别市场的市场间关联和价格互动的结论是否在计量上是无误的?市场间的价格传导程度和过程又是如何的?以下有关市场整合和均衡的研究将对这些问题进行进一步的探讨。

三、中国光伏多晶硅原料进口国别市场一价定理检验

(一)国别市场合同贸易的流量和一价定理检验

由于中国光伏多晶硅原料来料进口贸易的主要国别数据均为平稳序列，因此可以采用贸易流量法和一价定理检验法来研究价格调整和合同市场的市场关系。

依据 Barrett(2001)的定义，贸易流量的存在即代表着市场整合(一体化)的存在。表7.2和图7.5显示并非所有主要进口国别每月都有来料进口流量。2007年1—3月、2008年4月和12月，均无来自德国市场的来料贸易，2007年1月和3月、2009年10月，均无来自韩国市场的来料贸易。在部分月份中，中国进口市场并没有来自德国和韩国的来料贸易进一步确认了多晶硅原料主要国别市场可能存在着合同市场相互独立或关联性不强的情况。

平稳数据的一价定理检验可依据等式(7.8)，结果如表7.10所示。表7.10显示在5%的显著性水平下，在6对国别来料贸易价格中有4对存在一价定理，但在10%的显著性水平下，仅有1对存在。表中还显示国别来料贸易价格之间的动态调整期为3～6个月，来自日本和韩国市场的来料贸易价格之间不存在一价定理。这些结果以及上一小节合同市场的因果关系的结论表明合同市场的价格互动是耗时的，在美、德、日市场间更为有效，但不存在完美的市场均衡。

表 7.10　中国光伏多晶硅原料四大进口市场来料贸易价格序列对 LOP 检验

价格序列对	F 检验	p 值	价格序列对	F 检验	p 值
UPTCM/DPTCM	0.01	0.9155	DPTCM/UPTCM	3.76[+]	0.0625
UPTCM/JPTCM	11.16[**]	0.0020	JPTCM/UPTCM	0.00	0.9614
UPTCM/KPTCM	3.16[+]	0.0885	KPTCM/UPTCM	0.08	0.7804
DPTCM/KPTCM	0.54	0.4851	KPTCM/DPTCM	5.55[+]	0.0506
DPTCM/JPTCM	0.04	0.8429	JPTCM/DPTCM	2.70	0.1099
JPTCM/ KPTCM	10.82[**]	0.0000	KPTCM/JPTCM	7.72[**]	0.0087

注:1.滞后期由 AIC 准则确定。2.[+] 和 [**] 分别表示 10%和 1%的显著性水平。

3. UPTCM、DPTCM、JPTCM 和 KPTCM 分别指美国来料贸易、德国来料贸易、日本来料贸易和韩国来料贸易价格序列。

（二）国别市场现货价格的协整和一价定理检验

以中国光伏多晶硅原料一般贸易、进料贸易和非来料贸易的国别价格变量作为国别现货市场价格代理变量的数据系列均为差分平稳序列，采用协整和一价定理检验来研究国别现货市场价格调整和市场整合程度。以下将对三类数据进行协整和一价定理检验：（1）整体进口国别价格序列组；（2）来自同一个进口国别市场的一般贸易和进料贸易价格序列组；（3）来自不同进口国别市场的一般贸易、进料贸易和非来料贸易价格序列组。

1. 协整检验

整体进口国别价格序列组协整检验结果如表 7.11 所示，表中显示所有国别价格序列的零协整向量假设在 10% 的显著性水平下均被拒绝，但少于或等于一个协整向量的零假设在 1% 的显著性水平下均未被拒绝。结果还显示韩国与日本的整体进口国别价格序列的协整检验结果只有在协整等式中加入趋势项后才是协整的。

表 7.11　中国光伏多晶硅原料四大进口市场整体价格序列对的双变量协整检验

协整检验价格对	$H_0 : \text{rank} = \rho$	EV	TS	MES	LOP 检验	$(\beta = 1)$
USA & DEU	$\rho = 0$	0.2489	14.0702$^+$	12.5947$^+$	χ^2	1.8366
	$\rho \leqslant 1$	0.0330	1.4754	1.4754	(ρ)	0.1754
USA & JPN	$\rho = 0$	0.2617	14.2382$^+$	13.3506$^+$	χ^2	6.4811*
	$\rho \leqslant 1$	0.0200	0.8876	0.8876	(ρ)	0.0109
USA & KOR	$\rho = 0$	0.3544	19.3143*	19.2517**	χ^2	12.9393**
	$\rho \leqslant 1$	0.0014	0.0626	0.0626	(ρ)	0.0003
DEU & JPN	$\rho = 0$	0.4460	26.8411**	25.9895**	χ^2	1.4557
	$\rho \leqslant 1$	0.0192	0.8515	0.8515	(ρ)	0.2276
DEU & KOR	$\rho = 0$	0.2780	14.5940$^+$	14.3319*	χ^2	4.9731*
	$\rho \leqslant 1$	0.0059	0.2621	0.2621	(ρ)	0.0257

续表

协整检验 价格对	$H_0:\text{rank}=\rho$	EV	TS	MES	LOP 检验	$(\beta=1)$
JPN & KOR[a]	$\rho=0$	0.4925	34.5870**	29.8437**	χ^2	2.6447
	$\rho\leqslant1$	0.1022	4.7433	4.7433	(ρ)	0.1039

注:[+]、[*]和[**]分别代表着10%、5%和1%的显著性水平。

a:协整方法中加入确定的趋势项后协整关系还是显著的。

来自同一个进口市场的一般贸易和进料贸易价格序列组的协整检验结果如表7.12所示。结果显示所有的价格对在10%的显著性水平下,存在着唯一的协整向量,且所有协整方程中加入趋势项后均为不显著。

表 7.12　中国光伏多晶硅原料四大进口市场一般贸易
与进料贸易价格序列对的双变量协整和 LOP 检验

价格 序列对	$H_0:$ $\text{rank}=\rho$	EV	TS	MES	标准化协整系数(βs)			LOP 检验 $(\beta=1)$ $(\chi^2(\rho))$
UGT & UPTIM	$\rho=0$	0.3955	22.2084**	22.1471**	UGT	1[a]	0	2.7583[b]
	$\rho\leqslant1$	0.0014	0.0613	0.0613	UPTIM	-0.8069[a]	(0.0680)	0.0968[c]
DGT & DPTIM	$\rho=0$	0.2503	12.8044	12.3895[+]	DGT	1	0	0.0317
	$\rho\leqslant1$	0.0096	0.4149	0.4149	DPTIM	-0.9778	(0.1212)	0.8586
JGT & JPTIM	$\rho=0$	0.4349	26.7726**	25.1106**	JGT	1	0	1.6259
	$\rho\leqslant1$	0.0371	1.6619	1.6619	JPTIM	-0.8694	(0.0843)	0.2023
KGT & KPTIM	$\rho=0$	0.6972	52.6561**	52.5632**	KGT	1	0	1.0591
	$\rho\leqslant1$	0.0021	0.0929	0.0929	KPTIM	-1.035	(0.0354)	0.3034

注:[+]、[*]和[**]分别代表着10%、5%和1%的显著性水平。

a:NCC.

b:LOP 检验的似然比值。

c:LOP 检验的显著性水平。

　　主要进口国别市场一般贸易、进料贸易和非来料贸易价格序列组协整检验结果如表 7.13 所示。结果显示所有价格对都存在唯一的协整向量，但协整关系的形式在价格对中有所差异。在价格对中，美国一般贸易与日本进料贸易、美国进料贸易与日本一般贸易、美国非来料贸易与日本非来料贸易、日本一般贸易与韩国进料贸易以及日本非来料贸易与韩国非来料贸易序列只有加入趋势项后才存在显著协整关系。

表 7.13　中国光伏多晶硅原料四大进口市场间一般贸易、进料贸易
和来料贸易价格序列对的双变量协整检验

价格序列对	H_0: rank $= \rho$	EV	TS	MES	标准化协整系数(βs)		
UGT & DGT					UGT	DGT	
	$\rho = 0$	0.3629	20.1469*	17.0036*	1.0000	-1.0257	
	$\rho \leqslant 1$	0.0069	0.3062	0.0446	0	(0.0826)	
UPTIM & DPTIM					UPTIM	DPTIM	
	$\rho = 0$	0.3682	20.6686**	20.2016**	1.0000	-1.2141	
	$\rho \leqslant 1$	0.0106	0.4670	0.4670	0	(0.1538)	
UGT & DPTIM					UGT	DPTIM	
	$\rho = 0$	0.3630	20.1469**	19.8407**	1.0000	-0.9970	
	$\rho \leqslant 1$	0.0069	0.3062	0.3062	0	(0.0822)	
UPTIM & DGT					UPTIM	DGT	
	$\rho = 0$	0.2689	13.3790	13.1534+	1.0000	-1.2604	
	$\rho \leqslant 1$	0.0054	0.2256	0.2256	0	(0.1677)	
UNPTCM & DNPTCM					UNPTCM	DNPTCM	
	$\rho = 0$	0.2942	15.4851+	15.3328*	1.0000	-1.1709	
	$\rho \leqslant 1$	0.0035	0.1523	0.1523	0	(0.1363)	

续表

价格 序列对	H_0: rank $=\rho$	EV	TS	MES	标准化协整系数(βs)		
UGT & JGT					UGT	JGT	
	$\rho=0$	0.2658	13.7857$^+$	13.5947$^+$	1.0000	-0.9489	
	$\rho\leqslant1$	0.0043	0.1910	0.1910	0	(0.1355)	
UPTIM & JPTIM					UPTIM	JPTIM	
	$\rho=0$	0.3138	16.9166*	16.5705*	1.0000	-1.0084	
	$\rho\leqslant1$	0.0078	0.3461	0.3461	0	(0.1631)	
UGT & JPTIM					UGT	JPTIM	TREND
	$\rho=0$	0.2764	24.4045$^+$	14.2335	1.0000	-0.4882	0.0090
	$\rho\leqslant1$	0.2064	10.1710	10.1710	0	(0.0631)	(0.0015)
UPTIM & JGT					UPTIM	JGT	TREND
	$\rho=0$	0.4287	28.2329*	24.6306**	1.0000	-0.6559	0.0121
	$\rho\leqslant1$	0.0786	3.6024	3.6024	0	(0.0820)	(0.0016)
UNPTCM & JNPTCM					UNPTCM	JNPTCM	TREND
	$\rho=0$	0.3624	24.9156$^+$	19.8031*	1.0000	-0.5647	0.0117
	$\rho\leqslant1$	0.1097	5.1125	5.1125	0	(0.0666)	(0.0014)
UGT & KGT					UGT	KGT	
	$\rho=0$	0.5544	35.7465**	35.5623**	1.0000	-0.7293	
	$\rho\leqslant1$	0.0042	0.1842	0.1842	0	(0.0388)	
UPTIM & KPTIM					UPTIM	KPTIM	
	$\rho=0$	0.3022	15.9246*	15.8314*	1.0000	-0.8591	
	$\rho\leqslant1$	0.0021	0.0932	0.0932	0	(0.0842)	

续表

价格 序列对	H_0 : rank $=\rho$	EV	TS	MES	标准化协整系数(βs)		
UGT & KPTIM					UGT	KPTIM	
	$\rho=0$	0.3814	21.2352**	21.1313**	1.0000	−0.7030	
	$\rho\leqslant1$	0.0024	0.1039	0.1039	0	(0.0466)	
UPTIM & KGT					UPTIM	KGT	
	$\rho=0$	0.3712	21.0780**	20.4169**	1.0000	−0.9221	
	$\rho\leqslant1$	0.0149	0.6611	0.6611	0	(0.0837)	
UNPTCM & KNPTCM					UNPTCM	KNPTCM	
	$\rho=0$	0.2012	10.6179+	9.8850+	1.0000	−0.6916	
	$\rho\leqslant1$	0.0165	0.7329	0.7329	0	(0.0521)	
DGT & JGT					DGT	JGT	
	$\rho=0$	0.2961	16.1948*	15.0964*	1.0000	−0.9821	
	$\rho\leqslant1$	0.0252	1.0984	1.0984	0	(0.1189)	
DPTIM & JPTIM					DPTIM	JPTIM	
	$\rho=0$	0.3850	27.8618**	27.6677**	1.0000	−0.9209	
	$\rho\leqslant1$	0.0434	0.1941	0.1941	0	(0.0521)	
DGT & JPTIM					DGT	JPTIM	
	$\rho=0$	0.5266	22.1161**	19.7945**	1.0000	−0.6854	
	$\rho\leqslant1$	0.0052	2.3216	2.3216	0	(0.0780)	
DPTIM & JGT					DPTIM	JGT	
	$\rho=0$	0.4742	29.2199**	28.2872**	1.0000	−0.9234	
	$\rho\leqslant1$	0.0210	0.9327	0.9327	0	(0.0768)	

续表

价格 序列对	H₀： rank $=\rho$	EV	TS	MES	标准化协整系数（βs）		
DNPTCM & JNPTCM					DNPTCM	JNPTCM	
	$\rho=0$	0.3505	19.5998*	18.9910**	1.0000	−0.8416	
	$\rho\leqslant1$	0.0137	0.6088	0.6088	0	(0.0784)	
DGT & KGT					DGT	KGT	
	$\rho=0$	0.3093	16.6162*	15.5398*	1.0000	−0.6849	
	$\rho\leqslant1$	0.0253	1.0765	1.0765	0	(0.0712)	
DPTIM & KPTIM					DPTIM	KPTIM	
	$\rho=0$	0.3519	19.4193*	19.0821**	1.0000	−0.7034	
	$\rho\leqslant1$	0.0076	0.3371	0.3371	0	(0.0778)	
DGT & KPTIM					DGT	KPTIM	
	$\rho=0$	0.3226	17.0170*	16.3608*	1.0000	−0.6812	
	$\rho\leqslant1$	0.0155	0.6562	0.6562	0	(0.0702)	
DPTIM & KGT					DPTIM	KGT	
	$\rho=0$	0.2593	12.9514	12.9063+	1.0000	−0.7534	
	$\rho\leqslant1$	0.0010	0.0451	0.0451	0	(0.0888)	
DNPTCM & KNPTCM					DNPTCM	KNPTCM	
	$\rho=0$	0.2770	14.0043+	13.9464+	1.0000	−0.7352	
	$\rho\leqslant1$	0.0013	0.0579	0.0579	0	(0.0747)	
JGT & KGT					JGT	KGT	
	$\rho=0$	0.3107	17.5009*	16.3724*	1.0000	−0.8010	
	$\rho\leqslant1$	0.0253	1.1285	1.1285	0	(0.1082)	

价格 序列对	H_0 : rank $=\rho$	EV	TS	MES	标准化协整系数 (βs)		
JPTIM & KPTIM					JPTIM	KPTIM	
	$\rho=0$	0.3101	16.5207*	16.3329*	1.0000	−0.8581	
	$\rho\leqslant1$	0.0043	0.1877	0.1877	0	(0.1307)	
JGT & KPTIM					JGT	KPTIM	TREND
	$\rho=0$	0.5396	37.3957**	34.1330**	1.0000	−1.1794	−0.0147
	$\rho\leqslant1$	0.0715	3.2627	3.2627	0	(0.0830)	(0.0020)
JPTIM & KGT					JPTIM	KGT	
	$\rho=0$	0.3827	22.2749**	21.2250**	1.0000	−0.9328	
	$\rho\leqslant1$	0.0236	1.0499	1.0499	0	(0.1143)	
JNPTCM & KNPTCM					JNPTCM	KNPTCM	TREND
	$\rho=0$	0.4307	29.7905*	24.7848**	1.0000	−1.2700	−0.0155
	$\rho\leqslant1$	0.1075	5.0057	5.0057	0	(0.0858)	(0.0020)

注:1. 滞后的阶数由 AIC 准则确认。

2. +、*和** 分别代表着 10%、5% 和 1% 的显著性水平。

这些结果表明光伏多晶硅原料国别现货市场内部与市场之间是协整的,协整关系的形式在国别市场内部是一致的,但在国别市场之间是有差异的。结果还表明光伏多晶硅原料国别现货市场的价格信息的传递足够有效,可以形成市场间价格调整的相互关联和价格均衡,但依然可能存在着某些因素如交通成本、产品差异等可能会造成如市场间(主要是日本与其他三个市场的市场关系)协整关系的差异。最后,协整结果确认了整体市场的协整关系,更好地体现了现货市场之间而非合同市场的市场互动。

2. 一价定理检验

一价定理在价格协整的基础上检验光伏多晶硅原料现货市场是否能达到完美的市场均衡。对三类不同价格数据序列的一价定理的检验结果分别显示在表 7.11、表 7.12 和表 7.14 中。其中,国别整体进口价格序列对的一价定理检验结果显示一半的价格对拒绝了 10% 的显著性水平下的协整向量（1，−1）的约束。来自同一个国家的一般贸易和进料贸易价格对的一价定理检验结果显示所有的价格对均不能拒绝 1% 或者 5% 的显著性约束，但美国的价格对拒绝了 10% 的显著性水平的约束。来自不同国家的一般贸易、进料贸易、非来料贸易的价格对一价定理检验结果显示一半的价格对拒绝了 10% 的显著性要求，一价定理检验结果因国别市场各有差异。在 10% 的显著性水平上，德国与美国的所有价格对都无法拒绝一价定理约束，但德国与韩国的所有价格对均拒绝了一价定理的约束；60% 的德国与日本、日本与韩国价格对无法拒绝一价定理的约束，而 60% 的美国与日本价格对拒绝了一价定理的约束；80% 的美国与韩国价格对拒绝了一价定理的约束，同时在协整方程中具有趋势项的美国与韩国价格对均拒绝了一价定理的约束。

表 7.14　中国光伏多晶硅原料四大进口市场间一般贸易、进料贸易和非来料贸易价格序列对的双变量 VECM 和 LOP 检验

VECM	协整项系数(α)		LOP (β=1) χ²(ρ)	VECM	协整项系数(α)		LOP (β=1) χ²(ρ)
UGT & DGT	D(UGT)	D(DGT)		UGT & JGT	D(UGT)	D(JGT)	
	0.0190	0.7108**	0.1071*		−0.0939	0.4229*	0.1079
	(0.1500)	(4.6751)	0.7435ᵇ		(−0.9985)	(2.8138)	0.7426
UPTIM & DPTIM	D(UPTIM)	D(DPTIM)		UPTIM & JPTIM	D(UPTIM)	D(JPTIM)	
	−0.1453	0.3323*	2.4967		−0.1500	0.2354*	0.0410
	(−1.2901)	(3.6218)	0.1141		(−1.7795)	(2.6412)	0.8395
UGT & DPTIM	D(UGT)	D(DPTIM)		UGT & JPTIM	D(UGT)	D(JPTIM)	
	−0.2086	0.3388⁺	0.0012		−0.5568*	−0.0238	3.7615⁺
	(−1.4414)	(1.8594)	0.9727		(−3.4509)	(−0.0837)	0.0525
UPTIM & DGT	D(UPTIM)	D(DGT)		UPTIM & JGT	D(UPTIM)	D(JGT)	
	0.1843	0.3031*	2.6059		−0.6582*	0.2407	6.9070**
	(1.2821)	(2.4153)	0.1065		(−3.4645)	(1.1752)	0.0086

VECM	协整项系数（α）		LOP ($\beta=1$) $\chi^2(\rho)$	VECM	协整项系数（α）		LOP ($\beta=1$) $\chi^2(\rho)$
UNPTCM & DNPTCM	D(UNPTCM)	D(DNPTCM)		UNPTCM & JNPTCM	D(UNPTCM)	D(JNPTCM)	
	−0.0721	0.4160*	1.5999		−0.6323**	−0.2193	10.9400**
	(−0.5829)	(3.6707)	0.2059		(−3.8387)	(−1.2613)	0.0009
UGT & KGT	D(UGT)	D(KGT)		DGT & JGT	D(DGT)	D(JGT)	
	−0.4609*	0.7224*	4.7664*		−0.4306*	−0.0935	0.0175
	(−2.1568)	(2.8461)	0.0290		(−3.2254)	(−0.4564)	0.8946
UPTIM & KPTIM	D(UPTIM)	D(KPTIM)		DPTIM & JPTIM	D(DPTIM)	D(JPTIM)	
	−0.5140*	0.1819	1.6520		−0.3883*	0.3929+	4.7312*
	(−3.4869)	(1.3164)	0.1987		(−2.4150)	(1.8954)	0.0296
UGT & KPTIM	D(UGT)	D(KPTIM)		DGT & JPTIM	D(DGT)	D(JPTIM)	
	−0.5922*	0.0587	11.337**		−0.8009*	−0.6101	2.4499
	(−3.6151)	(0.2598)	0.0008		(−3.1274)	(−1.1086)	0.1175
UPTIM & KGT	D(UPTIM)	D(KGT)		DPTIM & JGT	D(DPTIM)	D(JGT)	
	−0.3930*	0.1981	3.8542*		−0.2168	0.6734*	0.8270
	(−2.1243)	(1.2335)	0.0496		(−1.3570)	(3.6263)	0.3632
UNPTCM & KNPTCM	D(UNPTCM)	D(KNPTCM)		DNPTCM & JNPTCM	D(DNPTCM)	D(JNPTCM)	
	−0.3732*	0.0714	6.9206**		−0.3588*	0.1600	2.8002+
	(−2.7027)	(0.4888)	0.0085		(−2.4986)	(0.9884)	0.0943
DGT & KGT	D(DGT)	D(KGT)		JGT & KGT	D(JGT)	D(KGT)	
	−0.4641*	0.0425	(0.2765)		−0.6124*	0.2797	2.0836**
	(−3.3034)	3.0163+	0.0824		(−2.1932)	(1.1778)	0.1489

续表

VECM	协整项系数（α）		LOP（β=1） $\chi^2(\rho)$	VECM	协整项系数（α）		LOP（β=1） $\chi^2(\rho)$
DPTIM & KPTIM	D(DPTIM)	D(KPTIM)		JPTIM & KPTIM	D(JPTIM)	D(KPTIM)	
	−0.4161*	−0.0729	7.0414**		−0.3230*	0.0314	1.0220
	(−3.1522)	(−0.5298)	0.0080		(−3.1788)	(0.3489)	0.3120
DGT & KPTIM	D(DGT)	D(KPTIM)		JGT & KPTIM	D(JGT)	D(KPTIM)	
	−0.6695*	−0.2368	7.8151**		−0.8459*	0.2404	4.1890*
	(−3.4529)	(−1.1955)	0.0052		(−4.1045)	(1.4834)	0.0407
DPTIM & KGT	D(DPTIM)	D(KGT)		JPTIM & KGT	D(JPTIM)	D(KGT)	
	−0.3601*	0.1670	4.4585*		−0.3215*	0.1295	0.6881
	(−3.1586)	(1.2674)	0.0347		(−3.3008)	(1.4112)	0.4068
DNPTCM & KNPTCM	D(DNPTCM)	D(KNPTCM)		JNPTCM & KNPTCM	D(JNPTCM)	D(KNPTCM)	
	−0.5116**	−0.0866	5.2691*		−0.2623	0.3569*	7.3280**
	(−3.8408)	(−0.7190)	0.0217		(−1.6118)	(2.6860)	0.0068

注：滞后项由 AIC 准则确定。括号中的值为 t 统计量。+、*和**分别代表10%、5%和1%的显著性水平。

a：LOP 检验的似然比 χ^2 值。

b：LOP 检验的显著性水平 ρ。

以上一价定理检验表明基于中国光伏多晶硅原料一般贸易和进料贸易价格数据的检验结果，并非所有国别市场间现货价格序列维持着一价定理。这意味着光伏多晶硅现货国别市场内部是一体整合的，但国别现货市场间即使考虑了交通（交易）成本，也无法在长期内实现市场整合（一体化）。

以上一价定理检验还表明产品异质性可能是国别市场间长期价格差异的重要原因。依据之一是中国曾在 2007 年禁止来自日本的低质量多晶硅二级料，而协整方程中加入趋势项协整关系才显著的价格对均与日本有关，而且无法通过一价定理的检验。依据之二是来自美国的多晶硅原料一般贸易和进料贸易在计量上表现出较低程度的一价定理原则，但美国与德国一般、进料和非来料贸易价格对依然表现出显著的一价定理原则。这一点可进一步证实市场间长期均衡条件下的价格差异更可能由产品异质性因素引起,而非贸易形式或不够精确代理变量形式而引起。

(三)国别现货市场 VECM 模型估计

光伏多晶硅原料国别现货市场间的价格调整过程和有效性可以进一步由 VECM 模型来进行估计和检验。VECM 模型估计的结果见表 7.14,结果显示在所有一般贸易、进料贸易和非来料贸易国别间价格序列对的双变量 VECM 等式中,或一个等式或两个等式均显示价格调整项(α)是显著的。这意味着协整关系是有效的,短期的价格偏离会调整到长期价格均衡。系数值代表着价格调整的速度,其绝对值在 0.23~0.85,这意味着价格调整的速度依据国别、贸易方式相差较大。非零价格调整值的存在还意味着协整空间因果关系的存在和因果关系的方向。从 VECM 等式检验的有效性可知,由一般贸易和进料贸易价格序列为代理变量的国别现货价格因果关系在 VECM 模型检验与格兰杰因果检验的结果几乎完全一致,这意味着之前的因果检验及其结果是有效的。

综上可见,以中国光伏多晶硅原料一般贸易和进料贸易为代理变量研究国别现货市场和价格关联的实证结果表明:(1)美国和韩国市场在引领现货市场价格波动中起着更为关键的作用;(2)国别现货市场内部完全一体化,国别市场之间高度一体化;(3)国别市场内部和市场之间价格信息传递较为有效,一价定理或者完美市场均衡在市场内部得到更好体现,市场间一价定理不显著主要源于产品异质性。

四、中国光伏多晶硅原料进口国别合同市场与现货市场关系

由于合同贸易在光伏多晶硅原料供给形式中占据重要的地位,有必要研究合同价格是如何影响到现货价格的。基于贸易方式分类的中国光伏多晶硅原料数据在贸易方式中显示出不同的平稳性性质,不可能应用因果或协整模型来检验合同与现货贸易水平价格的关系,但它们的一阶差分数据是平稳的,由此可以建立合同与现货价格变化率的关系方程。

以下将对两类数据进行因果关系检验,并以一阶差分对数价格序列代表价格序列的百分比变化。这两类数据分别为同一个进口市场的合同与现货价格序列对以及不同进口市场的合同与现货价格序列对。第一类数据的因果检

验结果如表 7.15 所示。可知除美国市场，一般贸易和进料贸易的价格变化率基本无法引起来料贸易价格变化率的变化，所有市场一般贸易和进料贸易的价格变化率之间因果关系也更显密切。这一结果表明国别市场内合同市场与现货市场的价格传导并不非常有效。其原因并非市场间无价格信息传递，而在于价格形成机制是有差异的。美国是唯一既引领合同贸易，又引领现货贸易的市场，也唯有美国市场合同贸易与现货贸易价格变化率的因果关联性较强。

表 7.15　贸易方式分类的中国光伏多晶硅原料进口市场价格变化率因果关系检验

被解释变量	解释变量	χ^2	p 值	被解释变量	解释变量	χ^2	p 值
D(LUPTCM)	D(LUPTIM)	3.4168	0.3317	D(LUGT)	D(LUPTIM)	11.4494**	0.0095
	D(LUGT)	6.2848+	0.0985		D(LUPTCM)	13.2992**	0.0040
D(LUPTIM)	D(LUPTCM)	13.5298**	0.0036	D(LDPTCM)	D(LDPTIM)	2.2515	0.3244
	D(LUGT)	13.9490**	0.0030		D(LDGT)	0.4563	0.7960
D(LDGT)	D(LDPTIM)	4.6549+	0.0975	D(LDPTIM)	D(LDPTCM)	3.3628	0.1861
	D(LDPTCM)	11.9067	0.0026		D(LDGT)	1.9890	0.3699
D(LJPTCM)	D(LJPTIM)	1.8017	0.4062	D(LJGT)	D(LJPTIM)	17.1082**	0.0002
	D(LJGT)	0.7114	0.7007		D(LJPTCM)	1.1766	0.5553
D(LJPTIM)	D(LJPTCM)	1.4802	0.4771	D(LKPTCM)	D(LKPTIM)	8.4065	0.2098
	D(LJGT)	0.8778	0.6447		D(LKGT)	9.2243	0.1614
D(LKGT)	D(LKPTIM)	9.8150	0.1327	D(LKPTIM)	D(LKPTCM)	2.1811	0.9023
	D(LKPTCM)	5.4608	0.4862		D(LKGT)	20.0096**	0.0028

注：滞后项由 AIC 准则确定。+、*和**分别代表 10%、5%和 1%的显著性水平。

　　第二类数据因果检验结果如表 7.16 所示。结果显示并非所有两两市场的来料贸易和非来料贸易的价格序列存在着价格变化率的因果关系，如美国非来料贸易和德国来料贸易价格序列对、德国来料贸易和韩国非来料贸易价格序列对。这一结果显示当考虑到国别间来料和非来料贸易价格变化的相互关系时，表 7.15 中的结果变得无效。这些结果还表明光伏多晶硅合同市场和现货市场的价格冲击效应是不对等的，尽管在部分市场中或市场间合同价格与现货价格变化有可能存在因果关系。

表 7.16　中国光伏多晶硅原料进口市场间来料贸易与
非来料贸易价格变化率因果关系检验

被解释变量	解释变量	x^2	p 值	被解释变量	解释变量	x^2	p 值
D(UPTCM)	D(UNPTCM)	4.7787	0.3108	D(UNPTCM)	D(UPTCM)	0.3691	0.5435
	D(DPTCM)	4.6167*	0.0317		D(DPTCM)	1.4792	0.2239
	D(DNPTCM)	1.1262	0.2886		D(DNPTCM)	0.5526	0.4572
D(DPTCM)	D(DNPTCM)	1.7205	0.1896	D(DNPTCM)	D(DPTCM)	1.9904	0.1583
	D(UPTCM)	0.1275	0.7211		D(UPTCM)	4.5622*	0.0327
	D(UNPTCM)	0.2380	0.6256		D(UNPTCM)	3.6717+	0.0553
D(UPTCM)	D(UNPTCM)	6.7524	0.4551	D(UNPTCM)	D(UPTCM)	5.6201	0.5847
	D(JPTCM)	3.6976	0.8139		D(JPTCM)	5.4872	0.6007
	D(JNPTCM)	14.7690*	0.0391		D(JNPTCM)	9.5338	0.2166
D(JPTCM)	D(JNPTCM)	8.0135	0.3314	D(JNPTCM)	D(JPTCM)	11.8505	0.1056
	D(UPTCM)	18.7513*	0.0090		D(UPTCM)	13.5926+	0.0589
	D(UNPTCM)	6.5105	0.4816		D(UNPTCM)	21.3765**	0.0033
D(UPTCM)	D(UNPTCM)	4.5268	0.3394	D(UNPTCM)	D(UPTCM)	3.9152	0.4176
	D(KPTCM)	6.8197	0.1457		D(KPTCM)	5.6093	0.2303
	D(KNPTCM)	10.3617*	0.0348		D(KNPTCM)	3.0315	0.5526
D(KPTCM)	D(KNPTCM)	11.4419*	0.0220	D(KNPTCM)	D(KPTCM)	7.2380	0.1238
	D(UPTCM)	7.9546+	0.0933		D(UPTCM)	1.3075	0.8601
	D(UNPTCM)	8.3763+	0.0787		D(UNPTCM)	6.3938	0.1716
D(DPTCM)	D(DNPTCM)	1.6814	0.6411	D(DNPTCM)	D(DPTCM)	3.1236	0.3730
	D(JPTCM)	6.4529+	0.0915		D(JPTCM)	1.1542	0.7640
	D(JNPTCM)	3.2710	0.3517		D(JNPTCM)	9.2262*	0.0264

续表

被解释变量	解释变量	χ^2	p 值	被解释变量	解释变量	χ^2	p 值
D(JPTCM)	D(JNPTCM)	9.8742*	0.0197	D(JNPTCM)	D(JPTCM)	5.8174	0.1280
	D(DPTCM)	12.1882**	0.0068		D(DPTCM)	9.4856*	0.0235
	D(DNPTCM)	0.3998	0.9403		D(DNPTCM)	13.6214**	0.0035
D(DPTCM)	D(DNPTCM)	1.6445	0.4394	D(DNPTCM)	D(DPTCM)	3.3033	0.1917
	D(KPTCM)	0.3050	0.8585		D(KPTCM)	1.5597	0.4585
	D(KNPTCM)	0.9914	0.6076		D(KNPTCM)	1.9938	0.3690
D(KPTCM)	D(KNPTCM)	17.4424**	0.0002	D(KNPTCM)	D(KPTCM)	1.7625	0.4145
	D(DPTCM)	2.8968	0.2349		D(DPTCM)	0.6536	0.7212
	D(DNPTCM)	4.6976	0.0955		D(DNPTCM)	1.0226	0.5997
D(JPTCM)	D(JNPTCM)	6.7034	0.1524	D(JNPTCM)	D(JPTCM)	0.7624	0.9434
	D(KPTCM)	4.4204	17.2452**		D(KPTCM)	2.6147	0.6242
	D(KNPTCM)	0.3521	0.0017		D(KNPTCM)	5.7707**	0.2169
D(KPTCM)	D(KNPTCM)	7.2848*	0.1216	D(LKNPTCM)	D(KPTCM)	3.1905	0.5265
	D(JPTCM)	24.5010	0.0001		D(JPTCM)	5.5971	0.2313
	D(JNPTCM)	8.5497*	0.0734		D(JNPTCM)	2.7743	0.5963

注:滞后期由 AIC 准则确定。$^+$、* 和 ** 分别代表 10%、5% 和 1% 的显著性水平。

第四节　小　结

　　本章以中国光伏多晶硅原料国别进口贸易为研究样本,分析光伏多晶硅原料国别市场关联、国别市场在长期合同和现货交易中的作用以及价格波动的国别传导和均衡。

　　鉴于光伏多晶硅原料国别价格数据的获取难度以及中国在全球光伏多晶硅原料生产需求中的特殊地位,我们提出以中国进口国别贸易为样本数据研究光伏多晶硅原料国别市场价格传导效应的研究方法。中国光伏多晶硅原料进口的市场结构特征显示进口总量占比优势明显,进口市场集中于美、德、日、韩四国,进口国别年度贸易趋势体现国际市场国别地位和竞争变化。中国光伏多晶硅原料进口的贸易方式特点显示主要进口国按照贸易来源细分的进口量和价格序列,其变化趋势有效地体现了特定阶段中国市场多晶硅原料贸易特点,也体现了国际市场长期合同与现货合同价格波动特征。由此,以中国光伏多晶硅原料进口国别数据样本为基础,以贸易方式分类进口市场国别贸易流量和价格数据,研究光伏多晶硅原料国别价格传导效应以及国别市场在价格形成机制中的作用是可行的。

依据国别市场价格传导理论模型,建立光伏多晶硅原料价格波动国际传导效应的理论模型和计量研究方法。理论模型包括与第三方国家有贸易关系的两国市场价格传导静态和动态模型。计量方法包括:因果检验,验证国别市场价格变化的关联、合同形式在价格传导中的作用以及不同贸易形式下价格的互相影响;协整检验,验证价格动态调整过程和价格传导效应;一价定理检验,验证国别市场完全价格传导和市场有效性。实证检验尽可能地涵盖中国光伏多晶硅原料主要进口市场各类贸易方式的流量和价格序列。

以中国进口国别贸易为样本数据,对光伏多晶硅原料国别价格传导进行的实证研究结果表明:(1)基于整体样本数据,合同价格和现货价格的代理变量数据序列在平稳性特征上是有差异的,合同价格对现货价格的影响不能完全解释现货价格的波动,合同市场不可能与现货市场是高度整合的,或者说市场冲击下合同价格与现货价格会有较大的偏离;(2)基于国别样本数据,美国市场在光伏多晶硅原料合同贸易和现货贸易中,价格代理变量的数据序列均显示重要的价格引领作用,德国市场和韩国市场仅在合同或现货市场上显示价格主导地位;(3)即使国别市场间贸易量较大,光伏多晶硅原料长期合同形式也可能导致国别市场价格无法有效传导;(4)国内现货市场比国别现货市场之间价格传导更为有效,且国别国内现货市场因果关联均远强于合同市场之间;(5)唯有在合同贸易和现货贸易中都具备价格引领地位的美国市场,其合同与现货市场间可能存在较为显著的因果关系。以上结论体现光伏多晶硅原料国际贸易在以市场价格形成机制为基础的现货交易中的国别价格传导是有效的,但在谈判价格形成机制为主的合同交易中的国别价格传导是低效的。

第八章　研究结论

本章详细总结本书的主要研究结论,并在此基础上分析探讨中国光伏多晶硅产业发展启示以及下一阶段的研究方向和内容展望。

第一节　主要研究结论

通过关于光伏多晶硅原料国际价格形成机制的理论和实证研究,最终得出以下重要结论。

第一,光伏多晶硅原料市场自 21 世纪以来得到飞速的发展,成为多晶硅行业最重要的组成部分,具有其特殊的产品技术特性、宏观发展环境和行业发展需要。多晶硅原料在光电技术和加工制备中的技术生产优势使其成为目前光伏发电应用最广泛的基础材料之一。由于光伏产业所需的多晶硅原料在产品属性和制备工艺上与半导体产业相近,生产技术和规模效应构成企业进入市场的主要技术壁垒,成为美、德、日企业垄断全球市场的主要原因。21 世纪以来,国家能源安全的战略考虑、环境规制国际共识的推进和光伏产业国别发展战略的调整,不仅推动全球市场进入太阳能能源利用和光伏多晶硅原料规模化发展阶段,也促成光伏大国在制造和应用环节的差异化竞争地位,突出表现为全球光伏多晶硅原料需求迅猛增长、生产与消费需求差异急速扩大以及产量变化显著滞后于需求变化,还表现为中国企业异军突起,打破光伏多晶硅原料欧洲消费,美、德、日制造的国别贸易关系,成为多晶硅原料最大的贸易中间国,促成区域市场间巨大的贸易流量,转变原有国别市场的贸易地位和竞争关系。

第二,在对光伏多晶硅原料国际价格形成机制的研究中,本书梳理了合同市场谈判型价格形成机制和现货市场市场价格形成机制的特点。谈判型价格形成机制体现在光伏多晶硅原料长期合同是非标准化的,买卖双方需对长期交易的商品质量、价格、交货等诸多条款进行谈判协商,卖方尤其是生产商凭借市场垄断地位掌握定价权,利用预付金制度进行融资和产能扩张。市场价格形成机制体现在价格形成以市场为基础,依赖供需关系自发调节,不仅是光伏多晶硅原料现货市场价格形成基础,在合同市场中也发挥着重要的价格指示功能。对光伏多晶硅原料国际价格形成机制的发展阶段研究还表明,大厂商交易方式的转变引起了合同形式、交易商品、价格公开方式等方面的重大变化,其寡头垄断的定价方式并未有所改变。

第三,光伏多晶硅原料国际价格波动特征和供需影响因素的研究表明,在国际市场中,原料合同与现货价格在 2001—2010 年受供需冲击影响虽然均表现出快速上涨后急剧下跌的波动态势,但现货价格波动显著大于合同价格,现货合同价差呈现急剧的倒 V 形波动趋势。同时,国内市场表现出与国际市场相近的价格波动特征,且现货市场的价格波动性和关联性更为密切。基于光伏多晶硅原料生产、消费和国别贸易特征可知,影响供需变化的主要因素包括日太阳辐射量、总需求活动、光伏市场政策措施、传统电力能源价格、欧元/美元汇率和多晶硅原料产能。其中,日太阳辐射量除非出现明显异常,否则并不能显著影响多晶硅原料价格;2004—2009 年多晶硅原料产能扩张并非造成供给波动的主要因素,但在 2009 年后显著影响供给。

第四,在光伏多晶硅原料价格形成机制的理论研究中,本书梳理了长期合同、现货合同安排形式和交易成本的关系,建立了价格形成机制的基础模型,分析得出三类交易主体合同选择:贸易商最优选择市场价格长期合同形式,合同形式不影响电池制造商 OEM 贸易以及生产商应依据外部市场条件确定合同形式。固定价格和调整价格合同中,价格确立依据生产商市场势力以及现货合同价差水平。同时,三类长期合同均无法有效避免事后违约对专用资产投资、生产调整成本以及转换买家的交易成本的补偿。由此,光伏多晶硅原料长期合同基本都有预付款规定,"照付不议"形式最为典型。预付金制度与最低购买数量对应,是降低履约成本的有效方式。

第五,基于光伏多晶硅原料寡头垄断市场结构特点,建立第一梯队光伏多晶硅原料生产商古诺博弈和斯塔克尔伯格博弈模型,分析相应的价格决策。2000—2004 年光伏市场整体处于需求相对供给不足阶段,生产商在现货市场采取古诺博弈,产能、产量和利润的均衡结果均一致。2005—2009 年光伏市场整体处于需求相对强劲阶段,生产商合同市场采取斯塔克尔伯格领导者－跟随者博弈,均衡价格低于古诺博弈,跟随者利润下降,低于古诺博弈,其均衡解的存在依赖于该阶段市场供需变化(总需求活动、相关能源价格变化和光伏市场政策调整)对厂商价格产生的正面冲击。2009 年之后光伏市场整体处于需求疲软阶段,斯塔克尔伯格博弈均衡解要求厂商保持行业最低成本水平,一部分跟随厂商利用市场区位优势成为领导者厂商,而另一部分企业被挤出市场。这一结果也验证了光伏多晶硅原料价格形成机制基础模型的均衡价格解。

第六,在光伏多晶硅原料国际市场价格冲击理论分析中,以斯塔克尔伯格博弈情景为例,研究主要供需影响因素(总需求活动、其他相关能源价格波动和光伏政策调整)对价格均衡的作用以及对厂商战略行为的影响。这些因素正向变化必然引起寡头垄断厂商的价格正向波动,也伴随着利润的提高,2004—2009 年斯塔克尔伯格博弈解存在。在光伏多晶硅原料国别市场价格传导的理论分析中,本书构建两国情景下需求冲击引起的国别合同和现货市场价格传导效应。由于交易成本差异,光伏多晶硅原料国别现货价格的调整速度要比合同价格快得多,在国际市场上表现为现货均价调整速度要比合同均价快得多。

第七,光伏多晶硅原料合同与现货市场关联集中体现在国际市场价格冲击效应关系。鉴于产业发展阶段、市场条件和数据可获性等因素影响,采用 Photon 咨询提供的 2007—2009 年光伏多晶硅原料国际合同和现货价格数据,识别 2004—2009 年原料国别供需影响因素和主要冲击类型,并利用 SVAR 模型,进行价格冲击效应的实证研究检验。由 SVAR 模型的脉冲响应实证结果可见,光伏多晶硅原料市场对特定需求冲击的价格反应最为显著,对相关能源价格和总需求冲击的价格反应较为持久,对欧元/美元实际汇率以及特定需求冲击的价格反应较为迅速。天然气作为电力能源的主要组成部分,更有可能削弱太阳能电力的竞争力,对光伏多晶硅原料实际价格变化起负向冲击作用。石油价格冲击倾向于增强太阳能电力的竞争力,对光伏多晶硅原料实际价格变化起正向冲击作用。现货市场特定需求性冲击或防御性冲击引起光伏多晶硅原料国际现货实际价格更为剧烈的波动。通过国别市场政策措施与价格反应、原料供给约束与需求不确定性以及光伏多晶硅原料防御性需求在中国进口市场的表现,进一步验证了两类特定需求性冲击对光伏多晶硅原料国际价格波动的差异化作用。

第八,光伏多晶硅原料国际价格形成中,国别市场的作用体现在空间分割市场的价格传导效应。基于中国进口市场的数据样本,以贸易方式分类国别价格数据,检验国别市场合同与现货价格波动的传导效应。实证结果显示国别合同和现货价格的代理变量数据序列在平稳性特征上是有差异的,合同价格对现货价格的影响不能完全解释现货价格的波动,合同价格也不可能与现货价格是高度整合的,或者说市场冲击下合同价格与现货价格会有较大的偏离。美国市场无论在光伏多晶硅原料合同贸易或是现货贸易中都起着重要的价格引领作用,德国市场和韩国市场仅在合同或现货市场上处于价格主导地位。即使是在国别市场间贸易量较大时,光伏多晶硅原料长期合同形式也可能导致国别市场价格无法有效传导。国别现货市场内或市场间的因果关联远强于现货与合同市场之间,美国市场在合同贸易和现货贸易中都具备价格引领地位,其合同与现货市场间可能存在显著的因果关系。

第二节　中国光伏多晶硅产业发展的启示

本书对光伏多晶硅原料国际价格形成机制的理论和实证研究,对中国促进光伏多晶硅原料产业健康发展具有重要的现实意义。依据本书的相关研究结论,光伏多晶硅原料国际价格形成机制不仅涉及企业生产技术创新、市场竞争策略、价格管理等微观问题,还涉及中国如何提升光伏多晶硅产业国际竞争优势、改善国际贸易和分工地位、发挥战略性新兴产业的先导作用等宏观发展问题。因此,一方面,中国应增强光伏产业竞争实力,充分发挥企业技术研发能力,加强成本控制与管理;另一方面,应深入研究和分析光伏产业链价格形成机制,尤其是核心技术环节,如上游多晶硅原料市场冲击与价格波动规律,有效提升中国光伏企业国际市场竞争能力,促进光伏产业健康发展。

第一,加强中国光伏多晶硅企业的技术和成本优势。第三章对光伏多晶硅原料的技术特性的研究指出目前多晶硅原料制备工艺仍以改良西门子法为主,但该技术的生产能耗和设备投资成本较高,成本下降已接近极限。Wacker公司的流化床法、Tokuyama公司的气液沉积法、REC公司的甲硅烷—流态化床法、Kawasaki公司的冶金法等都试图替代改良西门子法,以进一步降低成本。第五章对光伏多晶硅生产商战略行为的影响分析指出,产量博弈最优结果必须成为具有成本优势的领导者厂商,才能在竞争中取胜。中国光伏多晶硅企业如GCL、LDK等已成为全球领先厂商,但在技术和成本层面上与德国和美国的企业仍存在差距。另外,发达国家实施的多轮对华光伏产品"双反"贸易措施和限制也进一步加剧了企业成本负担。因而,中国光伏多晶硅企业必须加快技术研发投入,提高技术人员创新能力,有效增强光伏多晶硅原料生产成本优势。

第二,提高中国光伏多晶硅企业国际市场竞争能力。中国作为目前最大的多晶硅生产需求国和贸易中间国,不仅受国别应用市场的需求影响,在原料市场上也缺乏谈判力和定价权,在国际贸易中处于竞争劣势。本书第五章光伏多晶硅原料国际价格形成机制的理论分析指出,合同形式是价格形成机制中的主要体现。第三、第四、第六章国别市场发展现状和价格冲击效应研究表明,国别市场在生产性需求和消费性需求的竞争地位各不相同,总需求、相关能源价格、汇率波动和光伏市场政策等供需冲击反应存在显著差异。因而,明确光伏多晶硅原料谈判和市场价格形成机制在合同关系中的作用,充分考察供需因素对国别市场的差异化影响,深入分析国际市场供需变化,才能应对国际市场价格波动影响,提高企业参与国际市场的竞争能力。

第三,促进中国光伏多晶硅产业健康发展。自 20 世纪 70 年代起,多晶硅原料作为电子产业和光伏产业的重要基材经历了三次重大的供需和价格波动,但 2000 年以来光伏产业的多晶硅供需和价格变化最显著,从高峰到低谷的时间也最短。这给中国光伏产业带来了重要的发展契机,并得以延伸到半导体材料、建筑、机械设备等交叉领域的产业发展,但过快的发展速度造成全产业链产能过剩、生产效率低下,在市场低迷阶段无法承受,迫使企业退出市场。本书第四、第七章指出了产业规模迅猛发展和市场不确定性并存,国别市场关联和价格偏离并存。中国光伏多晶硅产业发展必须基于全球产业发展周期和国际市场发展特点,促进市场应用和产业制造良性互动,增强技术创新与市场开发有效结合,推动产业健康发展。

第三节 未来研究方向

光伏多晶硅原料国际价格形成机制是世界贸易和国际能源领域的一个全新课题,尽管本书从价格形成、波动和传导视角对其国际价格形成机制进行了理论和实证的系统研究,但是由于个人能力、研究篇幅以及数据获取等方面的限制,在理论和实证研究中均有进一步拓展的空间。下一阶段的研究可以从以下几个方面展开。

第一,本书对光伏多晶硅原料合同安排形式的探讨中,没有涉及纵向一体化公司内贸易的合同安排方式。这不仅是因为相关合同文本或相关资料收集存在极大难度,也因为需要改变本研究现有的分析框架。从产业发展来看,光伏产业中下游纵向一体化趋势已经延伸到上游原料环节。尤其是 2009 年以来,光伏企业并购重组案例明显增多,全产业链一体化发展企业开始涌现,因而将纵向一体化纳入光伏多晶硅原料合同安排形式,是一个非常值得研究的问题。

第二,光伏多晶硅原料国际价格冲击效应的数据样本和计量模型有待更新补充。由于光伏多晶硅原料月度数据公开性低,所获样本量较小,容易形成短期效应显著而长期效应不显著的情况。目前,已通过其他渠道进行后续数据的收集和整理,以便进行实证检验比较。还可以通过计量模型的改进,比较验证实证结果,形成更为有效的研究结果。

第三,光伏多晶硅原料价格波动国别市场传导效应的实证研究方法有待改进。国别市场价格传导效应的研究方法有两类:一类是基于结构模型的计量研究,一类是基于数据特征的计量研究。本书主要基于数据特征研究光伏多晶硅原料价格波动的国别传导效应,原因是国别合同和现货市场的价格统计远滞后于市场发展,难以进行量化研究,只能借助中国市场特殊发展阶段的重要贸易地位,以贸易方式分类数据样本进行相关实证研究。未来对光伏多晶硅原料价格波动国际传导效应的研究,可以进一步创新和完善计量方法,获得可行的数据样本,再次验证光伏大国在多晶硅原料贸易中的市场地位和价格影响作用。

参考文献

[1] Abdulai A. Spatial price transmission and asymmetry in the Ghanaian maize market[J]. Journal of Development Economics, 2000, 63 (2): 327-349.

[2] Acharya R N. Market power and asymmetry in farm-retail price transmission [C]. Tampa: The AAEA Annual Meeting, August 2000.

[3] Acquah H D. Analysis of price transmission and asymmetric adjustments using Bayesian econometric methodology[D]. Göttingen: Georg-August-University of Göttingen, 2008.

[4] Alchian A A, Demsetz H. Production, information costs and economic organization[J]. American Economic Review, 1972, 62 (5): 777-795.

[5] Amendola S. Overview of manufacturing processes[DB]. ICIS, 2011.

[6] Angelus A, Porteus E L, Wood S C. Optimal sizing and timing of capacity expansions with implications for modular semiconductor wafer fabs[C]. Research Paper No. 1479, Graduate School of Business, Stanford University, 1997.

[7] Angelus A, Porteus E. Simultaneous capacity and production of short-life-cycle produceto-stock goods under stochastic demand[J]. Management Science, 2002, 48 (3): 399-413.

[8] Arano K, Velikova M. Price convergence in natural gas markets: City-gate and residential prices[J]. The Energy Journal, 2009(3): 129-154.

[9] Armington P. A theory of demand for products distinguished by place of production [Z]. International Monetary Fund Staff Papers, 1969, 16 (1): 159-178.

[10] Arnulf J W. Research, solar cell production and market implementation of photovoltaics[R]. Otsu: European Commission Joint Center, 2006.

[11] Asche F,Gordon D V,Hannesson R. Tests for market integration and the law of one price:The market for whitefish in France[J]. Marine Resource Economics,2004,19 (2):195-210.

[12] Aschea F,Jaffry S,Hartmann J. Price transmission and market integration: Vertical and horizontal price linkages for salmon[J]. Applied Economics, 2007,39 (19):2535-2545.

[13] Aschea F,Osmundsen P,Tveteras R. European market integration for gas? Volume flexibility and political risk[J]. Energy Economics,2002, 24 (3):249-265.

[14] Aschea F, Flaaten O, Isaksen J R, Vassdal T. Derived demand and relationships between prices at different levels in the value chain:A note [J]. Journal of Agricultural Economics,2006,53 (1):101-107.

[15] Ayers R,Collinge R. Microeconomics[M]. London:Pearson,2003.

[16] Bailey D,Brorsen B W. Price asymmetry in spatial fed cattle markets [J]. Western Journal of Agricultural Economics,1989,14 (2):246-252.

[17] Baffes J,Gardner B. The transmission of world commodity prices to domestic markets under policy reforms in developing countries[J]. Policy Reform,2003,6 (3):159-180.

[18] Baghli M. Nonlinear error-correction models for the FF/DM Rate[J]. Studies in Nonlinear Dynamics & Econometrics,2005,9 (1):1-43.

[19] Balke N S,Brown S P A,Yucel M K. Crude oil and gasoline prices:An asymmetric relationship? [J]. Federal Reserve Bank of Dallas, Economic Review,1998(Q1):2-11.

[20] Barassi M R,Ghoshray A. Structural change and long-run relationships between US and EU wheat export prices[J]. Journal of Agricultural Economics,2007,58 (1):76-90.

[21] Barrett C B. Market analysis:Are our enriched toolkits well suited to enlivened markets? [J]. American Journal of Agricultural Economics, 1996,78 (8):825-829.

[22] Barrett C B,Li J R. Distinguishing between equilibrium and integration in spatial price analysis[J]. American Journal of Agricultural Economics, Agricultural and Applied Economics Association,2002,84 (2):292-307.

[23] Bartlett J E,Margolis R M,Jennings C E. The effects of the financial

crisis on photovoltaics:An analysis of changes in market forecasts from 2008 to 2009[R]. New York:NREL,TP-6A2-46713,2009.

[24] Barsky R B,Kilian L. Oil and the macroeconomy since the 1970s[J]. Journal of Economic Perspectives,2004,18 (4):115-134.

[25] Bencivenga C,Sargenti G. A comparison between US and European energy markets[J]. The Energy Journal,2009 (27):1-36.

[26] Bentzen J. Does OPEC influence crude oil prices? Testing for co-movements and causality between regional crude oil prices[J]. Applied Economics,2007,39 (11):1375-1385.

[27] Blanchard O,Quah D. The dynamic effects of aggregate demand and supply disturbances[J]. The American Economic Review,1989,79(4): 655-673.

[28] Blinder A S. Inventories and sticky prices:More on the microfoundation of macroeconomics[J]. The American Economic Review,1982,72 (3): 334-348.

[29] BP Solar. Crystalline silicon solar cell technology[R]. BP Solar,2010.

[30] Brooke A F. Great expectations:Assessing the contract damages of the take-or-pay producer[J]. Texas Law Review,1992,70 (5):1469-1487.

[31] Brooks J,Melyukhina O. The effects of agricultural policy reform on poverty in Brazil [C]. Policy Reform and Adjustment Workshop, Imperial College London,Wye Campus 15752,International Agricultural Policy Reform and Adjustment Project (IAPRAP),2003.

[32] Brown A,Lee H L. Optimal "pay to delay" capacity reservation with application to the semiconductor industry[DB]. CA:Working Paper, Stanford University USA,1997.

[33] Brown S P A,Yücel M K. Market arbitrage:European and North American natural gas prices[J]. Energy Journal,2009,30(S1):167-185.

[34] Bursteiny A,Jaimovich N. Understanding movements in aggregate and product-level real exchange rates[C]. New York:The NBER Reporter, Number 4:Program and Working Group Meetings,2008.

[35] Campillo J,Foster S. Global solar photovoltaic industry analysis with focus on the Chinese market [D]. Västerås: Mälardålen University, 2008.

[36] Cairns R D, Quyen V. Optimal exploration for and exploitation of heterogeneous mineral deposits[J]. Journal of Environmental Economics and Management, Elsevier, 1998, 35(2):164-189.

[37] Chapin D M, Fuller C S, Pearson G L. A new silicon p-n junction photocell for converting solar radiation into electrical power[J]. Journal of Applied Physics, 1954, 25 (5):676-677.

[38] Chaton C, Creti A, Villeneuve B. Gas storage and security of supply[C]. LERNA Working Paper, 2005.

[39] Chiang D M, Guo R S, Chen M H, et al. Take-or-pay supply chain contract under market price volatility[C]. Bangkok: Proceedings of the 7th Asia Pacific Industrial Engineering and Management Systems Conference, Thailand, 2006.

[40] Cirera X, Nhate V. An empirical estimation of the degree of price transmission from border to consumer prices in Mozambique[DB]. Institute of Development Studies, 2007.

[41] Clostermann J, Schnatz B. The determinants of the euro-dollar exchange rate synthetic fundamentals and a non-existing currency[C]. Discussion paper of Economic Research Group of the Deutsche Bundesbank, 2000.

[42] Coase R H. The nature of the firm[J]. Economica, 1937, 16 (4): 386-405.

[43] Coase R H. The problem of social cost[J]. Journal of Law and Economics, 1960, 3 (1):1-44.

[44] Commission of the European Communities. A European strategy for sustainable, competitive and secure energy[R]. Commission of the European Communities, 2006.

[45] Commission of the European Communities. Green paper towards a European strategy for the security of energy supply[R]. Commission of the European Communities, 2000.

[46] Commission of the European Communities. Energy for the future: renewable sources of energy[R]. Commission of the European Communities, 1997.

[47] Crocker K J, Masten S. Pretia ex machina? Prices and process in long-term contracts[J]. Journal of Law & Economics, 1991, 34 (1):69-99.

[48] Cudjoe G,Breisinger C,Diao X S. Local impacts of a global crisis food price transmission and poverty impacts in Ghana[DB]. FPRI Discussion Paper 00842,2008.

[49] Dahlman C J. The problem of externality[J]. Journal of Law and Economics, 1979,22 (4):141-162.

[50] Dasgupta H,Heal G. Economic Theory and Exhaustible Resources[M]. Cambridge,UK:James Nisbet and Cambridge University Press,1979.

[51] Desai V A,Jhirad D,Munasinghe M. Non-conventional Energy[M]. Published online:New Age International Publishers Ltd. ,1990.

[52] Dercon S,Campenhout B V. Dynamic Price Adjustments in Spatially Separated Food Markets with Transaction Costs[M]. Flander:Katholieke Universiteit Leuven,Center for Economic Studies,discussion papers, 1999.

[53] Diewert W E,Fox K J. On the estimation of returns to scale,technical progress and monopolistic markups[J]. Journal of Econometrics,2008, 145 (1):174-193.

[54] Dincer F. The analysis on photovoltaic electricity generation status, potential and policies of the leading countries in solar energy [J]. Renewable and Sustainable Energy Reviews,2011,15 (1):713-720.

[55] Dobrinsky R, Körösi G, Markov N, Halpern L. Price markups and returns to scale in imperfect markets:Bulgaria and Hungary[J]. Journal of Comparative Economics,2006,34 (1):92-110.

[56] Dornbush R. Exchange rates and prices[J]. American Economic Review, 1987,77 (1):1-32.

[57] Dornbusch R. Fiscal aspects of monetary integration [J]. American Economic Review, American Economic Association, 1997, 87 (2): 221-223.

[58] Dusonchet L, Telaretti E. Economic analysis of different supporting policies for the production of electrical energy by solar photovoltaics in Western European Union countries[J]. Energy Policy,2010,38 (7): 3297-3308.

[59] Dusonchet L, Telaretti E. Economic analysis of different supporting policies for the production of electrical energy by solar photovoltaics in

Eastern European Union countries[J]. Energy Policy,2010,38 (7):
4011-4020.

[60] Engle R F,Granger C W J. Co-integration and error correction:representation,
estimation and testing[J]. Econometrica,1987,55 (2):251-276.

[61] Enke S. Equilibrium among spatially separated markets:Solution by
electric analogue[J]. Econometrica,1951 (19):40-47.

[62] EPIA. Global market outlook for photovoltaics until 2016 [R].
Bruxelles,Belgium:EPIA,2012.

[63] EPIA. Development of the German PV market[DB/OL]. EPIA. Accessed:27-
10-2007,URL:<http://www. epia. org/index. php? id=91>.

[64] EPIA. Global market outlook for photovoltaics until 2015[R]. Brussels:
EPIA,2011.

[65] EPIA. Global market outlook for Photovotaics until 2013[R]. Brussels:
EPIA,2009.

[66] Ewing B T,Harter C L. Co-movements of Alaska North Slope and UK
Brent crude oil prices[J]. Applied Economics Letters,Taylor and Francis
Journals,2000,7 (8):553-558.

[67] Fackler P L,Goodwin B K. Spatial price transmission[M]//Gardner B,
Rausser G. Handbook of Agricultural Economics. Amsterdam,NL:
Elsevier Science,2002.

[68] Flynn H,Bradford T. Poly-silicon supply,demand and implication for
the PV industry[R]. New York,US:Prometheus Institute for Sustainable
Development,2006.

[69] Flynn H,Bradford T. Polysilicon:supply,demand and implications for
the PV industry[R]. New York,US:Prometheus Institute,2008.

[70] Frank R. Microeconomics & Behavior [M]. 7th ed. New York, US:
McGraw-Hill/Irwin,2007.

[71] Freetown. Impact of petroleum price fluctuations on key convergence
criteria in ECOWAS Member States[DB]. West African Monetary Monetary
Agency,2008.

[72] Froot A K,Klemperer P D. Exchange rates pass-through when market
share matters[J]. American Economic Review,1989,79 (4):637-654.

[73] Furkan D. Overview of the photovoltaic technology status and perspective in

Turkey[J]. Renewable and Sustainable Energy Reviews,2011,15 (8):3768-3779.

[74] GCL. Investment report 2011[R]. GCL,2011.

[75] GCL. investment report 2010[R]. GCL,2010.

[76] Gerbert P,Rubel H. Solar grade silicon[R]. Solar Storm. Boston,US: Boston Consulting Group,2009.

[77] Ghoshray A. Asymmetric price adjustment and the world wheat market [J]. Journal of Agricultural Economics,2002,53 (2):299-317.

[78] Gillespie A. Foundations of Economics: The Production Possibility Frontier (curve)[M]. New York,US:Oxford University Press,2007.

[79] Glachant J,Hallack M. Take-or-pay contract robustness:A three step story told by the Brazil-Bolivia gas case? [J]. Energy Policy,2009,37 (2):651-657.

[80] Goetzberger A,Hebling C,Schock H W. Photovoltaic materials: History,status and outlook[J]. Materials Science and Engineering, 2003,40 (1):1-46.

[81] Goldbery V P,Erickson J R. Quantity and price adjustment in long-term contracts:A case study of petroleum coke[J]. Journal of Law Economy, 1987,30 (10):369-398.

[82] Goodwin B K,Holt M T. Asymmetric adjustment and price transmission in the US beef sector[J]. American Journal of Agricultural Economics, 1999 (81):630-637.

[83] Goodwin B K,Harper D C. Price transmission,threshold behaviour and asymmetric adjustment in the U. S. pork sector[J]. Journal of Agricultural and Applied Economics,2000,32 (3):543-553.

[84] Goodwin B K,Piggott N E. Spatial market integration in the presence of threshold effects [J]. American Journal of Agricultural Economics, 2001,83 (2):302-317.

[85] Goodwin B K,Grennes T,Wohlgenant M K. Testing the law of one price when trade takes time[J]. Journal of International Money and Finance,1990,9 (1):21-40.

[86] Granger C W J. Investigating casual relations by economic models and cross-spectral model[J]. Econometrica,1969,37 (3):424-438.

[87] Granger C W J, Newbold P. Forecasting Economic Time Series[M]. New York, US: Academic Press, 1986.

[88] Green Rhino Energy. Impact of oil price on solar industry[DB/OL]. Green Rhino Energy, 2013. https://www. greenrhinoenergy. com/ solar/market/solar_oil. php.

[89] Green Rhino Energy. Value chain activity: manufacturing crystalline modules [DB/OL]. Green Rhino Energy, 2011. https://www. greenrhinoenergy. com/solar/industry/ind_04_pv_modules. php.

[90] Gülen. Regionalization in the world crude oil market: Further evidence [J]. The Energy Journal, 1999, 20(1): 125-139.

[91] Gunther A E. Polysilicon conundrum [EB]. The Gunther Portfolio, 2011-05-23.

[92] Gupta S, Lu S. Solar positioning for oversupply & ASP declines[R]. New York, US: Morgan Stanley Research Asia / Pacific, 2010.

[93] Hayward J, Graham P. Developments in technology cost drivers - dynamics of technological change and market forces[R]. New Castle, US: CSIRO, 2011.

[94] Hearps P, McConnell D. Renewable energy technology cost review [DB]. Melbourne Energy Institute Technical Paper Series, 2011.

[95] Hirschhausen C V. Price dynamics in Europe and the North American natural gas market-towards convergence? [C]. Amsterdam, Netherland: Discussion paper of Joint Program "Globalization of Natural Gas Markets", 2005.

[96] Hotelling H. The economics of exhaustible resources[J]. Journal of Political Economics, 1931 (39): 137-175. Reprinted in Bulletin of Mathematical Biology, 1991(53): 281-312.

[97] Hubbard R G, Weiner R J. Regulation and long-term contracting in US national gas markets[J]. The Journal of Industrial Economics, 1986, 35 (1): 71-79.

[98] Hull J, White A. Efficient procedures for valuing European and American path dependent options[J]. Journal of Derivatives, 1993, 1 (1): 21-31.

[99] Hubbard R G, Weiner R J. Long-term contracting and multiple-price systems theory and application to the copper market[C]. Laval-Recherche en Energie Papers 9105, 1991.

[100] IEA PVPS. Trends 2013 in photovoltaic applications [R]. Paris, France:IEA,2013.

[101] IEA PVPS. Trends 2011 in photovoltaic applications [R]. Paris, France:IEA,2011.

[102] IEA PVPS. Trends 2009 in photovoltaic applications [R]. Paris, France:IEA,2009.

[103] IEA PVPS Program. Trends in PV power applications in selected IEA countries between 1992 and 1995[R]. Paris,France:IEA,1996.

[104] IEA PVPS Program. Trends in PV power applications in selected IEA countries between 1992 and 1997[R]. Paris,France:IEA,1998.

[105] IEA PVPS Program. Trends in PV power applications in selected IEA countries between 1992 and 1999[R]. Paris,France:IEA,2000.

[106] IEA PVPS Program. Trends in PV power applications in selected IEA countries between 1992 and 2000[R]. Paris,France:IEA,2001.

[107] IEA PVPS Program. Trends in PV power applications in selected IEA countries between 1992 and 2001[R]. Paris,France:IEA,2002.

[108] IEA PVPS Program. Trends in PV power applications in selected IEA countries between 1992 and 2002[R]. Paris,France:IEA,2003.

[109] IEA PVPS Program. Trends in PV power applications in selected IEA countries between 1992 and 2003[R]. Paris,France:IEA,2004.

[110] IEA PVPS Program. Trends in PV power applications in selected IEA countries between 1992 and 2004[R]. Paris,France:IEA,2005.

[111] IEA PVPS Program. Trends in PV power applications in selected IEA countries between 1992 and 2005[R]. Paris,France:IEA,2006.

[112] IEA PVPS Program. Trends in PV power applications in selected IEA countries between 1992 and 2006[R]. Paris,France:IEA,2007.

[113] IEA PVPS Program. Trends in PV power applications in selected IEA countries between 1992 and 2007[R]. Paris,France:IEA,2008.

[114] IEA PVPS Program. Trends in PV power applications in selected IEA countries between 1992 and 2008[R]. Paris,France:IEA,2009a.

[115] IEA PVPS Program. Trends in PV power applications in selected IEA countries between 1992 and 2009[R]. Paris,France:IEA,2010a.

[116] IEA PVPS Program. Trends in PV power applications in selected IEA

countries between 1992 and 2010[R]. Paris,France:IEA,2011.

[117] IEA PVPS Program. National report, USA [R]. New York, US: NREL,2009b.

[118] IEA PVPS Program. National report, USA [R]. New York, US: NREL,2010b.

[119] IER Group. Levelized cost of new electricity generating technologies [C]. Institute for Energy Research,2009.

[120] IGU. IGU annual report 2009[R]. Barcelona,Spain:IGU,2009.

[121] IGU. IGU annual report 2011[R]. Barcelona,Spain:IGU,2011.

[122] IEA. Technology roadmap-solar photovoltaic energy [R]. Paris, France: International Energy Agency,2010.

[123] Isard P. How far can we push the "law of one price"? [J]. American Economic Review,1977,67 (5):942-948.

[124] Jin S M,Wu D. Modeling capacity reservation in high-tech manufacturing [DB]. Lehigh University Bethlehem Woking Paper,2001.

[125] Johansen S. Statistical analysis of cointegration vectors[J]. Journal of Economic Dynamics and Control,1988,12 (2):231-254.

[126] Johnston A, Kavali A, Neuhoff K. Take-or-pay contracts for renewables deployment[J]. Energy Policy,2008,38(7):2481-2503.

[127] Joskow P L. Contract duration and relationship-specific investment: Empirical evidence from coal markets[J]. American Economic Review, 1987,77(3):168-185.

[128] Joskow P L. Vertical integration and long-term contracts: The case of coal-burning electric generating plants[J]. Journal of Law, Economics, and Organization,1985,1(1):33-80.

[129] Jupiter. Supply contract. Internal file [Z]. 2008.

[130] Kaiser M,Tumma S. Take-or-pay contract valuation under price and private uncertainty[J]. Applied Mathematical Modelling,2004,28 (7): 653-676.

[131] Kammen D M,Nemet G F. Reversing the incredible shrinking energy R&D budget [J]. Issues in Science and Technology, 2005, 22 (1): 84-88.

[132] Kelemen R D. Trading places:The role of the United States and the

European Union in international environmental politics[J]. Comparative Political Studies,2010,43（4）:427-456.

[133] Kilian L. Not all oil price shocks are alike:Disentangling demand and supply shocks in the crude oil market[J]. American Economic Review, 2009,99（3）:1053-1069.

[134] Kinnucan H W,Forker O D. Asymmetry in farm retail price transmission for major dairy products[J]. American Journal of Agricultural Economics, 1987,69（2）:285-292.

[135] Klein B. The role of incomplete contracts in self-enforcing relationships [M]//Brousseau E, Glachant J M. The Economics of Contracts: Theories and Applications. Cambridge, UK: Cambridge University Press,2002.

[136] Klein B,Crawford R G,Alchian A A. Vertical integration,appropriable rents,and the competitive contracting process[J]. The Journal of Law and Economics,1978,2（10）:297-326.

[137] Knapp K E,Jester T L. An empirical perspective on the energy payback time for photovoltaic modules[C]. Madison,Wisconsin:Solar 2000 Conference,June 16-21,2000.

[138] Knetter M. International comparison of pricing-to-market behaviour [J]. American Journal of Agricultural Economics,1993,83（3）:473-486.

[139] Koncept Analytics. Demand-supply imbalance in polysilicon[R]. Delhi, India:Koncept Analytics,2007.

[140] Koontz S R,Garcia P,Hudson M A. Meatpacker conduct in fed cattle pricing:An investigation of oligopsony power[J]. American Journal of Agricultural Economics,1993,75（3）:537-548.

[141] Koontz S R, Garcia P. Meat-packer conduct in fed cattle pricing: Multiple-market oligopsony power[J]. Journal of Agricultural and Resource Economics,1997,22（1）:87-103.

[142] Korosi G,Dobrinsky R,Markov N,Halpern L. Price markups and returns to scale in imperfect markets:Bulgaria and Hungary[J]. Journal of Comparative Economics,2006,34（1）:92-110.

[143] Krauter S. PV 3.0[C]. Proceedings of the 27th European Photovoltaic Congress and Exhibition. Frankfurt,Germany:EPCE,2012.

[144] Krugman P, Wells R. Microeconomics[M]. 2nd ed. Gordonsville, VA: Worth Publishers, 2009.

[145] Kyoto protocol to the United Nations framework convention on climate change[DB/OL]. United Nations, 1998. http://unfccc. int/resource/docs/convkp/kpeng. pdf.

[146] Laffont J J. Externalities, the new palgrave dictionary of economics [M]. 2nd ed. London, GB: Palgrave Macmillan, 2008.

[147] LDK. Investment report 2010[R]. LDK, 2010.

[148] Leykam K. Cointegration and volatility in the European natural gas spot markets [D]. Gallen, Switzerland: University of St. Gallen, Master's Thesis, 2008.

[149] Li C L, Kouvelis P. Flexible and risk-sharing supply contracts under price uncertainty[J]. Management Science, 1999, 45 (10): 1378-1398.

[150] Li C X. Price transmission and market power in the vertically separated markets of fluid milk[D]. Amherst, US: UMass Amherst, 2008.

[151] Li W H. Currency competition between Euro and US dollar[C]. Working Papers of the Business Institute Berlin at the Berlin School of Economics, 2004.

[152] Loo F. Asia polysilicon makers face tough times in Q4 on oversupply [DB]. ICIS, 2011.

[153] Loo F. Polysilicon: Diamond in the rough? [DB]. ICIS, 2011.

[154] Lorenz P, Pinner D, Seitz T. The economics of solar power[J]. The McKinsey Quarterly, 2008.

[155] Luque A, Hegedus S. Handbook of photovoltaic science and engineering [M]. 2nd ed. Published online: John Wiley & Sons, Ltd. , 2011.

[156] Luque A, Hegedus S. Handbook of Photovoltaic Science and Engineering [M]. Wiley & Sons, Ltd. , 2003.

[157] Mark B. Garman and Angelo Barbieri: Ups and downs of swing[J]. Energy and Power Risk Management, 1997, 2 (1).

[158] Marshall A. Principles of economics[M]. 8th ed. London, UK: MacMillan, 1920.

[159] Masten S E. Empirical research in transaction cost economics: challenges, progress, directions[M]//Groenewegen J. Transaction Cost Economics

and Beyond. Dordrecht:Springer,1996.

[160] Masten S E. The organization of production:Evidence from the aerospace industry[J]. Journal of Law and Economics,1984,27 (2):403-417.

[161] Maurits J. Polycrystalline silicon-world demand and supply,Proc. 8th workshop on crystalline silicon solar cell materials and processes[C]. Colorado,US:National Renewable Energy Laboratory,1998.

[162] Maurits J. PV feedstock costs-five year outlook, proceedings of the 13th workshop on crystalline silicon solar cell materials and processes[C]. Colorado,US:National Renewable Energy Laboratory,2003.

[163] McCorriston S, Morgan C W, Rayner A J. Processing technology market power and price transmission[J]. Journal of Agricultural Economics, 1998,49 (2):185-201.

[164] McCorriston S, Morgan W, Rayner J. Price transmission, market power, marketing chain,returns to scale,food industry[J]. European Review of Agricultural Economics,2001,28 (2):143-159.

[165] McCulloch D. Global markets:Influences from Asia[R]. Global Market Perspective,2011.

[166] Medina J M. The take-or-pay:A cautionary analysis for the future[J]. Tulsa Law Review,1991,27 (2):283-312.

[167] MEMC. Ready for tomorrow, 2011 annual report[R]. Missouri,US: MEMC,2011.

[168] Miao R B,Wang Z Y. Creative driving force and market rational factors in innovation path selection[C]. Beijing,China:Emergency Management and Management Sciences (ICEMMS),2010 IEEE International Conference, 2010.

[169] Miljkovic D. US and Canadian livestock prices:Market inegration and tade dpendence[C]. California,US:American Agricultural Economics Association Annual Meeting,2006.

[170] Ministry of Foreign Affairs (MOFA). How Japan is dealing with global environmental issues[DB]. MOFA,Tokyo,1990.

[171] Minot N. Transmission of world food price changes to markets in Sub-Saharan Africa[G]. Washington,US:International Food Policy Research Institute,2006.

[172] Mjelde J W, Bessler D H. Market integration among electricity markets and their major fuel source markets[J]. Energy Economics, 2009, 31 (3): 482-491.

[173] Montalbano P. Trade openness and developing countries' vulnerability: Concepts, misconceptions, and directions for research [J]. World Development, 2011, 39 (9): 1489-1502.

[174] Munoz M P, Dickey D A. Are electricity prices affected by the US dollar to Euro exchange rate? The Spanish case[J]. Energy Economics, 2009, 31 (6): 857-866.

[175] Myers S, Yuan L Y. China's solar energy industry: Polysilicon 2005—2011 [EB/OL]. Washington Post Story, 2011. http://www. earthtoys. com/emagazine. php? Issue_number07. 06. 01&article= china.

[176] Nakamura E. Accounting for incomplete pass-through mimeo [A]. Columbia University MPRA RePEc Archive, 2008.

[177] Nemet G F. Beyond the learning curve: Factors influencing cost reductions in photovoltaics[J]. Energy Policy, 2006, 34 (17): 3218-3232.

[178] Neuhoff K, Hirschhausen C V. Long-term vs. short-term contracts: A European perspective on natural gas[C]. Cambridge, UK: Cambridge Working Papers in Economics 0539, 2005.

[179] Nicholson S. Intermediate Microeconmics[M]. Cincinnati, US: South-Western College Pub, 2007.

[180] OCI. OCI investment report 2010[R]. OCI, 2010.

[181] OECD. The OECD investment code[R]. OECD, 2003.

[182] Osborne M. OCI to become world's largest polysilicon producer with latest expansion plan[DB]. PV Tech, 2010.

[183] Park Y J, Kim G. Estimating the timing of a pickup, KDB Daewoo Securities, 2012.

[184] Parkin M, Powell M, Matthews K, et al. Economics: European Edition [M]. 5th ed. Boston, US: Published Addison Wesley Import, 2002.

[185] Parsley D C, Wei S J. Convergence to the law of one price without trade barriers or currency fluctuations[J]. The Quarterly Journal of Economics, 1996, 111 (4): 1211-1236.

[186] Parsley D C, Wei S J. Explaining the border effect: The role of exchange

rate variability, shipping costs and geography[J]. Journal of International Economics,2001,55 (10):87-105.

[187] Parsley D C, Wei S J. Limiting currency volatility to stimulate goods market integration: A price based approach[DB]. NBER Working Paper No. 8468,2001.

[188] Photon. Solar silicon superior top dog[C]. Toronto, CA: Photon International,2010.

[189] Photon. Silicon oversupply coming in 2012[C]. Toronto, CA: Photon International,2011.

[190] Photon. Year of the tiger[C]. Toronto, CA: Photon International, 2011.

[191] Photon. Silicon year of transition,proceeding of solar silicon conference[C]. Toronto,CA: Photon International,2012.

[192] Photon. Mapping the silicon world[C]. Toronto ,CA: Photon International, 2010.

[193] Pilipovic D, Wengler J. Getting into the swing[J]. Energy and Power Risk Management,1998,2 (10):2.

[194] Polkinghorne J. Mathematics and natural theology[M]//Russell R M. The Oxford Handbook of Natural Theology. Oxford, UK: Oxford University Press,2013.

[195] Polo M,Scarpa C. Liberalizing the gas industry:Take-or-pay contracts, retail competition and wholesale trade[C]. IEFE working papers 49, IEFE,Center for research on energy and environmental economics and policy. Milano,Italy:Universita Bocconi,2013.

[196] Prometheus Institute. New silicon capacities and technologies emerging [J]. PV News,2006,25 (7):1-5.

[197] PV Magazine. Isofotón seeks to restructure 284 million debt pile[DB/ OL]. PV Magazine, 2013. https://www. pv-magazine. com/2013/06/ 06/isofoton-seeks-to-restructure-e284-million-debt-pile_100011607/.

[198] PV Tech. Conergy and MEMC polysilicon dispute could soon be over [EB]. PV Tech,2010.

[199] Ravallion M. Testing market integration[J]. American Journal of Agricultural Economics,1986,68 (1):102-109.

[200] Rao V S G. Key considerations for polysilicon manufacturing in India [J]. The Grid,2011.

[201] Reagan P B,Weitzman M L. Asymmetries in price and quantity adjustments by the competitive firm[J]. Journal of Economic Theory,1982,27 (2): 410-420.

[202] Rebecca H. Who bears the cost of a change in the exchange rate? Pass-through accounting for the case of beer[J]. Journal of International Economics,2008,76 (1):14-32.

[203] REC Group. Granular polysilicon technology[R]. Sandvika,Norway: Renewable Energy Corporation,2011.

[204] Richardson J D. Some empirical evidence on commodity arbitrage and the law of one price[J]. Journal of International Economics,1978,8 (2):341-351.

[205] Samuelson P A. Spatial price equilibrium and linear programming[J]. American Economic Review,1952 (42):283-303.

[206] Sarti D,Einhaus R. Silicon feedstock for the multi-crystalline photovoltaic industry[J]. Solar Energy Materials & Solar Cells,2002,72 (2):27-40.

[207] Seifert A,Greenblatt D,Wygnanski I J. Active separation control: Fundamental principles, current status and future directions [J]. Aerospace Science and Technology,2004 (8):569-589.

[208] Sharma R. The transmission of world price signals: The concept,issues and some evidence from Asian markets[DB]. FAO,Commodities and Trade Division,2003.

[209] Shaw W H. Business Ethics [M]. 5th ed. Belmont,Ca: Thomson Wadsworth,2005.

[210] Shaw W H. Business Ethics[M]. 6th ed. Belmont,Ca,US: Thomson Wadsworth,2008.

[211] Short W,Packey J D,Holt T. A manual for the economic evaluation of energy efficiency and renewable energy technologies[R]. NREL/TP-462-5173,1995.

[212] Siliverstovsa B,Garetb G L H,Neumannc A,Hirschhausena C V. International market integration for natural gas? A cointegration analysis of prices in Europe,North America and Japan[J]. Energy Economics,2005,27

(4):603-615.

[213] Sims C A. Macroeconomics and reality[J]. Econometrica,1980,48 (1): 1-48.

[214] Solarenergy. Global polysilicon market[R]. Korea:Solarenergy,2011.

[215] Stiglitz J E. Markets,market failures,and development[J]. American Economic Review,1989,79 (2):197-203.

[216] Stiglitz J E,Globalization and Its Discontents[M]. New York,US:W. W. Norton & Company,2002.

[217] Suntech. Annual report[R]. Suntech,2012.

[218] Sun & Wind Energy. Solar-grade silicon expensive and in short supply [J]. Sun & Wind Energy,January 2005.

[219] Sweeney J L. Economic theory of depletable resources:An introduction [M]//Kneese A V,Sweneey J L. Handbook of Natural Resource and Energy Economics,Elsevier,1993 (3):759-854.

[220] Takayama T,Judge G G. Spatial equilibrium and quadratic programming[J]. American Journal of Agricultural Economics,Agricultural and Applied Economics Association,1964,46(1):67-93.

[221] Tantisantiwong N. Price transmission and effects of exchange rates on domestic commodity prices via offshore hedging[C]. Dublin,Ireland: INFINITI Conference on International Finance Trinity College Dublin, 2011.

[222] Taylor T A,Plambeck E L. Supply chain relationships and contracts: The impact of repeated interaction on capacity investment and procurement [C]. Working paper,Columbia University,2003.

[223] Tedlai. Energy trend:Trade-off between profitability and inventory clearance becomes the biggest challenge for solar cell manufacturers [DB]. Asia Solar-grade Polysilicon,2011.

[224] Thompson A C. Valuation of path-dependent contingent claims with multiple exercise decisions over time:The case of take-or-pay[J]. Journal of Financial and Quantitative Analysis,1995,30 (2):271-293.

[225] Thompson R S,Sul D,Bohl M T. Spatial market efficiency and policy regime change:Seemingly unrelated error correction model estimation [J]. American Journal of Agricultural Economics,2002,84 (4):1042-

1053.

[226] Timminco Group. Annual report[R]. Toronto, CA: Timminco Limited, 2010.

[227] Torvund Tore. Wacker Chemie AG interim report January-June 2011 [R]. Wacker Group,2011.

[228] Tsay A. The quality flexibility contract and supplier-customer incentives[J]. Management Science,1999,45 (10):1339-1358.

[229] Vogel D,Kagan A R. Introduction to Dynamics of Regulatory Change: How Globalization Affects National Regulatory Policies[M]. USA: University of California Press,2004.

[230] Vollrath T, Hallahan C. Testing the integration of U. S. -Canadian meat and livestock markets [J]. Canadian Journal of Agricultural Economics,2006,54 (1):55-79.

[231] Wacker. Supply contract[R]. Company Internal File,2006.

[232] Wacker. Supply agreement[R]. Company Internal File,2011.

[233] Waldau A J. Photovoltaics and renewable energies in Europe [J]. Renewable and Sustainable Energy Reviews,2007,11 (7):1414-1437.

[234] Wang X Q,Weldegebriel H T,Rayner T. Price transmission,market power and returns to scale[C]. Land Economy Working Paper Series, 2006.

[235] Watanabe R. Climate policy changes in Germany and Japan[M]. London,UK:Routledge,2011.

[236] Williamson O E. Credible commitments: Using hostages to support exchange[J]. American Economic Review,1983,73(4):519-540.

[237] Williamson O E. The Economic Institutions of Capitalism: Firms,Market, Relational Contracting[M]. New York,US:FreePress,1985.

[238] Williamson O E. The Mechanism of Governance[M]. Oxford,UK: Oxford University Press,1996.

[239] Williamson O E. The theory of the firm as governance structure:From choice to contract[J]. Journal of Economic Perspectives,2002,16 (3): 171-195.

[240] Wilson C. Adverse selection,the new palgrave dictionary of economics [M]. 2nd ed. London,UK:Palgrave MacMillan,2008.

[241] Witzke H P, Britz W, Borkowsk N, Bonn U. Model development and adaptation improvement of CAPR, common agricultural policy regionalised impact[G]. The Rural Development Dimension, 2011.

[242] Woditsch P, Koch W. Solar grade silicon feedstock supply for PV industry[J]. Solar Energy Materials & Solar Cells, 2002, 72 (1-4): 11-26.

[243] Wohlgenant M K. Commodity price transmission: A critical review of techniques and an application to slected tropical export commodities [DB]. A Study for FAO-ESCR, 2002.

[244] Wohlgenant M K. Product heterogeneity and the relationship between retail and farm prices[J]. European Review of Agricultural Economics, 1999, 26 (2): 219-227.

[245] Woods J E. A note on Hicks' composite cmmodity theorem[J]. Journal of Economics, 1979 (39): 185-188.

[246] Xakalashe B S, Tangstad M. Silicon processing: From quartz to crystalline silicon solar cells [M]//Jones R T, Den Hoed P. Southern African Pyrometallurgy 2011. Southern African Institute of Mining and Metallurgy, Johannesburg, 6-9 March 2011.

[247] Xia T. Asymmetric price transmission, market power, and supply and demand curvature [J]. Journal of Agricultural & Food Industrial Organization, 2009, 7 (1): 1-25.

[248] Yonts C. GCL poly energy[R]. Hong Kong, China: CLSA, 2009.

[249] Zito A R. Creating environmental policy in the European Union[R]. New York: St Martin's Press, 2000.

[250] Zwaan B van der, Rabl A. The Learning potential of photovoltaics: Implications for energy policy [J]. Energy Policy, 2004, 32 (13): 1545-1554.

[251] Solarbe. 多晶硅价格暴跌三成 光伏市场陷入低谷[DB]. Solarbe, 2011.

[252] 程石, 王晓晶, 孙延三. 非晶微晶硅光伏材料及其太阳电池的研究进展 [J]. 材料导报网刊, 2012, 7 (2): 8-12.

[253] 陈学森, 李玉萍, 袁桐. 半导体产业概况及对多晶硅原料的需求预测[J]. 世界有色金属, 2008 (9): 66-68.

[254] 代淑芬.半导体硅材料的发展现状及趋势[J].无锡南洋职业技术学院论丛,2008(3):30-37.

[255] 赫夫纳.能源大转型[M].北京:中信出版社,2013.

[256] 黄振中,张晓粉.浅论国际能源贸易中"照付不议"合同的特点与新趋势[J].中外能源,2011,16(3):1-6.

[257] 耿新华,张建军.硅基薄膜太阳电池新进展[J].新材料产业,2007(7):28-31.

[258] 蒋荣华,肖顺珍,杨卫东.新世纪国内外多晶硅的新发展[J].中国金属通报,2004,11(26):21-24.

[259] 蒋荣华,邓良平,冯地直.国内外硅材料的最新发展[J].新材料产业,2007,9(10):37-43.

[260] 蒋荣华,肖顺珍.中国多晶硅将占全球半壁江山[J].新材料产业,2010,12(5):12-20.

[261] 蒋荣华,肖顺珍.半导体硅材料最新发展现状[J].半导体技术,2002,27(2):3-6.

[262] 蒋潇,蒋荣华,周红卫.竞争激烈的全球多晶硅产业[J].新材料产业,2012,12(6):28-36.

[263] 李俊峰,常瑜.中国光伏产业清洁生产研究报告[R].绿色和平,2012.

[264] 刘晨阳.日本气候变化战略的政治经济分析[J].现代日本经济,2009(6):6-10.

[265] 马春.2005年世界新材料研究进展[J].新材料产业,2006,8(1):58-62.

[266] 宋承先,许强.现代西方经济学[M].第三版.上海:复旦大学出版社,2004.

[267] 宋玉华,诸葛栋.资源性商品期货市场价格形成机制[C].工作论文,2008.

[268] 唐伟忠.薄膜材料制备原理、技术及应用[M].北京:冶金工业出版社,2003.

[269] 拓璞产业研究所.2012年薄膜太阳能电池产业展望[R].新能源技术功能委员会工作组,2011.

[270] 万解秋,李慧中.价格机制论[M].上海:上海三联书店,1989.

[271] 王秀清,Weldegebriel H T,Rayner A J.纵向关联市场间的价格传递[J].经济学,2007,16(3):885-898.

[272] 王仲颖,任东明,高虎,等.中国可再生能源产业发展报告2011[M].北

京：化学工业出版社，2012.

［273］王仲颖，任东明，高虎，等.中国可再生能源产业发展报告 2010［M］.北京：化学工业出版社，2011.

［274］谢晨.中国硅业分会年度报告 2010［R］.北京：中国硅业分会，2010.

［275］谢晨.中国硅业分会年度报告 2011［R］.北京：中国硅业分会，2011.

［276］谢晨.中国多晶硅市场月度监测报告［R］.北京：中国硅业分会，2011.

［277］谢晨.中国多晶硅市场月度监测报告［R］.北京：中国硅业分会，2012.

［278］谢晨.中国多晶硅市场月度监测报告［R］.北京：中国硅业分会，2013.

［279］余杨，包海波.太阳能光伏市场应用政策的国别比较研究［J］.科技管理研究，2012,15（8）:21-25.

［280］张海滨.世界环境七大国：环境外交之比较［J］.绿叶，2008（4）:1-13.

［281］中国半导体产业协会.中国半导体行业分析报告（2008）［R］.中国半导体产业协会，2008.

［282］中华人民共和国工业和信息化部.多晶硅行业准入条件［S］.中华人民共和国工业和信息化部，2011.

［283］中企情报.中国石英砂产品与市场研究报告［R］.中企情报，2011.

后　　记

"光伏多晶硅原料国际价格形成机制研究"缘起于 2008 年金融危机前后国际光伏原材料市场"过山车"式的供需大失衡情况。危机前,全球市场受益于欧美太阳能开发利用政策性扶持,光伏产业井喷式发展,但上游原料存在高度技术垄断,全球供给扩张远跟不上生产需求增长。中国作为电池、组件加工大国,原料供给的技术生产瓶颈和供给短缺尤为严重,业内呈现"拥硅为王"盛况,晶硅原料价格成为光伏行业景气度风向标。危机后,欧美市场整体需求疲软,全球光伏产能扩张滞后效应凸显,光伏市场供需失衡大逆转。中国光伏产业不仅面临产能大幅度过剩的生产风险,还面临国际市场竞争极度恶化以及上游晶硅价格大幅跳水与照付不议的双重压力,产业发展陷入扩张与锐减"两难困境"、晶硅高成本囤货与垄断限制"两难抉择"。晶硅原料作为光伏产业链最基础、最核心的环节,研究其国际价格形成机制,是深刻理解光伏市场企业定价权和竞争根源的重要内容,也是加速发展中国家能源技术创新、产业发展再平衡的重要组成部分。

新能源发展撬动能源大变革,也推进能源经济学学科新发展。如何破解新能源产业国际定价机制和如何突破中国新能源产业发展困境这两个问题激发了我对资源与环境经济学领域浓厚的研究兴趣,激励我申请并成功获得北京大学经济学院人口、资源与环境学方向的博士后工作机会,坚定信心投入可再生能源领域的学术研究。在博士期间和后续工作岗位的科研工作基础上,本著作得到不断完善和改进。

对于博士期间的研究工作,我要特别感谢导师宋玉华教授的悉心培育与教导。能够成为宋老师的关门女弟子,我感到非常幸运!宋老师治学严谨、硕果累累,在浙大经济学院几十年如一日甘坐冷板凳的治学精神已成为学子们践行的楷模,研究工作的深入开展、细节推敲,更让我深刻体验到宋门学风的严肃性与扎实感。当我拿到宋老师审阅稿,翻开每一页看到几乎都进行过批注的文本,大到篇章结构,小到用词标点,基本已涵括殆尽,顿时崇敬之心油然而生,这需要花费老师多少精力与时间呀!"云山苍苍,江水泱泱。先生之风,山高水长。"

项目研究中,浙大经济学院马述忠教授、顾国达教授、黄先海教授、肖文教授、严建苗教授、钱文荣教授对研究成果初稿给予指导与批评,他们的很多观点与意见已分别吸收进正文的各个篇章,这极大地提高了本研究的理论水平。浙江行政学院包海波教授在数据挖掘、对策研究等科研工作方面提出了建设性意见和指导,尤其是在产业成果转化、政策采纳与应用方面给予我极大的鼓励与支持。

该项目的研究得到浙江省自然科学基金资助,项目名称为"新发展理念下技术经济范式转换的激励机制、实现路径与区域策略研究",项目编号为LY19G030009。本项目前期成果的出版还得到了"2011港口协同创新中心"项目经费资助。

著作出版之际,瑞典乌普萨拉大学、瑞典皇家科学院生态经济研究中心的李传忠教授为本著作作序,并提出分阶段开展系列研究的宝贵意见。

浙江大学出版社在选题论证、审阅校稿、印刷出版等诸环节提供了积极、高效的协助与指导,能在浙江大学出版社出版这部著作我深感荣幸!

宁波大学,宁大商学院以及经济学系、生态研究所给了我一个愉快的工作和学习环境。学生俞若佳、兰紫柔对书稿的仔细审读和校对提高了文本质量,确保了顺利出版。

在此,对所有帮助、指导本研究,为本著作做出贡献的同志表示衷心感谢!

正如黑格尔在其《精神现象学》序言里所说的那样:"事情并不穷尽于它的目的,而是穷尽于它的实现;现实的整体也不仅是结果,而是结果连同其形成过程。"可再生能源开启能源经济学领域的新发展和新研究,无论是研究主题还是研究内容都需要深入探索,我的学术生涯已在也将继续在这一新兴领域不断耕耘和精进。

余 杨

2020 年 5 月 11 日晨于宁波三江口老宅